2010年度国家社会科学基金项目成果

中国人民大学马克思主义研究院基金资助成果

青年学术丛书·哲学

YOUTH ACADEMIC SERIES-PHILOSOPHY

历史主义与现代价值危机

宋友文 著

人民出版社

策划编辑:钟金铃

装帧设计:肖　辉

图书在版编目(CIP)数据

历史主义与现代价值危机/宋友文 著. -北京:人民出版社,2012.6
(青年学术丛书)
ISBN 978－7－01－010793－6

Ⅰ.①历…　Ⅱ.①宋…　Ⅲ.①历史主义-研究　Ⅳ.①K03

中国版本图书馆 CIP 数据核字(2012)第 057836 号

历史主义与现代价值危机

LISHI ZHUYI YU XIANDAI JIAZHI WEIJI

宋友文　著

人民出版社 出版发行

(100706　北京朝阳门内大街 166 号)

北京瑞古冠中印刷厂印刷　新华书店经销

2012 年 6 月第 1 版　2012 年 6 月北京第 1 次印刷

开本:710 毫米×1000 毫米 1/16　印张:15.25

字数:240 千字　印数:0,001-2,000 册

ISBN 978－7－01－010793－6　定价:32.00 元

邮购地址 100706　北京朝阳门内大街 166 号

人民东方图书销售中心　电话 (010)65250042　65289539

序

　　价值和意义问题是困扰现代人的普遍问题,它既表现为韦伯所说的"诸神之争",原来统一的价值分化为真善美之间的扦格不入、不同的文明成为民族利益竞争的武器,也表现为自由与意义的二律背反,即当人们普遍获得自由权利时,价值失去理想的维度,被等同于现实的利益和需要,生活的意义发生物质化、表浅化乃至虚无化的问题。相对于西方传统的本质主义和信仰主义,这种虚无化被称为虚无主义。由于这种现象发生在现代社会,所以现代性价值遭到质疑甚至批判。随着现代性的全球扩展,这种价值问题及其争论也影响到非西方世界。西方的虚无主义是否在中国泛滥? 人们见仁见智,但谁都难以否认我们社会生活中早就存在的犬儒主义、机会主义和文化的庸俗化、势利化。作为中国人,我们既苦恼于传统人文价值和信仰的丧失,又痛感现代理性之不足和现代秩序之难产。正是在这一背景下,宋友文的博士论文以"历史主义问题"为切入点探讨价值虚无主义的历史观根源,进行了较为系统和深入的研究,毕业答辩获得专家一致好评。这几年,他一边工作,一边对博士论文作进一步充实修改,于是就有了呈现在读者面前的这部著作。

　　我和友文有一个比较接近的看法,那就是,人生本来就包含着有无、虚实等两两相对的方面,虚无主义与信仰主义同样是一枚硬币的两个面相;因而,消除了信仰主义,也就消除了虚无主义。如此看来,西方虚无主义以及相对主义的流行当是西方人走出信仰主义后的过渡性、暂时性现象,如同一个刚从黑暗的洞穴中爬出来看到阳光的人的晕眩。所以,没有必要对这种虚无主义大惊小怪,何况我们不是西方人。西方人在精神方面的危机似乎并不像我们想象的那么严重,一些西方的学者对这个问题的看法也并不都属于尼采、列奥·施特劳斯那一路。

　　那么,这里面真正严重的问题是什么呢? 我认为问题有三:

　　其一,西方人何以过去"走向"本质主义、信仰主义,到了近代又"走出"本质主义和信仰主义？这其中的根本原因是什么？说明了什么？是否西方人从苏格拉底就走上了不幸的"迷途"？这种情况是西方的特例，还是人类历史上的普遍现象，只不过表现形式有较大的差别？

其二，如果我们同意德国思想家哈贝马斯的观点，现代人既不能再回到"独断的"一元论本质主义的老路上去，也不能倒向"怎么都行"的相对主义、虚无主义，那么，现代人需要的是一种什么样的思想方式？这种思想方式能否在适应现代人生活方式的同时，有力地给予引领和矫正？

其三，中国在两千年前那个礼崩乐坏的乱世，就走出上帝的怀抱，对神鬼取"信则有，不信则无"的态度，形成了"顺乎天应乎人"的观念，后来在现实生活和儒家主流意识两方面，都走向"家长主义"。那么，近代以来，在西方文明的挑战和示范的双重作用下，中国人是否应该以及如何走出"家长主义"？在全球化的时代，能够取而代之的是什么？

友文的这本论著对上述问题，特别是前面两大问题，依据大量的学术材料给出了自己的解答，我认为许多地方是有新意、有力度的，如从思想史上"历史主义"的视角探寻价值虚无的历史观根源；区分本体论的虚无主义和价值论的虚无主义；对"回到自然"式的克服虚无主义方案的批判性反思，特别是诉诸于"公共性"的分析和解读框架来探寻历史主义价值危机的出路，目前大概是最具涵盖性和解释力的。当然，由于问题本身的深广度和复杂性，论著还应该充分考虑和引述英美经验主义哲学传统——既历史地充当了柏拉图主义的解毒剂，又孕育出现代影响甚大的功利主义和实用主义价值观。作为博士生导师，这或许是我过于苛求了，因为它毕竟是以欧洲特别是德国的历史主义思想与价值问题作为其研究主题的。

一个世纪以来，无论属于欧陆的海德格尔、萨特、伽达默尔、德里达、福柯、哈贝马斯，还是美洲的罗蒂、罗尔斯、泰勒等，其围绕现代性价值的论辩，都在解构并重构着西方思想文化的谱系，为当代人的虚无与实有的正当关系做着谋划。那么，我们怎么办？我们能提出什么样的思想理论？在阅读宋友文博士这部论著的时候，如果我们能提出这样的问题，并从中受到启示并引发思考，那就是本书对思想界最好的贡献。

是为序。

张曙光

2012 年 2 月 16 日于北京师范大学

目　　录

导　论

一、历史主义问题的由来

我们早已进入现代社会。尽管各种后现代思想风靡一时,我更愿意把后现代性看成是现代性的继续和推进。从人类发展史上看,社会的现代性转型是"人类有史以来在社会的政治——经济制度、知识理念体系和个体——群体心性结构及其相应的文化制度方面发生的全方位秩序转型"[①]。甚至有的学者就把现代性的转型直截了当地概括为社会秩序和价值秩序(群体和个体)的失序和重建。按照德国哲学社会学家马克斯·舍勒的看法,价值秩序的现代转型比历史的社会政治经济制度的转型更为根本、更为重要。在这种转型下,任何生命个体都会遭遇到历史转变所带来的价值秩序的震动与激荡,这种境遇在很大程度上又是集中体现在个体所归属的民族精神的共同感中的。如果从人的生存方式的角度来看,现代性关涉的是个体和群体的安身立命问题。在这一视域下,现代性应该被合理地理解为一种更为深层的价值秩序的位移和重构,现代社会的价值秩序体现了一种现代性的价值秩序结构,它改变了或正在改变着人们在社会生活中的具体价值观念和价值评价。

(一)探讨价值虚无主义的历史观根源

从哲学上看,黑格尔之后,20世纪西方思想史上树起了一面鲜明的旗帜,上面赫然写着六个大字:拒斥形而上学。许多大哲学家如维特根斯坦、海德格尔、罗蒂、德里达等人都宣称传统的哲学已经终结了,换言之,人类社会已经迈入了后形而上学或后哲学时代,这已经成为现代思想的重要主题之一。20世

[①]　刘小枫:《现代性社会理论绪论》,上海三联书店1998年版,第3页。

纪 80 年代,当代德国著名哲学家哈贝马斯在《后形而上学思想》一书中明确提出了"四种现代思想的主题":后形而上学;语言学转向;理性的定位;理论优于实践关系的颠倒或者对逻各斯中心主义的克服。哈贝马斯认为这四个主题均属于 20 世纪哲学研究最重要的原动力。① 仔细考察一下,我们发现后面这三个主题均带有"后形而上学"的色彩,实际上是对第一种主题即"后形而上学"的进一步解释和阐发。②

我们要问的是,后形而上学时代面临的重大哲学问题是什么呢? 甚言之,它给人类的社会生活秩序和价值秩序又带来什么样的变化呢? 通过审视西方哲学的发展历程,我们不难发现,传统哲学的终结意味着"超感性世界"对现实世界的统治和主导作用结束了,变得没有生命力了,同时其作为确认人类社会的一切标准的最高价值准则也随之不复存在了,人类由此进入了一个价值多元化和相对化("诸神共舞")的时代。在这一境遇下,当一切宏大叙事、伟大理想和神圣信念都受到质疑,"什么都行"横行天下之后,我们还能坚守什么? 按照海德格尔的说法,这是价值虚无(主义)的困境。海德格尔直接把虚无主义的根子归结为西方传统的形而上学,认定自柏拉图以降的整个传统西方哲学是"存在之被遗忘状态"的历史,是形而上学的存在历史。所以形而上学是对存在的遗忘,就是虚无主义。

对于中国有没有虚无主义问题,学者们是有争议的。有人遵循海德格尔把形而上学等同于虚无主义的思路,认为中国没有西方意义上的形而上学,所以中国从根子上并没有虚无主义问题。怎么看待这种思想倾向?"中国没有超验神性,没有形而上学,一笔勾销虚无主义问题,真能如此,那中国的'思想事情'就简单了,可惜问题并非如此简单。"③中国的文化特质确实不存在像西方那样的形而上学传统;这种传统具有超验性质,与宗教的信仰相贯通。在信仰世俗化的当代西方,不断有思想家惊呼"上帝死了"之后的信仰真空和价值

---

① 参见哈贝马斯:《后形而上学思想》,译林出版社 2001 年版,第 6—8 页。

② 参见孙周兴:《后哲学的哲学问题》,《中国社会科学》2006 年第 5 期。

③ 张志扬:《生活世界中的三种生活哲学——中国现代哲学面临的选择》,《世界哲学》2002 年第 1 期。在该文中,张志扬还对这种看法进行了概括:"所谓虚无主义,完全是与超验的形而上学或神学设定相伴生的伪问题。'菩提本无树,明镜亦非台,本来无一物,何处有尘埃。'中国哲学,没有超验神性,也没有虚无主义,几千年照样过来了。引进西方的形而上学、神学,才带来了虚无主义。这都是自找的麻烦。应该把它们全部退掉,还原中国的哲学精神。"

危机。他们之所以批评西方思想文化存在着虚无主义问题,这恐怕与他们思考的虔诚和存在的勇气不无关系。可以说,正是因为不断有像尼采、海德格尔等这类具有牛虻精神哲学家们的出现,才使得西方文化保持着高度的批判和自觉意识。而很多中国学者认为中国并没有所谓的虚无主义,其实质指向中国没有超验的信仰。我通过梳理西方哲学史后得出一个结论:虚无主义可以划分为存在论的虚无主义和价值论的虚无主义两种。① 可以说,中国社会思想文化中存在着价值虚主义。一般认为,虚无主义是指一种全盘否定各种传统的价值观念甚至道德真理的态度或观点。② 我认为,随着世俗化进程的不断向前推进,中国社会由于传统的最高价值观念和标准已经不复存在,在现实社会层面存在着诸多虚无主义的现象和症候,概而言之主要是价值虚无主义问题。

　　且让我们来分析一下中国 30 多年来体现在社会生活中的价值秩序状况。改革开放以来,中国社会出现了空前活跃和高速发展的景象,但这种发展是不平衡的,造成了社会种种的分化甚至分裂:城乡的差距、沿海与内地的差距、物质追求与精神世界的不平衡、文化内部的不平衡,等等。③ 当代中国人的文化价值生活已经呈现出高度分化和多元化的态势。与此同时,由于中国自身的传统文化与价值一度遭遇丧失、毁灭甚至濒临崩溃的边缘,而新的现代性的价值理念又没有完全得到确立和保障。特别是在进入现代性社会后,一旦神圣的传统文化与价值被祛魅,中国就很容易出现文化与价值认同危机,社会生活中不再有人们普遍认同的最高的、普适的价值和伦理标准。具体表现在日常生活之中,关于什么是好、什么是善、什么是正当这一系列有关价值的核心标准变得模糊和不确定,人们甚至怀疑是否还有"善恶"之别、"好坏"之分、"对错"标准。"当现代社会祛除神魅之后,好与正当这两组价值开始分离。好属于德性伦理,正当属于规范伦理。当代中国在私人领域已经相当开放,默许并

① 参见宋友文:《重思虚无主义问题的价值学理路》,《天津社会科学》2009 年第 5 期。
② 参见 A. 布洛克等编:《枫丹娜现代思潮辞典》,社会科学文献出版社 1988 年版,第 394 页。
③ 甚至有的社会学家指认,社会的断裂和文化的断裂无所不在,因此将当代中国称为"断裂社会",参见孙立平:《断裂:20 世纪 90 年代以来的中国社会》,社科文献出版社 2003 年版。其实,这种断裂不仅仅是中国进入现代性社会出现的独特现象,英国当代社会学家吉登斯就把现代性的发展称为"断裂"(discontinuities)。参见吉登斯:《现代性的后果》,译林出版社 2002 年版。

宽容人们具有各自的人生理想和生活方式,问题在于'什么是正当'这一规范伦理,也随着各种道德价值观的解体而崩溃,变得模糊起来。虽然什么可以做、什么不可以做、什么是光荣、什么是耻辱在法律规范和道德规范上有明确的规定,但由于这些法律和道德规范背后的伦理源头被掏空了,缺乏一个具有超越的客观性或历史正当性的伦理体系的支撑,因此,这些法律和道德法则对于许多人来说,只是外在的、强制性的规范,而没有内化为自觉的、天经地义的良知。"①于是,价值的相对主义乃至虚无主义就会蔓延、扩散开来,社会上甚至出现了连起码的道德底线都不能持守的现象。因此,价值秩序在当前遇到的最大问题和面临的危险境地主要表现为价值虚无主义。

值得我们注意的是,在学术界由于国内学者近几年相继引进了列奥·施特劳斯、卡尔·洛维特等人的一系列著作和论说,关于虚无主义问题更是引起了人们的强烈关注,刺痛了人们的思想神经。从西方思想史上来看,抵制和解决虚无主义精神乃是从克尔凯郭尔经由马克思到尼采整个后"德国古典哲学"的基本思想脉动,海德格尔也好、洛维特也好,他们的运思都是在这一思想脉动中进行的。因此,施特劳斯在为好友洛维特《从黑格尔到尼采》一书所作的书评中,谈到"理解出现欧洲虚无主义"时加了"尤其德意志虚无主义"这一句。虽然洛维特主要讲的是发生在 19 世纪德语世界中的思想事件,但他与海德格尔一样把虚无主义命名为"欧洲"的思想现象。② 施特劳斯的提法表明,他不赞同把虚无主义视为一个"欧洲"现象,而宁可视为"德意志"现象。在写这篇书评之前不久,施特劳斯曾做过一次公开演讲(1941 年 2 月 26 日),演讲的题目即为"德意志虚无主义"。③ 演讲一开始,施特劳斯就力图澄清:虚无主义其实是一个主要在德语思想中出现的精神现象。④

虽然在哲学家们看来反思和抵制虚无主义问题是德国思想界的一个独特现象⑤,但这也是透视当今西方社会思想文化的一个重要窗口,尤其是他们克

---

① 许纪霖:《世俗社会的中国人精神生活》,《天涯》2007 年第 1 期。

② 参见海德格尔:《尼采》下卷,商务印书馆 2002 年版,第五章"欧洲虚无主义"。

③ 参见刘小枫编:《施特劳斯与古典政治哲学》,上海三联书店 2002 年版,第 737—766 页。

④ 此段思想史评述主要是参阅了刘小枫为卡尔·洛维特著作《从黑格尔到尼采》的中译本(生活·读书·新知三联书店 2006 年版)所作的"前言"。

⑤ 无独有偶,当今西方史学理论研究领域著名美国德裔学者伊格尔斯对虚无主义的成因——历史主义进行了卓有成效的研究,也值得我们关注。参见伊格尔斯:《德国的历史观》,译林出版社 2006 年版。

服虚无主义的方案值得中国学术界深思。从历史观上看，洛维特和施特劳斯都反对近代的历史观（典型形态是"历史主义"），他们无一例外地主张回到古代的"自然"。卡尔·洛维特强调重新返回到古希腊的自然理念（斯多亚的自然秩序）；列奥·施特劳斯主张回到自然法（自然正当）的古典政治哲学来克服历史主义导致的虚无主义。他们反对历史主义对历史具有意义的信念的信仰："历史过程本身就像是由人们的所作所为和所思所想织成的一张毫无意义的网，纯粹由偶然造成——就像是一个白痴讲述的故事。"①"历史过程"是没有意义的，从本质上讲这本身就是一种古典的观点。古希腊的思想家们就持这种观点，他们认为历史是短暂的、变动不居的，只有宇宙自然的和谐秩序才是永恒的、有意义的。

我们不禁想问：他们以回到自然的方式来克服虚无主义在多大程度上是成功的？为什么在自然与历史之间会有如此紧张的二元对立关系？如果说以自然秩序为价值尺度的价值秩序追求的是价值的普遍主义和绝对主义，转向"历史观念"（历史主义）就会导致价值的特殊主义甚至相对主义（虚无主义）；那么返回到自然秩序中去，会不会又重新导致价值的绝对主义？难道人类只能在两极之间摇摆？

本书主要分析价值相对主义乃至虚无主义产生的历史观根源：历史意识（历史观念）的兴起和历史主义的出现。国外许多学者都把价值相对主义、虚无主义的根子归结为历史主义。如最早的历史主义的典型代表人物梅尼克、特洛尔奇等认为："历史主义是一种人类史学观，根据这一史学观，人类的演进取决于各社会、各时代的基本差异，所以也取决于每个时代、每个社会所特有的多元文化价值。用这种多元化价值观进行阐释的结果就是导致价值观上的相对主义。"②因此，一般学者都把历史主义的危机与价值相对主义联系在一起，有学者直接指出历史主义危机的核心就是价值的相对化。③ 还有的更极端一些，把虚无主义归因于历史主义："历史主义的顶峰就是虚无主义。"④因此，从哲学上揭示当代世界的精神状况，探讨价值相对主义、虚无主义的本

---

① 列奥·施特劳斯：《自然权利与历史》，生活·读书·新知三联书店2003年版，第19页。
② 雷蒙·阿隆：《论治史》，生活·读书·新知三联书店2003年版，第4页。
③ Cf. Colin T. Loader, "German Historicism and Its Crisis", *The Journal of Modern History*, Volume 48, Issue 3, On Demand Supplement, Sep. , 1976, pp. 85 – 119.
④ 列奥·施特劳斯：《自然权利与历史》，生活·读书·新知三联书店2003年版，第19页。

质和根源,探索价值相对主义、虚无主义的克服之路,应该成为当代哲学研究特别是价值哲学研究的题中之意。

(二)探究价值的普遍性与特殊性的二元难题

本书所探讨和分析的历史主义主要是以德国历史主义为典型的思想样态。德国历史主义虽然是一种学术流派和思想运动,但是我们应该清楚,它不是纯粹的哲学思辨和书斋学术,而是一种重要的社会政治思潮。进而言之,它是19世纪之后德意志保守主义和民族主义政治潮流的一部分。因为德国历史主义是对以英法启蒙运动为典型形态的具有普遍意义的启蒙理性的历史观和价值观的拒绝和反抗,反映了德意志民族主义反对法国的政治诉求。历史主义所主张的个体历史观、民族精神和国家权力在很大程度上推进了德意志民族独立与自强运动。纵观历史主义的发展,我们看到:兴起于18世纪的德国历史主义,早期对法国启蒙运动虽有批评,总体上抱有好感,但是随着法国大革命走向恐怖,尤其是拿破仑的专制以及拿破仑对德国的入侵,大大地刺激和强化了德国知识分子对启蒙运动所宣扬的普遍价值的反感和批判,这在德国历史主义后来的发展中表现得尤为充分。它否定任何普遍的价值(规范)和抽象的原则,认定所有的价值都是在某一历史环境的背景下产生的,所有的价值都是独特的和历史性的。在人类历史中,每一历史个体都体现了神的意志,都有自己的独特的价值和意义,历史的个体并不是混沌的宇宙的反映,而是在历史中展开的历史意义的统一体的各个方面。可以说,历史主义的理论合理性就在于赋予了普遍价值以历史特殊性的维度。值得注意的是,德国历史主义者拒斥法国和西欧启蒙运动的普遍价值是与其特殊民族利益结合在一起的,并极大地促进了德国民族主义情怀的发展。他们推崇的个体历史观和价值的特殊性最终走向了国家和民族利益至上的专制和排外,结果造成了包括本民族在内的"世界性灾难"。

历史主义本身所宣扬的特殊性从哲学起源和思想发展来看,它是作为一种世界观以反对形而上学的面貌出现的。历史主义与形而上学之争的核心其实就是普遍性与特殊性的关系问题。简言之,就是"一"与"多"的关系问题。而从价值哲学上看,历史主义与形而上学的关系所折射出的"一"与"多"的难题,概言之就是价值的普遍性与特殊性的二元问题。与此同时,由历史主义引发的价值普遍性与特殊性的争论很容易导向价值相对主义甚至虚无主义的困境。如何解决这种困境成了当代哲学所面临的重大课题,值得我们深入思考和研究。

(三)深化马克思主义哲学的基础理论研究

研究德国历史主义思潮本身的理论特征及其内在困境,对于深化理解马克思哲学的革命性变革具有重要的意义。最近几年,国内学者在应对当代西方思想家对马克思哲学的批评与回应中,彰显了马克思哲学的革命性变革及其当代意义。其中最具代表性的就是通过回应海德格尔的批评来正面阐述马克思哲学与形而上学的关系,这是关系到马克思主义哲学的根本性质的理论问题。可以说,马克思从存在论的根基上摧毁了传统的形而上学或者说使哲学终结了。问题是,传统哲学终结之后,马克思的理论还是哲学吗?如果是的话,马克思理论在何种意义上是一种哲学?最流行的一种观点是:马克思主义哲学是世界观。那么,进一步的问题是:什么是世界观?世界观和哲学是什么关系?历史主义作为一种世界观,又和马克思哲学(历史唯物主义)有什么关系?这不是简单的关于马克思哲学的称谓问题,而是关系到马克思主义理论的核心问题。

在中国,马克思主义哲学(还有作为一级学科的马克思主义理论)作为一门学科,经过几十年的发展已经走向成熟。一门学科的发展,总是会回过头去审视自己的基本或核心的理论问题。就像有 2000 多年发展史的哲学学科,也总是不断追问什么是哲学一样。对于马克思主义哲学来说,它是整个马克思主义理论的核心和灵魂,其理论研究的水准直接影响到马克思主义理论的学科建设和发展。① 从马克思主义的思想来源看,以前学术界基本沿用列宁所开辟的传统的观点即所谓的三个来源。后来有学者认为还有一个来源即人类学。可见,研究马克思主义理论,不能再停留在简单的三个来源的老路上了。作为历史唯物主义的马克思主义哲学,近几年又有人研究马克思与浪漫主义的关系,认为马克思主义的一大来源就是浪漫主义。我们认为这是有道理的,

---

① 2005 年 12 月,国务院学位办已经把马克思主义理论增列为一级学科。对于整体性地研究和理解马克思主义理论已经成为关系到学科发展方向的重大基本问题。然而,越是基本的问题,人们往往越难以解释清楚。比如,对于什么是马克思主义,学术界就有很大争议。

当然马克思后来超越了浪漫主义。① 我认为,作为浪漫主义继承者的历史主义,也是马克思思想的一个重要来源。我们不妨来看看德国现代著名思想家卡尔·曼海姆富有辩证色彩的一句话:"海涅是一个浪漫主义者,虽然他是一个浪漫主义的反对者;马克思是一个历史主义者,虽然他是一个历史学派的反对者。"②对此二者的关系,学术界没有给予足够的重视,也没有系统的研究,其中最典型的例子是思想史上马克思与兰克的关系。

兰克(1795—1886)作为历史主义的集大成者,与马克思(1818—1883)处于同一时代。马克思在《德意志意识形态》中对兰克的客观历史编纂学提出了批评,但是据历史学家们考证,兰克并没有论及马克思。饶有趣味的是,一些著名的历史学家也并没有把马克思作为历史学家来看待,譬如被称为"英国第一流史学家"的乔治·皮博迪·古奇的著作《十九世纪的历史和历史学家》对马克思只字未提。同样,国内学者对二者的关系也基本忽略掉了。这不能不说是理论的盲视。有人可能反问:马克思可能与历史主义没有干系吧?本书就是要纠偏这种理论盲见。我认为,造成上述原因一方面是由于人们对于德国历史主义缺乏了解,另一方面是对马克思的历史唯物主义理论缺乏必要的谨慎研究。本书试图将马克思的历史唯物主义与历史主义问题的关系作一番思想史考察,旨在深化对历史唯物主义理论的研究。

二、历史主义问题的学术史考察

(一)历史主义问题的国外研究视野

1. 历史主义含义的渊源

关于历史主义的含义不是三言两语就能说清楚的。历史主义在德文中是Historismus,在英文中"历史主义"先后有两个对应的单词 historism;historicism,在英文文献中,由于卡尔·波普尔《历史主义贫困论》的影响,这个

---

① 这方面的研究成果,国外主要有维塞尔:《马克思与浪漫派的反讽》,华东师范大学出版社 2008 年版。国内有刘森林:《从浪漫派的"存在先于意识"到马克思的"社会存在决定社会意识"》,《哲学动态》2007 年第 9 期;何中华:《马克思哲学与浪漫主义》,《山东社会科学》2007 年第 12 期。

② 卡尔·曼海姆:《保守主义》,译林出版社 2002 年版,第 123 页。

术语更加歧义丛生。针对这种情况,一些西方学者做了认真而细致的工作。

美国两位学者德怀特·李和罗伯特·贝克梳理了"历史主义"的五种含义:(1)通过历史进行解释和评价;(2)生活的历史化;(3)哲学的历史化;(4)历史相关主义和相对主义;(5)历史预言。他们在分析和比较了这五种含义的优劣之后,认定历史主义主要有两条定义方式:其一,历史主义是一种信念——真理、意义以及价值和评价的基础,它们都涵盖在历史之中;其二,历史主义是一种反实证主义和反自然主义的观点,即历史知识是理解和评价人类目前政治的、社会的和人类理智处境与问题的基本或唯一要求。① 可以说,他们基本上赞成德国历史主义的语境与含义,把历史主义作为对18世纪末19世纪初观念论的反理性主义的真正继承者来看待。

尽管历史主义的各种含义之间有分歧,但是学者们还是归纳出它的三个共同点:强调特定事物之间的本质差异(即独特性);认为作为这本质差异之原因的更大层面的发展是累积的,不可逆转的,但都不是预先注定的(即发展性);坚持主张历史上的特定人物的非理性主观动机是差异和发展性得以产生的主要原因(主观主义)。②

严格来讲,历史主义思想在欧洲不同的民族国家背景下发展的轨迹还是有一些差异的。意大利学者卡洛·安东尼著的《历史主义》,以其对欧洲的历史思想与实践的广博学识,简要阐述了"历史主义"的内涵及其在欧洲各大民族历史传统中的差异,论述了历史主义的现代特征及其对欧洲思想的贡献,分析了历史主义与近代欧洲历史命运和政治思潮之间的关系。③ 历史主义的含义虽然纷繁复杂,但是从思想史发展的大致理路来看,它基本上有德国历史主义和意大利历史主义两种理论渊源。

一条线索是德国,历史主义是18世纪末开始主要在德国得到发展的一种思潮,它是在启蒙运动和法国大革命以后与浪漫主义的兴起相伴随而产生的。一般认为,历史主义由赫德尔(J. G. von Herder,1744—1803)和洪堡(Wilhelm. F. von Humboldt,1767—1835)发其端绪,由兰克(Leopold von Ranke,1795—

---

① Cf. Dwight E. Lee and Robert N. Beck, "The Meaning of 'Historicism'", *The American Historical Review*, Volume 59, Issue 3, Apr., 1954, pp. 568–577.

② 参见戴维·米勒、韦农·波格丹诺编:《布莱克维尔政治学百科全书》,中国政法大学出版社2002年版,第325页。

③ 参见卡洛·安东尼:《历史主义》,上海人民出版社2010年版。

1886)集其大成,再经普鲁士学派和狄尔泰、特洛尔奇(Ernst Troeltsch,1865—1923)的发展,而以梅尼克(Friedrich Meinecke,1863—1954)为其最后代言人,形成了一个绵长深厚而富于德国民族特色的思想传统。

一条线索是意大利的学者从维科到克罗齐再到葛兰西。克罗齐是意大利历史主义思想的集大成者,他明确地称自己的哲学为"绝对的历史主义"。这种历史主义在反对实证主义的立场与德国历史主义并没有什么不同,其所以号称"绝对的历史主义"关键在于它肯定生活与实在就是而且只是历史,历史包容了全部实在,甚至把自然也融入其中了,这显然与德国历史主义主张的自然与历史二分的思想格格不入。克罗齐虽然批判了黑格尔哲学中具有超验性特征的思辨理性,强调哲学与历史的内在统一性,但这种统一的基础还是创造性的精神。因此,克罗齐的历史主义仍然没有脱离思辨历史哲学的窠臼。在这个意义上,葛兰西对克罗齐的批判可谓一针见血。葛兰西把社会历史生活本身当做是历史性的存在,在此基础上提出了实践哲学的思想,并坚信历史主义只有在实践哲学那里,才能成为"绝对的历史主义"。

在历史主义的研究中分清德国历史主义和意大利历史主义之区别是必要的,但在当代西方学术界讨论热烈的主要还是德国的历史主义。其中最著名的对历史主义的由来及其含义作出详细考证和精辟论述的是德裔美国学者、布法罗纽约州立大学格奥尔格·伊格尔斯(Georg G. Iggers)教授。[①] 他主要在两种意义上考察历史主义的研究语境:一是作为相对主义的历史主义危机;二是19世纪和20世纪史学中和人文科学中的一种观念和实践,这无疑说的是兴盛于19世纪、衰败于20世纪的德国历史主义。

2. 历史主义思想史研究的进路

当代政治哲学家列奥·施特劳斯擅长思想史研究,其所开创的芝加哥学

---

① Cf. Georg G. Iggers, "Historicism: The History and Meaning of the Term", *Journal of the History of Ideas*, Volume 56, Issue 1, Jan. , 1995, pp. 129 – 152; Iggers. "historicism" in Wiener(ed.)*the dictionary of the history of ideas* ,2003 ,pp. 456 -464. 伊格尔斯的主要论文已经被翻译成中文,如《历史主义的由来及其含义》,王晴佳译,《史学理论研究》1998年第1期。伊格尔斯曾撰作"历史主义"词条于《思想史辞典》(*Dictionary of the History of Ideas*)(纽约1973年),中译见张京媛主编:《新历史主义与文学批评》,北京大学出版社1993年版,第282—297页。伊格尔斯专门论述历史主义的著作也都有了中译本,如《二十世纪的历史学》,何兆武译,山东大学出版社2006年版;《德国的历史观》,彭刚、顾杭译,译林出版社2006年版。

派与以昆廷·斯金纳为代表的英国剑桥学派并称当代思想史研究两大学派。列奥·施特劳斯长期致力于研究一些根本的思想问题以凸显西方文明中深刻的精神紧张,尤其是对现代性的批判使他更加深入地投身于古典政治哲学的耕读。施特劳斯在现代性批判方面提出了著名的"现代性的三次浪潮"的论说。值得关注的是,他把海德格尔的"激进历史主义"视作现代性的第三次浪潮,认为其深陷虚无主义的泥沼。施特劳斯区分了理论的历史主义和激进的历史主义("存在主义"的历史主义)。前者指的就是历史学派,后者则意指海德格尔。然而他对历史主义的讨论和批评直指海德格尔,却很少论及兰克、狄尔泰、梅尼克和特洛尔奇等 19 世纪历史主义思想家的文献。况且,海德格尔并不能和历史主义直接画等号(海德格尔在《存在与时间》中明确地反对过历史主义)。所以,施特劳斯并没有准确地阐述历史主义的真正发展脉络和思想理路,而只不过是借助"历史主义"这个靶子来批判现代性,其真实用意并不在于历史主义的思想史研究。

在国外学术界真正对历史主义进行学术研究的主要有思想史和哲学史两条路径。思想史的代表人物是格奥尔格·伊格尔斯,他在《德国的历史观:从赫尔德到当代历史思想的民族传统》(*The German Conception of History——the national tradition of historical thought from Herder to the present*)一书中围绕对从 19 世纪到当代的德国历史观和德国民族史学思想传统的讨论,追溯了德国历史主义的起源、历史主义的理论基础以及历史主义的危机。当现代历史研究 19 世纪首先在德国大学中被职业化的时候,对历史的浓厚兴趣与正在上升的民族主义联系在一起,因此,德国的历史研究绝非如德国历史学家们声称的那样科学和客观,而是受到了对德国民族性认同的深刻影响。准确地讲,德国历史主义在更多意义上是德国民族主义运动的一部分,兰克史学所宣扬的"秉笔直书"的历史研究方法就与民族主义和保守主义有某种天然的历史瓜葛。德意志民族与国家等价值观得到了片面的推崇,政治史和大国关系(外交史)也理所当然地成为历史学研究的重点,官方档案成为首要史料,工业化时代的经济、社会领域受到了冷落。作为德意志民族运动的一部分,历史主义在早期为德意志民族的崛起到了积极的推动作用,而到了晚期又因其固有的偏向促成了包括本民族之内的世界性灾难。伊格尔斯对德国历史主义的批判可谓一针见血。

对历史主义特别是历史主义危机进行详尽哲学史考察的是美国学者查

尔斯·巴姆巴赫(Charles R. Bambach),他在《海德格尔、狄尔泰和历史主义的危机》(*Heidegger*, *Dilthey*, *and the Crisis of Historicism*)一书中,从哲学史的角度重点研究了 19 世纪末 20 世纪初的历史主义危机,深入探讨了文德尔班、李凯尔特、狄尔泰和海德格尔的历史主义思想。特别值得一提的是,巴姆巴赫是英语世界中第一个从哲学上系统研究海德格尔与历史主义关系的学者。他认为海德格尔提出的"历史性"的思想克服了历史主义的认识论中主客体二元对立的困境,实现了德国哲学家研究历史的范式转型。如果说传统的历史主义思想以认识论为中心,那么海德格尔则是追问历史主义的本体论前提:作为历史性的存在是如何构成的? 巴姆巴赫的这些研究成果在历史主义研究领域具有重要的学术价值,当然他的研究不是没有盲点,他主要是以海德格尔的早期思想为依据来探究海德格尔与历史主义危机的关系,没有考虑到海德格尔后期思想的发展,准确地讲,忽视了海德格尔的从"历史性"到"存在历史"思想的转变。还有,巴姆巴赫没有涉及伽达默尔的解释学思想,其实,伽达默尔在继承海德格尔哲学的基础上很早就意识到历史主义的认识论困境。

随着西方学术界对历史主义思想研究的深入,学者们不再仅仅局限于从哲学或史学上探讨历史主义危机了,而是开始探究历史主义危机的神学或宗教学根源。它实际上是追寻了最早明确提出"历史主义危机"一词的德国新教神学家、哲学家和宗教史学家特洛尔奇(Ernst Peter Wilhelm Troeltsch,1865—1923)思想的理路。我们不妨称之为历史主义研究的神学视角,这种视角认为历史主义对神学的挑战和危害最大。他们关心的是:在历史的批判的学术研究面前,人类的信仰何以可能? 这也就是特洛尔奇所试图解决的信仰与知识如何协调的问题。可见,历史主义的神学危机不过是历史主义价值危机最为紧张的一种表达罢了。

3. 历史主义价值危机的克服方案

如何克服历史主义的价值危机是整个历史主义思想研究的最为棘手和最大的难题。在当代西方思想界,反抗历史主义的现代历史观,主张回到古代的自然秩序或自然法是一种值得关注和分析的学术话语。其代表人物有卡尔·洛维特和列奥·施特劳斯。

依照卡尔·洛维特的看法,历史主义的一个根本特点是相信历史是有意义的。然而对"历史意义"的追问却是大而无当的,"超出了一切认知能力,压得我们喘不过气来；它把我们投入了一种只有希望和信仰才能够填补的真空"①。因此，洛维特反对以历史主义建构的历史意识取代自然世界的图景，想把现代人带回到斯多亚的自然世界中去。这种"自然"是作为一切自然之物和人为之事的价值准绳的自然本身，具有永恒性，代表一种自然秩序。

作为政治哲学家的列奥·施特劳斯，对现代历史主义进行了猛烈地抨击。因为现代历史主义质疑了对普遍性和永恒性问题的政治哲学追问，放弃了对普遍永恒价值的正当追求，陷入了虚无主义。而虚无主义恰恰是现代性的第三次浪潮的严重恶果，施特劳斯把海德格尔的"彻底历史主义"看做是现代性的第三次浪潮的典型代表。为了克服历史主义以及所带来的虚无主义后果，施特劳斯主张返回到被历史主义破坏的古典政治哲学传统即追求古典自然法（自然正当）的普遍主义的价值秩序。施特劳斯以政治哲学家的身份来研究历史，深刻地体察到了现代历史主义的矛盾和困境，但是他否定现代性的理论贡献而回到古典政治哲学那里去，不免让人觉得重蹈了绝对主义和普遍主义的危险，这也正是他被称之为"新保守主义教父"的原因。

（二）历史主义问题的国内研究进展

1. "历史主义"含义的辨析

在国内学术界，对历史主义的研究主要是在哲学界和历史学界，而且只是零星地研究，并没有详细论述和梳理其理论脉络。例如，李秋零在《德国哲人视野中的历史》一书中论述赫尔德一节时顺便论及历史主义；张广智在《西方史学史》一书中简要介绍了"历史主义史学派"；彭刚在《克罗齐与历史主义》一文中对德国历史主义思潮作出了较为明确的界定②，这也是国内对历史主义思潮发展最为准确地介绍。

系统研究历史主义的著作凤毛麟角，目前只有台湾学者黄进兴在《历史主义与历史理论》（陕西师范大学出版社 2002 年版）一书中对历史主义的理论进行了粗线条式梳理，是国内较早的有参考价值的著作。大陆学者至今还没有直接以历史主义为题的专著出版，其主要原因是：一方面，作为一种西方学术思潮

---

① 卡尔·洛维特：《世界历史与救赎历史》，生活·读书·新知三联书店 2002 年版，第 7 页。

② 参见彭刚：《克罗齐与历史主义》，《史学理论研究》1999 年第 4 期。

和思想运动的历史主义,其代表性著作的中译本迄今在国内还很少。2009 年之后这种状况得到了初步改善,德国历史主义的重要代表人物弗里德里希·梅尼克的《历史主义的兴起》(译林出版社 2009 年版)和意大利哲学家克罗齐的再传弟子卡洛·安东尼的演讲集《历史主义》(上海人民出版社 2010 年版)陆续翻译出版。另一方面,由于历史主义思潮在西方兼有哲学和历史学的双重思想史背景,其含义和概念纷繁复杂,在欧洲不同文化历史传统中有着不小的差异,既有德国历史主义和意大利历史主义这两种历史主义思潮的主要代表类型,还有具有本民族特色的英国的历史主义研究;其思想发展脉络和逻辑进程也波澜壮阔,代表人物既有像兰克、梅尼克这样的历史学家,又有像狄尔泰、海德格尔这样的哲学家,此外还有像特洛尔奇这样的神学思想家,综合起来研究有很大的难度。

在这里尤其需要指出的是,在中国学术界,一提起历史主义人们就很容易想到卡尔·波普尔及其著作《历史主义贫困论》。波普尔用"Historicism"一词来区别于德国的"历史主义"(Historismus)。他所批判的历史主义是指一种社会科学的方法论,想在历史的演化过程中,寻求历史的普遍规律、模式、法则,以达到预测未来历史进程的目的。[①] 波普尔把批判历史主义的矛头指向柏拉图、黑格尔和马克思三人,因为他们都意图把历史的发展引向一个终极的目标("理想国"、"绝对精神"或者"共产主义"),认为社会按照预设的目的从低级阶段到高级阶段循序渐进。波普尔之所以选择这三位人物作为批判对象,是因为他认为 20 世纪极权主义政治思想的哲学根源就是这些哲学家的历史决定论。所以说,波普尔批评的这种历史主义其实就是历史决定论(historical determinism),所以杜汝楫、邱仁宗两位先生将其大作译为《历史决定论的贫困》(上海人民出版社 2009 年增订版)。

国内学术界已经注意到了卡尔·波普尔用"historicism"和"historism"来区分两种不同含义的"历史主义"。前者实际上是一种历史决定论,即声称发现了历史规律,能够预言历史进程的学说。后者则是指"历史相对主义"或"一切思想的历史决定性"。[②] 针对这种情况,何兆武先生最早对这两种历史主义进行了区分。还有张汝伦先生也进行了区分,指出中国人往往重视了前

---

① 参见卡尔·波普尔:《历史主义贫困论》,中国社会科学出版社 1998 年版,第 7 页。

② 参见卡尔·波普尔:《开放社会及其敌人》第 1 卷,中国社会科学出版社 1999 年版,第 26 页;卡尔·波普尔:《开放社会及其敌人》第 2 卷,中国社会科学出版社 1999 年版,第 314 页。

一种历史主义,而忽视了后一种历史主义;他着重批评了作为历史决定论的历史主义,但并未对历史相对主义进行详细论述。① 本书恰恰就是要着重论述后一种历史主义的理论旨趣及其危机。

2. 历史主义思想史研究的起步

随着国内历史主义的译著的出版,学界对历史主义的思想史发展脉络有了初步的研究,有的学者通过翻译研读梅尼克的《历史主义的兴起》指出:历史主义在德国的兴起中始终与民族主义交织在一起,兰克及其普鲁士学派就表现出了这种倾向。狄尔泰进行了历史理性批判,其实质是以历史意识取代形而上学。第一次世界大战以后,历史主义越来越深地陷入相对主义危机。梅尼克为历史主义进行了积极的辩护,但已经有些力不从心。海德格尔对古典历史主义进行了批判,认为生命在本源上就是历史性的。历史主义的兴衰表明了西方文明的困境。②

学者们对历史主义思想史的个案研究也逐步深入,其中对历史主义代表人物兰克、梅尼克、特洛尔奇等人的思想的研究不断推进。如易兰的《兰克史学研究》(复旦大学出版社 2006 年版),在梳理国内外研究兰克史学成果的基础上,深入论述了兰克史学产生的社会文化背景,兰克史学的"如实直书"、"上帝之手"以及兰克史学的政治性的真正内涵,并阐释了兰克史学的世界影响及其中国回响。陆月宏为梅尼克《历史主义的兴起》译著(译林出版社 2009年版)所作的译后记中,详尽地介绍了梅尼克生平及其思想发展的特点。刘小枫对历史主义思想史上的关键性人物特洛尔奇做了译介。

由于历史主义在思想史上有着解释学的渊源,近几年来国内学术界也在进行这方面的研究。哲学史上对历史主义的解释学贡献最大的要数狄尔泰和伽达默尔两位哲学家了。国内对狄尔泰的研究专著屈指可数,研究历史主义与狄尔泰的关系的论文为数也不多。③ 而对西方解释学的集大成者伽达默尔

---

① 参见何兆武:《评波普尔和他的〈贫困〉》,载卡尔·波普尔:《历史主义贫困论》,中国社会科学出版社 1998 年版,"附录"第 143 页;参见张汝伦:《历史主义与现代性》,《浙江社会科学》2000 年第 6 期。

② 参见陆月宏:《"历史理性批判"与历史主义危机》,《南京工业大学学报》(社会科学版)2011 年第 1 期。

③ 有代表性的论文有:孙玉良的《历史主义对狄尔泰的影响》,《江淮论坛》2008 年第 5 期;莫伟民的《狄尔泰的历史理性批判》,《河北学刊》2004 年第 2 期。此外,20 世纪 90 年代一些学者的研究也具有前瞻性,如张汝伦的《狄尔泰和历史哲学》,《复旦学报》1993 年第 2 期;潘德荣的《诠释哲学:从狄尔泰到伽达默尔》,《江淮论坛》1992 年第 4 期。

的研究成果相对来讲比较丰富,其中有一些论述伽达默尔对历史主义之批判的研究。①

从整个历史主义发展的思想史角度来看,国内还没有系统地研究历史主义兴起的思想背景、发展的基本特征,对历史主义危机的研究更是付之阙如。而恰恰是 20 世纪西方历史主义危机的出现以及梅尼克、特洛尔奇的著作的问世,使得历史主义在国外学术界声名鹊起,引发了一系列的理论思考和现实问题;尤其是历史主义本身所引发的价值危机更是与社会历史实践后果息息相关。因此,进一步从历史哲学与价值哲学的角度深入对历史主义思潮的研究,是本书所要进行的一项工作。

3. 马克思主义和历史主义关系问题的争论

在 20 世纪 50 年代到 80 年代之间,国内历史学界先后出现过三次大的争论,主要局限于历史主义与阶级观点的关系问题,基本上接受了马克思主义的历史主义的方法论原则。后由于因政治等方面原因并没有深入进行下去,也没有认真地从学术思想史上考察历史主义的渊源和理论特质,更谈不上研究马克思与西方历史主义的关系了。20 世纪 90 年代以来,特别是进入 21 世纪以来,由于西方历史主义思潮的著作和论文被引介到国内学术界,哲学界也开始了对马克思与历史主义的关系问题进行初步的探讨。但由于没有很好地辨析马克思与西方历史主义的思想史关系,甚至把黑格尔也纳入到了西方历史主义的思想脉络中,并没有明确地指出马克思对西方历史主义(特别是以兰克为代表的历史学派)的批判和真正超越之处。②

三、厘清两种历史主义

在当代西方学术界,对历史主义的研究主要有思想史和哲学史两种思路。

---

① 代表作有:严平的《走向解释学的真理——伽达默尔哲学述评》,东方出版社 1998 年版;何卫平的《通向解释学辩证法之途——伽达默尔哲学思想研究》,上海三联书店 2001 年版;倪梁康的《现象学及其效应——胡塞尔与当代德国哲学》,生活·读书·新知三联书店 2005 年版。此外,何卫平先生还翻译了加拿大学者 J. 格朗丹的论文《历史主义的解释学问题》,《江苏行政学院学报》2006 年第 4 期。

② 参见赵士发:《历史主义传统与马克思的历史主义原则》,载《马克思主义哲学研究》,武汉大学出版社 2007 年版;万斌:《历史主义方法及其对社会历史的解读》,《天津社会科学》2008 年第 4 期;沈湘平:《马克思思想视域中的历史主义》,《学术月刊》2010 年第 8 期。

以格奥尔格·伊格尔斯为代表的学者从思想史的角度对历史主义的由来及其发展演变进行了细致的研究,但是忽略了哲学问题的探索。而查尔斯·巴姆巴赫等人从哲学史上重点考察历史主义危机与狄尔泰、海德格尔等哲学家的关系,却缺乏整个思想史的问题域。① 本书就是要把思想史研究与哲学史研究贯通,并且从历史主义发展史中得出问题意识,做到论从史出,阐明历史主义思潮本身的哲学意义和导致的价值危机。

(一)德国的历史主义

历史主义在德文中是"Historismus",在英文中"历史主义"先后有两个对应的单词"historism"、"historicism"。在英文文献中,由于卡尔·波普尔《历史主义贫困论》(译为《历史决定论的贫困》应更准确)的影响,这个术语更加歧义丛生。据西方学者考证,德文"Historismus"在英语里有"Historism"与"Historicism"两种译法,"Historism"出现的时间较早,它直接援引德国早期浪漫派代表人物诺瓦利斯(Novalis)当时的译法。尽管"Historism"出现的时间较早,但后来随着时间的推移和语言的发展,"Historicism"逐渐取代了"Historism"。之所以出现这种趋势,主要有两种原因:其一,由于"Historicism"这个单词的发音结构比较符合英语的自然格式(natural English form),因此英美学界后来便改用"Historicism"作为德语"Historismus"的正式翻译。其二,由于"Historicism"这个单词是克罗齐用语"Storicismo"的正式翻译,而任何有关历史主义的完整解释,必须同时兼顾"德国历史主义"与"意大利历史主义"两种不同的思想传统。出于研究的便捷,英美学术界干脆就使用"Historicism"这个词来译指历史主义。另外,也有学者认为这不仅仅是个翻译语言演变的问题,而特别强调以"Historicism"专指20世纪初欧洲思想史上出现的所谓的"历史主义的危机"(the crisis of Historicism)。② 特别是梅尼克、特洛尔奇等人提出"历史主义的危机"以来,"历史主义"便开始为众人所知。

---

① Cf. Charles R. Bambach, *Heidegger, Dilthey, and the Crisis of Historicism*, New York: Cornell University Press, 1995.

② Cf. Dwight E. Lee and Robert N. Beck, "The Meaning of 'Historicism'", *The American Historical Review*, Volume 59, Issue 3, Apr., 1954, pp. 568 –577.

　　本书从思想史上辨析的"历史主义"这一概念主要是指德国"历史主义"理论。其实"历史主义"一词早已存在,而且在 19 世纪中叶的德国业已确立。"Historismus"一词最早由 19 世纪德国浪漫主义文学家弗里德里希·施莱格尔在 1797 年所记录的一些有关语言学的笔记中谈到,指的"是一种特别强调历史的哲学"。19 世纪 30 年代初期,费尔巴哈为了批评经验主义与实证主义,开始广泛地使用"Historismus"这个词,用以表示历史相对论(historical relativism)。1848 年,布拉尼斯(Christoph J. Braniss)则不带任何色彩,严格区分了自然主义(naturism)与历史主义。前者指以自然科学的观点了解所有现象,包括历史在内;后者系指以历史的方式来统摄所有的真相,自然界也包括在内。1852 年,普朗托(Carl Prantl)理解的历史主义与施莱格尔并无不同,表示一种历史研究的态度,承认在具体时空条件下的个别性。1879 年,维尔纳尔(Karl Werner)在论述维柯的著作时提到了"哲学的历史主义"(the philosophical historicism)这个概念,并且指出,维柯的有关人性除历史以外不知其他现实的观点体现了历史主义观念的核心:历史为人类创造,因此反映了人类的意图,即意义。由于自然不为人类所创造,所以不反映能为人们所理解的意义。① 由此,历史主义便与唯心论(观念论)的认识论结为同盟,并在后来为克罗齐、柯林伍德所进一步引申,认为历史永远与思想相关,永远与意义相关,必须加以理解。

　　一言以蔽之,在哲学上历史主义的经典含义是在认识论和方法论的意义上被理解和使用的,它假设在自然现象和历史现象之间存在根本差异,由此历史科学(文化科学、精神科学)的研究方法与自然科学的研究方法完全不同,自然科学的抽象和分类的方法对于人类世界和历史并不适用。历史科学要面对的是鲜活的历史个体和历史事件,需要历史学家直观的理解,同时历史主义相信对历史本身进行客观的理解是可能的。

　　当然历史主义不仅仅是一种认识论和方法论,也是一种世界观。很多学

---

① Cf. Georg G. Iggers, "Historicism: The History and Meaning of the Term", *Journal of the History of Ideas*, Volume 56, Issue 1, Jan., 1995, pp. 129 - 152. 中译见伊格尔斯:《历史主义的由来及其含义》,《史学理论研究》1998 年第 1 期;Georg G. Iggers, "historicism", in Wiener(ed.)*the dictionary of the history of ideas*, 2003, pp. 456 - 464, 中译见张京媛主编:《新历史主义与文学批评》,北京大学出版社 1993 年版,第 282—297 页。

者敏锐地指出了这一点,他们认为历史主义不仅成为指导历史学家进行历史研究的一种方法论,而且也成为一套独特的人生哲学、历史哲学和世界观(Weltanschauung)。① 伊格尔斯也认为,"历史主义不止是一种历史理论而已,它包含有一整套人生哲学、一种科学观(而尤其是人文科学与文化科学的科学观)与一种政治社会秩序观的独特的结合"②。

历史主义本身的发展就体现了其世界观和方法论的统一。而它作为一种思想潮流在人类思想史上有着重要的影响,梅尼克(Friedrich Meinecke)在《历史主义的兴起》中就声称:"历史主义是西方文化最伟大的精神革命"。列奥·施特劳斯对历史主义的影响力这样概括道:"历史主义不仅是众多哲学流派之一,而且,它至少是影响当代所有思想的最强大动力。倘若可以谈论一个时代的基本精神,那么,我们能够自信地断言,历史主义就是我们时代的精神。"③历史主义的哲学和方法论渗透到德国的所有人文与文化科学之中,结果语言学、语文学、经济学、艺术、法学、哲学和神学都成为以历史为导向的研究。因此,19世纪被称为"历史主义的时代"。

历史主义的主要代表就是德国的历史学派。在这当中引人注目的是,19世纪德国出现了反对黑格尔的思辨的历史哲学(历史观念)的历史主义运动,以兰克开创的历史学派为典型。除了历史学派以外,有代表性的还有法学领域的历史法学派、经济学领域的历史学派,等等。

以19世纪德国法学家萨维尼(Savigny,1779—1861)为代表的历史法学派(Historical School of Law)是历史主义思潮的重要一支。总的来说,历史法学派的观点是:"法"的形成和产生是一个民族历史长期发展积累的结果,而不是立法的产物;任何一个民族或国家都有它自己的历史,也都有自己的法律文化和法律知识,因此一个国家制定法律不能照搬其他国家的法律,只能在深入研究自己的民族和文化之后,发现适合本民族和国家的法律。萨维尼这样宣告历史法学的总纲:"历史法学派始于这样一个假设:实在的法律源自一个

---

① Cf. C. G. Rand, "Two Meanings of Historicism in the Writings of Dilthey, Troeltsch, and Meinecke", *Journal of the History of Ideas*, Volume 25, Issue 4, Oct. Dec., 1964, pp. 503 - 518.
② 伊格尔斯:《二十世纪的历史学》,山东大学出版社2006年版,第29页。
③ 列奥·施特劳斯:《政治哲学与历史》,载丁耘主编:《什么是思想史》,上海人民出版社2006年版,第25页。

民族的全部过去,源自一个民族及其历史的本质最深处。"①

德国经济学的历史学派是 19 世纪 40 年代以李斯特(F. List)为先导,由罗雪尔(W. G. F. Roscher)创立,70 年代经施穆勒(G. Schmoller)等人得到发展。这个学派反对英国古典经济学建立永恒的、普遍的经济理论的企图及其抽象演绎方法,主张根据各国历史发展的特性研究具体的经济政策。像国民经济有机体、经济发展阶段论、历史法学方法、历史语言学方法、各国经济发展的特殊性和经济理论的相对性等观点和方法,都是这个学派提出的,它们也成为史学中历史主义的部分内容。这个学派的希尔德布兰德(B. Hildebrand)、克纳普(G. F. Knapp)、布伦塔诺(L' Brentano)原来都是史学家,施穆勒、毕雪(L. Bhcher)是著名的经济史学家。英国著名经济史学家阿施莱(W. J. Ashley)、坎宁翰(W. Cunningham)也都具有历史主义观点。②1884 年,经济学中奥地利学派创始人门格尔(Carl Menger)指出"德国经济学的历史学派"(German Historical School of economics)是一种错误的历史主义教条(false dogma of historicism),反对其将历史主义的方法套用在政治经济学研究上。然而,门格尔并非反对历史观点本身,而是批判德国历史学派将历史观点用以研究特定的经济学科;他强调经济学科本身就拥有足以评价自身的标准,不需要其他的历史学家或数学家提供各种"额外的评价"(excessive valuation)。③

(二)历史主义与历史决定论

如前所述,在学术界一提起"历史主义"一词,人们就很容易想到卡尔·波普尔,因为他在《历史主义贫困论》一书中批判了所谓的"历史主义"。在英文文献中,由于卡尔·波普尔《历史主义贫困论》的影响,使得"历史主义"这一学术术语歧义丛生。他用英文"Historicism"一词来区别于德语的"历史主义"(Historismus)。在该书中,历史主义主要用来意指一种社会科学的方法

---

① James Q. Whitman, *The Legacy of Roman Law in the German Romantic Era*: *Historical Vision and Legal Change*, Princeton University Press,1990, p. 112. 转引自朱晓喆:《德国近代文化传统变迁下的历史主义法学》,载何勤华主编:《法律文化史研究》第二卷,商务印书馆 2005 年版,第 353 页。

② 参见吴承明:《论历史主义》,《中国经济史研究》1993 年第 2 期。

③ Cf. C. G. Rand, "Two Meanings of Historicism in the Writings of Dilthey, Troeltsch, and Meinecke", *Journal of the History of Ideas*, Volume 25, Issue 4, Oct. Dec. , 1964, p. 504.

论,企图在历史的演化过程中寻求历史的普遍规律、模式和法则,以达到预测未来历史进程的目的。① 其实,波普尔批评的这种历史主义就是历史决定论(historical determinism)。他认为人类的历史过程并没有类似于自然世界过程的客观规律,因此历史没有规律可循,也无法预言。波普尔还在这个意义上着重批驳了柏拉图、黑格尔和马克思;因为他们都试图把历史的发展引向一个终极的目标——柏拉图的"理想国"、黑格尔的"绝对精神"和马克思的"共产主义",并且认为社会按照预设的目标从低级阶段到高级阶段循序渐进。波普尔之所以选择这三位人物作为批判对象是因为他认为这些哲学家的历史决定论成了20世纪极权主义政治思想的哲学根源。②

可以看出,波普尔意义上的历史主义有两个特点。其一,强调历史的普遍规律,历史主义认为人类历史如同自然世界一样存在着客观规律,现代历史学家的任务就是发现和总结历史规律,并且据此预测将来历史发展的趋势和目的。其二,为了认识历史规律就得借助科学的手段和方法,因此历史主义与科学主义、理性主义结下了姻缘。哈耶克同意波普尔把历史主义界定为历史决定论,并认为历史主义"在唯科学主义风气的影响下,逐渐地把历史说成是一种对社会的经验研究,从中将会产生出终极性的通则"③。这就是说,历史主义预设了一个前提,即人类的理性不仅可以认知自然界和客观的自然规律,而且科学主义还把社会历史当做经验科学的研究对象,运用人类的理性进行描述、总结和概括其客观规律。哈耶克说:"历史主义在这个方面最清楚地表现出了它的理性主义和理智主义的特点:既然一切历史发展的决

---

① 参见卡尔·波普尔:《历史主义贫困论》,中国社会科学出版社1998年版,第7页,译文有所改动。

② 伊格尔斯对此曾经评价道:卡尔·波普尔在《历史主义的贫困》中以黑格尔和马克思的观点出发,将历史主义视为一种总结历史发展规律的探求。波普尔认为历史主义被马克思主义者来突出人类最终目的的重要性,为他们的强权政治寻找理论依据。波普尔对历史主义的界定在很多人眼里显得怪异,因而不受欢迎。但他至少区别了德语中的两种"历史主义"("Historizismus"和"Historismus")。在他那个时代,英语国家通常将历史主义译成"Historism"而不是"Historicism"。直到20世纪40年代,受到克罗齐历史主义著作的影响,英语国家才开始用"Historicism"来翻译历史主义。参见格奥尔格·伊格尔斯:《历史主义的由来及其含义》,《史学理论研究》1998年第1期。

③ 哈耶克:《科学的反革命——理性滥用之研究》,译林出版社2003年版,第65页。

定因素是可以认知的,因此只有那些我们能够充分理解的力量才会发挥作用。"①可见,历史主义对历史规律的信念根源于对人类理性能力的崇拜和信任。

所以说,必须对德国的历史主义和波普尔、哈耶克意义上的历史主义(历史决定论)进行区分。这两种"历史主义"的内涵大相径庭,特别是在对待理性主义问题上持有两种截然相反的态度。德国的历史主义由于受浪漫主义的影响而反对启蒙运动宣扬的普遍理性和普遍价值,反对永恒、绝对、统一的真理观和价值观,它在本质上是反理性主义、反科学主义的。而历史决定论则恰恰是理性主义的历史观,它强调历史的规律性,主张真理和价值的绝对性、唯一性,其实它是"冒历史主义之名,行理性主义之实",可以称之为"伪历史主义"。②

国内学者受波普尔的影响将历史主义和历史决定论相混淆,这里面有历史主义的英文翻译的因素(即没有对"historicism"和"historism"进行明确区分)。更为重要的是,我们不能简单地指认波普尔意义的历史主义和德国的历史主义之间的区分就可以了事了。我们不禁要问:波普尔为什么会将二者有意混淆呢?难道是他真得不懂二者之间的区别吗?联系历史主义的思想发展脉络,需要从德国历史主义本身的内在困境说起。历史主义自产生之日起,就面临着理论自身的矛盾或悖论:既要肯定事物发展的历史性、暂时性,又要坚守其背后的历史意义或者说寻找历史和历史知识的确定性根据,避免陷入相对主义乃至虚无主义。换句话说,历史主义作为一种与传统形而上学、价值普遍主义相区别的一种方法,它最根本的特点就在于把历史的个体、价值规范看成是相对的、暂时的,而同时又坚信历史是一个有意义的发展过程和历史知识的客观性。这种对客观性和确定性的坚守,使历史主义内在地包含着克服历史主义相对主义的理论努力,于是又有可能为历史主义与历史决定论的结合提供了契机。③ 最典型的就是黑格尔的历史主义理论,于是也有学者把黑格尔视为历史主义流派的一分子。但是从准确的意义上讲,作为历史学派出

---

① 哈耶克:《科学的反革命——理性滥用之研究》,译林出版社 2003 年版,第 257 页。
② 参见朱晓喆:《德国近代文化传统变迁下的历史主义法学》,载何勤华主编:《法律文化史研究》第二卷,商务印书馆 2005 年版,第 351—352 页。
③ 我国有的学者也已明确地指出了这一点,参见王新生:《马克思哲学的历史主义根基:遗忘与重建》,《吉林大学学报》(社会科学版)2009 年第 2 期。

现的历史主义恰恰是反对黑格尔的历史决定论的思辨历史哲学的。因此,严格来讲,历史主义还是必须和历史决定论区别开来,尽管二者有着扯不断的理论联系。

四、本书的研究思路

本书主要是遵循叙述方法和研究方法相统一、哲学史与思想史研究相结合的原则。马克思在《资本论》第 2 版跋中明确指出:"在形式上,叙述方法必须与研究方法不同。研究必须充分地占有材料,分析它的各种发展形式,探寻这些形式的内在联系。只有这项工作完成以后,现实的运动才能够适当地叙述出来。这点一旦做到,材料的生命一旦观念地反映出来,呈现在我们面前的就好像是一个先验的结构了。"①本书的叙述方法基本上是研究方法的倒叙,研究问题的思路是看到价值秩序问题的虚无主义后果,然后由果溯因,寻找价值虚无主义的历史观根源(历史主义)作为叙述对象。

本书通过历史观的嬗变来探究价值相对主义、虚无主义产生的根源,而研究历史观的嬗变,就必须对哲学史和思想史有清楚的把握。本书的问题意识是通过梳理、理解哲学史和思想史的发展脉络而逐渐明晰起来的。我深切地赞同:哲学就是哲学史,问题就是问题史。

按照美国观念史研究的主要代表人物诺夫乔伊的说法,观念史研究就是对人类思想史中的重要观念所作的反思和研究。由于这种研究主要是以哲学反思的方式进行的,因而在某种程度上也属于广义上的哲学研究。但是,观念史研究又绝不仅仅是哲学研究,与哲学史相比较,内容更加具体而在范围上更宽泛一些。说它特殊主要是哲学史主要研究各种哲学家或哲学流派发展的历史,而观念史主要研究哲学中的某些观念或观念群以及它们的发生与发展的历史,就此而言,观念史的研究内容要相对具体一些。至于观念史的研究在范围上比哲学史更宽泛一些,主要是这些观念或观念群的研究不仅涉及哲学,还涉及其他学科,如历史学、宗教、文学、艺术等。在这种意义上,观念史一般也

---

① 《马克思恩格斯全集》第 44 卷,人民出版社 2001 年版,第 21 页。

被称为思想史。① 所以诺夫乔伊说:"没有关于观念史的知识,要想理解主要领域内的大部分的西方思想运动,是不可能的。"②

思想史与哲学史既相区别又有联系,本书主要将二者结合起来。具体到"历史主义与现代价值危机"的研究中,本书认定历史主义思潮不仅仅是思想运动,还是一种哲学思潮,它本身以历史表象为掩盖而反映的深层次的矛盾和危机是哲学问题。我们将聚焦于从哲学上梳理历史主义学派在思想史中的发展与嬗变,来探讨价值相对主义和虚无主义产生的历史观根源;重点从历史主义的兴起、发展与危机等方面对历史主义理论的发展脉络进行了详细地梳理和阐述,突出历史主义作为一种世界观和方法论(认识论)的理论内核和内在危机;并把历史主义危机的核心概括为价值相对主义乃至虚无主义,试图深刻地揭示现代社会的价值危机。

遵循这种思路,本书的主要内容包括:

历史主义是兴起于 18 世纪末,发展于整个 19 世纪,衰落于 20 世纪初期的一场思想运动,它是在启蒙运动和法国大革命之后与浪漫主义相伴随而产生的。历史主义思潮以维科和赫尔德为先驱,然后由兰克集大成,再经德国普鲁士学派、狄尔泰和特洛尔奇等人的发展,最后以梅尼克为其代言人,形成了一个绵长深厚而富于德国民族特色的思想传统。一般认为,历史主义具有世界观和方法论双重内涵。历史主义方法论假设历史科学和自然科学的研究方法完全不同,主张历史学具有直观理解的独特个性。在相当长的一段时间里,历史主义的方法论广泛渗透于欧洲特别是德国的大多数人文与社会科学之中,形成了语言学、语文学、经济学、法学、哲学、神学和艺术都侧重以"历史"为导向的研究格局。以此为据,19 世纪被学者们称为"历史主义的时代"。当

---

① 思想史一词相对应的英文一般有 history of thoughts, intellectual history, history of ideas。而 history of ideas 在诺夫乔伊等人那里有着区别于一般思想史的、以考察"单元观念"(unit-ideas)为核心内容的具有独立学科意义的含义,译为"观念史"较为妥当。但"history of ideas"一词本身常常对应的就是中文中的思想史,斯金纳使用此词时,除对诺夫乔伊研究取向的讨论和批评的场合外,均是指一般意义上的"思想史"。参见彭刚:《历史地理解思想——对斯金纳有关思想史研究的理论反思的考察》,载丁耘主编:《什么是思想史》,上海人民出版社 2006 年版。当然需要指出的是,思想史研究在西方主要有两大流派:施特劳斯学派和剑桥学派。本书在论述思想史时,倾向于以斯金纳为代表的剑桥学派的研究思路即"Ideas in Context"(语境中的观念)。但是,无论哪种学派,都需要以扎实的文本为依据,这在目前中国学术界也是越来越被认同和践行。

② 诺夫乔伊:《存在巨链》,江西教育出版社 2002 年版,第 24 页。

然历史主义不仅仅是一种方法论,还是一种世界观,主要表现为历史意识的觉醒。因此,我们可以把历史主义的思想特质简单概括为:历史意识的觉醒和历史科学的兴起。

历史主义的兴起主要是基于一种"反启蒙"的历史意识的觉醒,它反对启蒙哲学的普遍理性和普遍价值。历史主义与启蒙运动的关系问题是历史主义兴起的重要理论背景,其中浪漫主义对启蒙运动的反抗与决裂在二者的关系中起了不可替代的作用。历史主义不仅直接受惠于浪漫主义的历史观,而且其解释学原则也受到德国浪漫主义的影响;作为一种研究历史的方法和对待过去的原则,历史主义与浪漫主义的解释学紧密相连。正如德国浪漫派的解释学把西方传统解释学从独断论的教条中解放出来,使之成为一种解释方法的普遍解释学一样,19 世纪以兰克为代表的德国历史学派的出现,则使历史研究脱离黑格尔的历史哲学,使之成为与思辨历史哲学方法相区别的经验历史科学。

作为"近代历史科学"标本的历史学派的出现是历史主义兴盛的重要标志:一方面,历史学派反对黑格尔的思辨历史哲学,强调"秉笔直书"的客观的历史研究方法;而另一方面在历史观上却通过主张"历史的每一时代都直接通往上帝"而坚信历史是一个有意义的过程。简言之,历史主义的基本思路与黑格尔的思辨哲学已有很大不同。但是,历史主义在很大程度上又保留着黑格尔哲学的痕迹,即历史主义仍然坚信历史是一个有意义的过程。在黑格尔看来,历史是绝对精神通过一系列的辩证过程而充分实现和回到自身。而历史学派虽然也承认历史内在地是精神的表现,但是精神之表现于历史的,并不是黑格尔那种辩证的过程,而是姿态各异、多种多样的个体或个性化的形态。因此,强调多样性和个体性的德国历史学派通常被解释为是与黑格尔派哲学家在历史发展中寻找一种统一的、符合辩证逻辑进程的做法相对立的一种历史主义的典型表达方式。

可以看出,历史学派的历史主义理论是一种典型的二元论:在方法论上是经验主义的,但在本体论上却是德国观念论的(神学目的论的)。历史学派与黑格尔思辨历史哲学的这种纠葛,蕴涵着历史主义自身的矛盾和内在困境:强调特殊性、个体性会不会导致一种极端的相对主义呢? 古典的历史主义(历史学派)对超越历史世界的形而上学世界的强烈信仰而避免了相对主义。虽然历史学派蕴涵着的观念论与经验论的冲突在古典历史主义那里得到了一定程度的解决,但观念论(神学目的论)一旦受到挑战,其主张的历史客观性就会大打折扣,这成了历史主义无法摆脱的认识论困境。

历史主义的认识论困境直接成为近代以来德国哲学新康德主义学派和狄尔泰,直至后来的海德格尔和伽达默尔研究的主题。历史主义属于从近代思辨历史哲学到分析(批判)历史哲学范式转换的理论谱系。为了克服历史主义内在的困境,哲学家主要是从两条路径来思考的:胡塞尔等人诉诸于超验的形而上学和海德格尔、伽达默尔的"历史性"。历史主义和历史性的关系可以表述为:历史性作为本体论的原则,是作为克服历史主义的认识论、方法论困境而提出来的,尤其是"历史性"的解释学原则解决了历史主义面临的追求客观性的认识论困境。而历史性作为历史主义"深思熟虑的一种形态",却不足以克服现代生活实践中的价值相对主义乃至虚无主义困境。

认真审查历史主义理论本身的逻辑,我们发现它是自相矛盾的:如果历史主义本身的逻辑为真,那么把这种逻辑应用于自身就会得出这样的悖论——历史主义理论本身也只是暂时性有效的。进一步说,如果不超越历史,不把握住某种超历史的东西,我们就无法看到"一切"思想(包括历史主义本身)的永恒有效性。超历史的东西,对于历史主义来说就是其所依赖的一种信仰即历史是有意义的。古典的历史主义避免了相对主义,就是因为它把历史的意义维系于超验的上帝或者说对超验形而上学的信仰。但是这本身就是个悖论,注定逃脱不了失败的命运。一旦信仰的神圣性力量被否定,历史主义的危机就不可避免,于是相对主义便泛滥开来,甚至进一步发展为虚无主义。

作为历史主义危机之核心的价值相对主义,根源于世界的理性化和神学的历史化所造成的历史意义的丧失。价值虚无主义恰恰是价值相对主义发展的极致,哲学意义上的虚无主义主要是指价值虚无主义,以尼采为肇始者。海德格尔对尼采的批评则是一种存在虚无主义的思路。海德格尔认定虚无主义的根子在于形而上学,形而上学就是超感性世界和感性世界的二元对立。历史主义造成的虚无主义主要是价值的虚无主义,卡尔·洛维特、列奥·施特劳斯等人提出的回到"自然"的克服历史主义(虚无主义的)方案,从哲学上看仍然是一种诉诸于价值绝对主义的思路,仍然没有跳出西方传统形而上学的框架。

回到"自然"的克服虚无主义方案,折射出存在论和价值论上的自然与历史的二元对立,这种对立本身就是形而上学的。自然本身是世界存在巨链中的连续统一体,只有人才创造出自然和历史、精神和物质、超感性和感性等二元对立。西方哲学史自柏拉图一直到黑格尔,就沉湎于这种二重化的世界里。马克思认为,这种世界的二重化根源于人的生存方式——作为感性对象性活动的实践的二重性。马克思不只是把超感性世界颠倒、归结为感性世界(世俗基础),而是更进一步分析感性世界(世俗基础)的内在矛盾和自我分裂,并通过感性活动在自然与历史、感性与超感性之间保持必要的张力,从而超越了形而上学与虚无主义。

马克思的历史唯物主义理论是其一生中重大的发现之一,也是人类思想史的一次"壮丽日出"。从历史哲学上厘清马克思与历史主义的关系问题是研究历史唯物主义思想史来源的主要路径,更是理解马克思哲学当代意义的一条新路径。历史主义是西方历史哲学发展的枢纽,其坚信"历史的意义"的世界观上承思辨的历史哲学,其力主"历史科学"的方法论则下接批判的历史哲学。马克思正是在通过对历史主义的世界观和方法论的批判和超越中,实现了历史唯物主义的哲学变革。具体讲来,历史唯物主义诉诸于人的感性活动的"有限目的论"首先解决了历史主义的历史意义根基问题。其次,历史唯物主义从自然与历史的有限统一、结构与历史的统一以及方法论与存在论的统一成功地克服了作为一种历史科学的历史主义的危机。

从产生思想的现实角度看,历史主义理论本身的孕育与发展是根植于其社会历史土壤的。历史主义的理论合理性就在于赋予了普遍价值以历史的维度。但值得注意的是,历史主义者特别是德国历史主义者拒斥法国和西欧启蒙运动的普遍价值是与其特殊民族利益结合在一起的,他们推崇的个体历史观和价值的特殊性最终走向了国家和民族利益至上的专制和排外,结果造成了包括本民族在内的"世界性灾难"。可见,任何民族只是依据自己特殊的利益诉求来反对各民族可以共享的普遍价值,并据此推崇狭隘的民族主义价值观,其结果只能适得其反。进而言之,历史主义是作为反对启蒙的普遍理性和普遍价值而登上历史舞台的。这与马克思的历史唯物主义对启蒙理性的批判有一定的契合之处。二者的区别在于:前者通过拒斥启蒙的普遍价值、一味地强调个体性和特殊价值,从而走向了相对主义甚至虚无主义;马克思则是从存在论的根基揭示了普遍理性和普遍价值的虚幻性,同时又承认了它的历史合理性;通过历史的辩证运动并以最终实现"每个人的自由发展是一切人的自由发展的条件"的目标,从而在更高层次上继承和超越了启蒙理性及其普遍价值。

　　从构成思想的逻辑角度看,历史主义作为一种世界观是作为反对形而上学的面孔出现的。众所周知,很多黑格尔之后的哲学家都以反形而上学起家。历史意识的出现直接宣布了形而上学的虚假性,或者说传统的"哲学"越来越遭遇到"历史"的挑战。一言以蔽之,历史主义反对形而上学的实质在于它深刻地揭示了形而上学所代表的"同一性思想"和绝对价值的虚妄性。历史主义危机所折射出来的"一"与"多"的价值难题,概言之就是价值的普遍性与特殊性、绝对性与相对性的二元问题;而这种二元对立已被当代哲学思维所扬弃。因此,走出历史主义的现代价值危机,关键是要在"一"与"多"中保持必要的张力和适当的平衡,并诉诸于一种以主体间的差异性和共通性为哲学基础的公共性价值秩序,在公共生活中确立公共性的价值理念,在价值多元中寻求一种表征着人类文明发展方向的普遍价值。

第一章　历史主义的兴起

历史主义主要是从 18 世纪末就开始在德国发生和发展的一种思想运动和学术思潮,它是在启蒙运动和法国大革命以后伴随着浪漫主义的因素而逐渐兴起和壮大的。历史主义的兴起兼有世界观和方法论双重意蕴,即历史意识的觉醒和历史科学的兴起。带有犹太教—基督教血统的历史意识首先打破了古希腊的宇宙秩序观和循环历史观,开启了近代西方直线式进步历史观的先河。而历史主义之历史意识的觉醒又不尽相同于这种直线历史进步观,其起源和特征与西欧的启蒙运动和浪漫主义结下了难解之缘。历史主义之历史科学的兴起则标志着近代历史学独立于思辨哲学的勇气和决心,这也是历史主义之集大成者德国历史学派出现的重要理论背景。

第一节　历史意识的觉醒

考察历史主义兴起的理论背景首先需要从历史意识的觉醒入手。按照伊格尔斯的看法,历史主义兴起的先决条件是历史意识的觉醒,"这种觉醒似乎在西洋中古及非西方文化中并不存在,甚至具有悠久历史写作传统的古代中国,也只有在古典作品中才些许具有这种意识"①。严格说来,真正的历史意识的觉醒是近代以来的事情,而古代社会的历史观总体上是"非历史"的,甚至是"反历史的"。

---

① 伊格尔斯:《历史主义》,载张京媛编:《新历史主义与文学批评》,北京大学出版 1993 年版,第 285 页。

一、古希腊"反历史的形而上学"

一般认为,古希腊没有历史哲学。因为当时的哲学家并没有将人类历史看做一个有别于自然宇宙秩序的特殊存在领域,而只不过是自然宇宙秩序的一个内在组成部分而已。或者说,他们用自然来解释历史,认为人类历史应该服从于自然秩序的一般规律。正如卡尔·洛维特指出的那样:古希腊的历史观是以自然宇宙的和谐秩序以及生生灭灭的宇宙规律为解释范本的。"根据希腊人的世界观,一切事物的运动都是向同一种东西的永恒复归;此时产生程序返回到它的起点。这种观点包含着一种关于宇宙的朴素理解,它把关于时间中变化的认识和关于有周期的规律性、持存性和不变性的认识统一起来。对于他们来说,尤其是在天体的有序运动中表现出不变的东西,较之一切渐进的和根本的变化来说,都具有更大的吸引力和更深刻的意义。"①古希腊思想家们认为,历史是短暂的、变动不居的,只有宇宙自然的和谐秩序是永恒的、有意义的,而且永恒的自然(宇宙)是不朽的。这就意味着希腊人把历史纳入自然的视野。

希腊人的历史观是建立在对"自然"的理解的基础之上的。"自然"概念最早的分化与希腊哲学的诞生相伴随。希腊的知识论传统引入了一种新的自然概念,这种传统强调世界显现着某种理智的秩序,因而是可以理解的,这种可理解的秩序成为事物的"自然"(本性)。"发现自然乃是哲学的工作。"②哲学是对万物"原则"之追寻,而这首先指的是对万物"起源"或"最初事物"的追寻。在这个意义上,哲学与神话并没有什么不同,但是"爱智者"不同于"爱神话者"。亚里士多德就把最早的哲学家们称作"谈论自然的人们",并将他们与那些早于他们的"谈论诸神"的人们区别开来。③ 由此,希腊思想经历了一场从神话到哲学的革命,它导源于"理智(逻格斯)"与"神话"之间的对话和抗争。哲学要求并尝试着揭开笼罩在人们理性之上的神话面纱,要求通过关于真正现实的概念去解释世界。在这场哲学与神话的对抗之中,"希腊人已经发现了一种新的方法,这种方法使他们能够从一个完全新颖的角度来考

---

① 卡尔·洛维特:《世界历史与救赎历史》,生活·读书·新知三联书店 2002 年版,第 8 页。

② 列奥·施特劳斯:《自然权利与历史》,生活·读书·新知三联书店 2003 年版,第 82 页。

③ 参见亚里士多德:《形而上学》,商务印书馆 1997 年版,第 5 页;亦参见列奥·施特劳斯:《自然权利与历史》,生活·读书·新知三联书店 2003 年版,第 83 页。

察问题。在研究政治之前,他们先研究了自然。他们在这个领域中作出了伟大的发现。如果没有这个基本的前提,他们不可能向神话思想的力量挑战。关于自然的新的概念构成了关于人的个体生活和社会生活的新的概念的一般基础"。① 与之相应的是,希腊人的历史概念也是以这种方法为依据的:人类的历史本身是变动不居的,但是历史的真正价值应当从宇宙的永恒秩序中去寻找。于是,"人们过去常常把自己看成一个较大秩序的一部分。在某种情况下,这是一个宇宙秩序,一个伟大的存在之链,这些秩序在限制我们的同时,也赋予世界和社会生活的行为以意义"②。

古希腊的思想整个说来是一种"反历史的形而上学"的,是基于永恒、和谐的自然宇宙观。"希腊人对永恒的追求是极其强烈的追求,正因为希腊人本身对于非永恒具有一种非凡的鲜明感。"③他们生活在一个历史以特别的速度运动着的时代里,生活在一个地震和其他灾害经常发生的国度里。他们看到的整个自然界就是一幅不断变化的场面,而人类生活又比任何其他事物都变得更为激烈。正是因为认识到生活没有什么东西是持久不变的;所以希腊人对人类事物中的变化的必然性高度敏感,具有一种追求永恒不变的知识的强烈热情。于是,以不变的宇宙秩序为研究对象的自然哲学就成为他们追求的知识(而非意见)的范型。但这并不等于希腊人没有历史或历史学,作为一种"意见"的历史学也同样对他们有一种确切的价值。正如柏拉图指出的那样,正确的意见对于生活的用处并不亚于知识。于是,古希腊人的历史(典型代表是被称为"历史学之父"的希罗多德)更多的是对重大真实事件的记录,使之不至于由于年深日久而被人们遗忘。正如黑格尔指出的,希罗多德等人的历史叙述大部分是他们亲眼所见的行动、事变和情况,"历史著作家把飘忽的片断联系在一起,然后把它们宝藏在泥摩息尼神庙之中,使它们不朽"④。

尽管有希罗多德这样的天才式的人物,但是希腊思想中占主导的仍是反历史的,因为希腊人坚信只有成为不变东西才能作为知识的对象,"与他们总

① 卡西尔:《国家的神话》,华夏出版社 1999 年版,第 64 页。
② 查尔斯·泰勒:《现代性之隐忧》,中央编译出版社 2001 年版,第 3 页。
③ 柯林武德:《历史的观念》,商务印书馆 1997 年版,第 53 页。
④ 黑格尔:《历史哲学》,上海书店出版社 2001 年版,第 1 页。

的哲学态度相一致,他们不可能把历史学看作是科学的"①。于是,柯林武德正确地总结道:"希腊的精神在其反历史的倾向上趋于僵化而束缚了它自己。希罗多德的天才战胜了这种倾向,然而在他以后对于知识的永恒不变的对象的追求却逐渐窒息了历史意识,并且迫使人们放弃了希罗多德式的对人类过去活动获得科学知识的希望。"②

二、犹太教—基督教的渊源

众所周知,欧洲文明起源于两希文明——希腊文化和希伯来文化(犹太教),二者的结合形成了基督教文明。一般认为,希腊文化和希伯来文化是有所区别的。③ 在历史观方面,基督教与犹太教一脉相承,第一次把一种人对时间和事物发展的新态度带入精神世界,并以历史之完成的历史意识为基础开启了西方人以后据以生活的历史观。而希腊文化与历史意识形同陌路,也没有历史完成这一概念,最伟大的希腊哲学家也没能达到历史完成的意识。比如,亚里士多德没有一部作品是探讨历史的,对历史的评价还不及诗歌。因为历史只是探讨偶然和暂时的事件,而哲学和诗却探讨永恒的东西。希腊人这种对待历史的态度是与其处世态度和感知世界的方式息息相关的。希腊人从美感的角度感知世界,把世界看成是自然、和谐的宇宙秩序;而且"以静态的方式感知世界,视其为某种与宇宙相配合的古典式的直观物。所有希腊思想家都具有上述思维特点,他们不能感知历史过程、历史所完成的事件,因为历史过程没有起源,没有终结,也没有基础,一切都在那里重复,都处于永恒的循环往复之中"④。需要指出的是,希腊思想没有确立面向未来的历史意识,不仅仅是因为其历史的循环概念所致,更重要的是这种循环概念运用于没有特

① 柯林武德:《历史的观念》,商务印书馆 1997 年版,第 57 页。
② 柯林武德:《历史的观念》,商务印书馆 1997 年版,第 63 页。
③ 比如美国学者威廉·巴雷特在《非理性的人》一书中就把二者的区别归纳为以下几点:(1)希伯来文化中理想的人是信仰的人,而希腊文化中理想的人是理性人。(2)信仰的人是完整的具体的人,而希腊人发现了一般的、抽象的和没有时间性的本质、形式和理念。(3)希腊人持有理论的超然性理想,而希伯来文化强调的是献身性。(4)对于犹太人,永生体现在不可知的上帝身上,而希腊人则认为永生能够通过其智力随时可以达到。(5)希腊人发明了逻辑,而希伯来人则认为生活的终极问题在于信仰的深处。参见威廉·巴雷特:《非理性的人》,商务印书馆 1995 年版,第 77—78 页。
④ 别尔嘉耶夫:《历史的意义》,学林出版社 2002 年版,第 21 页。

定方向(尤其是不可逆转的未来)的时间时,这些循环才能成为永恒轮回。因此古希腊的历史观严格说来是永恒轮回的历史循环论,这就窒息了迈向未来的历史意识。而基督教的历史观以朝着一个未来目标的不可逆转的方向为前提,并由一种神明天意所指导。

与希腊人的过程乃循环、只注重过去的历史观不同,犹太民族把历史之完成的思想带入了人类精神的历史,而且总是把这一历史过程与救主降临即末世论思想联系起来,有强烈的未来意识。比如,《旧约》给我们讲述了一个在过去有着明确开端,并且预见到未来的确切的终点的故事。人类全部暂时的生存沿着一个单一的进程向着弥赛亚或救世主的出现迈进。在《新约》中这个故事得到了扩充,主要是由于相信弥赛亚已经在耶稣身上出现。于是,就有了开端(创世和原罪),中点(耶稣降生和受难)以及终端(末日审判和最后的拯救)。总之,基督教视野中的历史不再意味着永恒轮回,而是一部创世、堕落和拯救的神圣历史。按照这一神学的观点,"惟有人的罪和上帝的拯救意图才要求并且说明了历史的时间。如果没有原罪和最后的拯救,中间的时间将是不必要的。……把历史体验为'中间时间',意味着生活于两种相互争斗的意志之间的极度紧张之中。生活于一种斗争之中,这一斗争的目标既不是一个无法达到的理想,也不是一个显而易见的现实,而是许诺了的救恩"①。所以,对基督教来说,历史首先意味着救赎历史。由此,基督教认为历史的意义就在于以耶稣基督的降临这一独特历史事件的出现为基础的。而独特的历史事件是以一种终极目的(意义)即救赎历史的信仰为预设前提的。只有确定了历史事件的终极目的,历史的意义才是可能的。

从探究历史的终极意义的角度看,近代西方历史哲学只不过是基督教历史哲学的世俗化。虽然"历史哲学"最早是18世纪由法国哲学家伏尔泰创造的,其实历史哲学的思维模式是以犹太教—基督教对待历史的态度为蓝本的。历史哲学就其起源来说,与末世论有不解之缘。"历史哲学的事实及其对一种终极意义的追问,乃是起源于对一种救赎史的终极目的末世论信仰。"②洛

---

① 卡尔·洛维特:《世界历史与救赎历史》,生活·读书·新知三联书店2002年版,第219—220页。

② 卡尔·洛维特:《世界历史与救赎历史》,生活·读书·新知三联书店2002年版,第8页。

维特认为,现代历史意识并非始于 18 世纪,而是发源于《圣经》对历史的解释:"现代的历史哲学发源自《圣经》中对某种践履的信仰,终结于末世论(eschatologischen)典范的世俗化。"①现代历史意识"虽然摆脱了对一个具有绝对意义的中心事件的基督教信仰,但它坚持基督教信仰的前提和结论,即坚持过去是准备、将来是实现;这样,救赎历史就可以被还原为一种进步发展的无位格神学,在这种发展中,每一个目前的阶段都是历史准备的实现"②。现代人通过把进步意义上的各种神学原则世俗化为一种实现,"进步"的观念则开始作为一种全新的、在世界之内解释世界的原则。进步成了现代唯一有效的历史哲学,而与古代的循环论、基督教的末世论相对立。

　　进步论的近代历史哲学就其起源而言依赖于基督教的历史观,但从其发展后果来看又是反基督教的。

　　首先,从基督教本身来看,其历史观本身存在着两重性的结构即神圣和世俗的二元对立。基督教的历史观念基于线形时间观以及把历史看做是向着某一目标发展的过程,是建立在一个绝对的开端和绝对的终结之上的,造成了关于时间的概念和历史的概念的变化。这种变化仅仅适用于神圣事物和神圣历史,不属于世俗领域。这在深层次上体现了基督教历史观的内在结构即神圣和世俗的二元对立:在《旧约》中是特选子民和异教徒之间的二元论;在《新约》中则是上帝之国与尘世之国的二元论。基督教的历史观和时间观不是理论证明的可能对象,而是一件信仰的事情。只有借助启示信仰,人们才能知道历史的开端和终结与耶稣基督联系起来;基督的降临是以救赎历史自始至终不可分解的统一为前提。对于一个信徒来说,救赎历史的启示性质并不是世俗历史的明显景象,而是一种超世俗的光;个别的世俗的世界历史只是从属于普世的救赎历史,没有一种世俗的进步能在任何时候接近基督教的目标。

　　其次,基督教本身引起的神圣历史与世俗历史的二分为近代历史哲学的源自基督教——反对基督教模式埋下了伏笔。按照洛维特的观点,近代历史哲学就其在现世历史中实现旧约的终极救赎而言,是基督教式的历史观;但就近

①　卡尔·洛维特:《世界历史与救赎历史》,生活·读书·新知三联书店 2002 年版,第 5 页。

②　卡尔·洛维特:《世界历史与救赎历史》,生活·读书·新知三联书店 2002 年版,第 221—222 页。

代历史哲学把《圣经》中的末世期待和预定信仰转换成现世历史的未来式进步意识而言，它又是反基督教的。①基督教的末世论历史观是超世俗的，近代历史哲学将其扭转为世俗的，因此是基督教历史观的世俗化；换言之，近代历史的世俗化表现为把基督教的末世论历史观改写成进步论的现代历史观。这个过程也就是"进步"取代"天意"的过程，其中黑格尔起了中介的作用。具体说来，随着基督教的发展（融合了希腊哲学和基督教思想），其历史观逐渐演变为一种鲜明的神义论的历史哲学——上帝天意创造历史的思想逐渐被一种相信世界中存在合乎理性的、有规律的有秩序的理性发展信念所取代。其典型的代表就是黑格尔的历史哲学："历史指向一个终极目的，并由一种神明意志的天意所指导，在黑格尔的概念中，是由作为绝对强而有力的本质的精神或理性所指导，这是一种典型的圣经观念。"②为了克服古希腊理性概念的静止和基督教天意信仰的狭隘，黑格尔把历史描述为绝对理性或绝对精神在世界历史中获得具体形式的发展过程，他甚至把天意信仰改造成"理性的狡计"（其实"理性的狡计"也就是天意的理性概念）。这样，黑格尔就把理性（精神）与历史结合起来了，把基督教的神圣历史成功地投射到世界历史之上，世界历史是自由的精神的发展和实现的过程。借助于精神的自我实现，黑格尔其实保持了对基督教的忠诚，并且在尘世的世界历史中展现了上帝之国。在此意义上，洛维特认为，黑格尔"以人的理性和自由的形象"世俗地产生基督教，并把通过基督来实现时间的神学断言纳入了启蒙运动的进步信仰。但在黑格尔的历史哲学中，进步是以一个已经自在地完成了的天意原则为目标的，而启蒙运动的进步论则朝向无限制的自由、幸福等等。就像伯里在他的《进步的观念》中指出的，进步的观念出现在 17 世纪，并发展为一种普遍的世界观。对一种此岸的和无限的进步的信仰越来越取代了对一个超世俗上帝的天意的信仰，简而言之，"进步取代天意"；或者借用格鲁内尔的话来说，就是"可臻完善论"与"千禧年论"的区分。③

---

① 参见卡尔·洛维特：《世界历史与救赎历史》，生活·读书·新知三联书店 2002 年版，第 74、235、241 页。

② 卡尔·洛维特：《世界历史与救赎历史》，生活·读书·新知三联书店 2002 年版，第 66 页。

③ 参见格鲁内尔：《历史哲学——批判的论文》，广西师范大学出版社 2003 年版，第 40—46 页。

三、"反启蒙"历史意识的觉醒

在进步反对天意的过程中,"历史哲学"的真正创立是一个具有重要标志性的事件。近代历史哲学的诞生是与反对基督教的神圣历史观联系在一起的,最典型的就是伏尔泰开创的历史哲学一开始就面临着从历史神学中解放出来的任务和反宗教的主题。伏尔泰把自己看做是反基督教运动的领袖,不相信上帝的启示,把理性认识和启示信仰区分开来并且对《圣经》的报道作出了历史的批判。在方法论上,摆脱终极因(目的因)的统治,上帝在他所论述的历史阶段中不起任何作用;对历史的阐释则仅限于发现特殊原因。在内容方面,反对神话和英雄崇拜式的历史编纂学,重点论述人类风俗的演变和文化的成就。在《论人类的风俗和精神》中,他描述了一部人类在长期的历史发展中向着理性、公正,向着物质和精神的不断改善的方向前进的文明进步史(也是"精神之进步"——逐步从野蛮、迷信和神权统治中解放出来)。在伏尔泰的历史著作中,"上帝退出了对历史的支配;即使上帝依然支配历史,也不再以统治的方式干预历史了。历史的意义和目的在于凭借自己的理性改善人类的关系,使人更为善良和幸福"①。

作为 18 世纪法国启蒙运动领袖的伏尔泰是进步观念的预言者,他结束了人类史上的宗教时代并开创了启蒙哲学的理性时代,其倡导的进步论也是基于普遍理性的原则,因为理性原则主张历史上每一个时代都给人类知识宝库增添了一些东西,因此,社会在连续不断的上升之时,智慧和经验变得不断丰富和扩展。简言之,进步是个时间问题。在进步观念的影响下,历史或人间事物的记录,就获得了一种指导思想,这种指导思想的运用可以有两种方式:"一方面,进步的观念使哲学家不但用不着过去神学对世界所作解释,而且还可以批判它;知识界不再承认上帝是万物的原动力和万物起因的最后解释,他们现在采用的是与宗教无关的纯粹属于人类的假说。另一方面,进步的观念为解释社会开辟了新的远景,着重研究艺术、风俗和科学的发展。在这两个方面,充当领导者和代言人的都是伏尔泰。"②根据伏尔泰的理论,战争和宗教一直是人类进步的最大障碍;如果它们得到消除,并消除导致它们产生的各种偏

---

① 伏尔泰:《哲学辞典》,引自卡尔·洛维特:《世界历史与救赎历史》,生活·读书·新知三联书店 2002 年版,第 126 页。

② 汤普森:《历史著作史》下卷(第三分册),商务印书馆 1992 年版,第 88 页。

见,那么世界观就会迅速地取得进步。人类的发展会在任何一个瞬间转向一个不同的进程。但是,无论转向什么进程,人类的理性的本质都会确保文明的进步。①

在深受历史主义影响的英国历史哲学家柯林武德看来,启蒙运动是指西方18世纪初特有的一种企图,其目的就是要使人类生活和思想的每一个部门都世俗化。从本质上来看,启蒙运动的历史观不是真正历史的,它的重要动机是宗教论战性的和反历史的。它以理性主义的标尺衡量一切,把过去的历史发展看成是非理性的。在启蒙运动者看来,"历史的中心乃是近代科学精神的旭日东升。在那以前,一切都是迷信和黑暗、谬误和欺骗。对于这些东西是不可能有历史的,不仅因为在其中没有理性的或必然的发展;它们的故事乃是一个痴人所讲的童话,充满着叫喊和狂乱,毫无意义可言"②。如此这样,对启蒙运动者来说,他们就不可能具有真正的关于历史的起源或过程的概念,也不能认真相信任何事物有起源和产生的历史。

在西方思想史上,18世纪被称为哲学的世纪、"非历史"的世纪。其实,这主要是浪漫主义以及历史主义学派对启蒙史学的一种典型批评而已。然而在德国哲学家卡西尔看来,这种批评是没有依据的,它只不过是"浪漫主义运动在历史领域中反对启蒙哲学时创造的一个战斗口号"③。其实,浪漫主义仍然深深地受教益于启蒙哲学,没有启蒙哲学的帮助,没有对启蒙思想的继承,浪漫主义既不可能取得也不可能维持它自己的独特地位。④ 因为正是18世纪提出了历史领域中关键性的哲学问题即"历史的可能性的条件",也就是关于历史的方法论问题(与自然科学一样,历史研究也诉诸于普遍的理性的方

---

① 参见伯瑞:《进步的观念》,上海三联书店2005年版,第108页。
② 柯林武德:《历史的观念》,商务印书馆1997年版,第129页。
③ 卡西尔:《启蒙哲学》,山东人民出版社1997年版,第183页。
④ 关于浪漫主义(包括与浪漫主义相关的历史主义)和启蒙运动的关系,卡西尔以赫尔德为例证说明了前者对后者的继承和超越:"尽管赫尔德远远超出了启蒙思想界。他与他的时代的决裂不是突如其来的。只有沿循启蒙运动的足迹,他的前进和上升才有可能。时代锻造了最终战胜自己的武器,它提供的清晰性和一致性理想确立了赫尔德的推论所依据的前提。因此,赫尔德对启蒙运动的征服是一种真正的自我征服。启蒙运动的这些失败之一实际上意味着一个胜利,而赫尔德的成就其实是启蒙哲学最伟大的精神凯歌之一。"见卡西尔:《启蒙哲学》,山东人民出版社1997年版,第215页。

法）。所以,他认为 18 世纪哲学从一开始就把自然问题和历史问题视为不可分割的统一体,历史为启蒙时代提供火炬。"但是这是哪种意义上的历史呢? 是有关真理和道德效用的老生常谈,是范例的搜集,是人类发展的理论,是对原始材料的勤奋探索,抑或是对史前史和人类起源问题的思索? 在形式上,18 世纪的自然观和历史价值观基本上老生常谈,无所创意,尽管理性确实扮演了越来越重要的角色。"①

可见,卡西尔理解的"历史"与浪漫主义或历史主义学派理解的"历史"是不同的。卡西尔站在启蒙的立场上,对启蒙时代的历史哲学作出了高度的评价,认为启蒙运动是从历史中获得对人进行哲学研究的观点和一般人类学的观点。如果说笛卡尔开启的是一种普遍的自然理性的话;启蒙的历史哲学就是一种普遍的历史理性(批判),或者说诉诸理智,反对传统权威、教条和信仰,并且对宗教根源进行历史批判。由此,启蒙哲学带有的普遍主义倾向就遭到了历史主义的批评:"对人类历史的真正历史观点,是把人类历史中的每一桩事物都看做具有本身的存在理由,而且它的产生是为了以他们的精神共同创造出它来的那些人的需要而服务的。把历史的任何一个阶段都看做是全然非理性的,就不是作为一个历史学家在观察它,而是作为一个政论家、一个为当代写小册子的论战作家在观察它了。"②或者用意大利历史主义者克罗齐的话说,启蒙运动的历史观具有"反历史的"性质。③

一般认为,历史主义是作为反对启蒙哲学的普遍理性主义倾向而诞生的,历史主义与启蒙运动有着千丝万缕的联系,意大利的哲学家维柯(当然,还包括德国的赫尔德)作为历史主义运动的开拓者就是如此。维柯生活在启蒙运动的时代,由于他的思想与启蒙哲学格格不入,所以说在当时一直默默无闻,只是由于后来德国的赫尔德的研究才名声大振。但是维柯的思想是的的确确超越他所属的那个时代。

维柯的主要著作《新科学》是与当时思想界占主流的笛卡尔的科学相对立的,他从根上扭转了笛卡尔对历史学的轻视。笛卡尔认为,历史虽然有趣并且有实用价值,但历史所描述的是并非实际发生的事实,因此历史学不是真正

---

① 凯利:《多面的历史》,商务印书馆 2006 年版,第 415 页。
② 柯林武德:《历史的观念》,商务印书馆 1997 年版,第 125 页。
③ 参见克罗齐:《历史学的理论和实际》,商务印书馆 2005 年版,第 210 页。

的科学。这与他按照数理科学和确定性的标准来衡量知识有关。与之不同的是,维柯认为人类没有创造笛卡尔的科学所探讨的自然世界,自然世界是上帝创造的,因此,只有上帝才可以认识它。而历史则是由人类所创造的,它是真实存在着的并为人类所感知,人只能认识自己创造的东西即历史。由此,维柯开创了自然科学与历史科学对立的先河,同时也确立了其历史哲学的根本原则:真实的等于被创造的。通过 25 年的苦苦思索和不懈追求,维柯发现了这一石破天惊的原则,打破了 17 世纪欧洲理性主义者的对过去历史的成见,重新复活了现代文明尚未接触到的荷马时代和前荷马时代人类在律法、习俗、语言和宗教中的生活状况。既然我们创造了各民族的世界,所以我们也能够认识这一世界,而以往的哲学家们却忽视了它。维柯把历史过程看做是人类由以建立起语言、习俗、法律、政府等体系的一个过程,也就是把历史看做是人类社会和他们制度的发生和发展的历史。这就开启了西方近代历史主义的观念,后来马克思在《资本论》中高度评价了维柯"人类史是我们自己创造的"这一伟大思想。

维柯把历史的演进分为三个阶段:神的时代、英雄的时代和人的时代。与此相应,有三种理性:神的理性、国家政权的理性和自然的理性;有三种自然法:神的法、英雄的法和人道的法;有三种政府:神统治的政府、贵族专政的政府和人道的政府;此外还有三种自然本性、三种习俗、三种语言、三种字母、三种法学、三种权威等等。① 需要指出的是,维柯把历史的三个时代的发展看做是一个循环的过程,但是这种历史循环论"并不是历史通过若干固定阶段周而复始的一种单纯的循环,它不是一个圆而是一个螺旋;因为历史绝不重演它自身,而是以 一种有别于已成为过去的事情的形式而出现于每个阶段"②。这种历史意识使他并不像启蒙时代的许多理性主义者那样把后代看做是否定前代的一种进步;而是认为历史的每一个阶段在历史的发展中都有自己独特的价值,每一时代都有其自身的需要、能力、观念,对这些事情的处理要依当时的制度、价值去考虑。这种观点深深地影响了随后出现的浪漫主义以及历史主义学派。

---

① 参见维柯:《新科学》下册,商务印书馆 1989 年版,第489—525 页。
② 柯林武德:《历史的观念》,商务印书馆 1997 年版,第 113 页。

第二节 历史主义的起源与特征

历史主义的兴起主要是基于一种"反启蒙"的历史意识的觉醒,它反对启蒙哲学所宣扬的普遍理性和普遍价值。历史主义与启蒙运动的关系问题是历史主义兴起的重要理论背景,其中浪漫主义对启蒙运动的反抗与决裂在二者的关系中起了不可替代的作用。梳理启蒙运动、浪漫主义与历史主义之间的思想史关系,是理解德国历史主义思潮之起源与特征的重要途径。

一、"个体性"与"发展"

正如前面提到的历史方法在 18 世纪的启蒙运动时期已经确立,并且为理性主义者所承认和接受。启蒙时代的历史学家们已经建立了有关史料的批判研究的标准,但还没有发展为真正的"历史主义",因为他们所研究的历史学在积累历史资料的同时,对于社会历史的连续性和发展还没有充分地关注。在德国历史学家梅尼克看来,历史主义的出现是"西方思想中所曾发生过的最伟大的思想革命之一",它是继宗教改革之后德国思想对西方文化传统的又一重大贡献。诞生于德国思想中的历史主义反对启蒙运动宣扬的适合于一切时代、历史和民族的抽象的普遍理性和人性假设,强调各民族、各时代的历史和文化都因其内在机制和外在条件的不同而具有各自的独特价值,主张应该具体地研究各民族、各时代的历史和文化,从多样化的个性角度去理解历史及其发展的统一性。由此,梅尼克认为"历史主义的本质就在于用一种个体化的考察方式取代对历史和人类力量的一般化考察方式",并把历史主义的特征概括为"个体性"(individuality)和"发展"(development)。① 而"发展的思维方式与个性化的思维方式是直接休戚相关的。在个性——无论是单个人的个性还是理性的现实的集体的个性——的本质中就蕴含着,它只有通过发展才能呈现出来"②。因此,历史主义强调历史发展的有机性和连续性,反对割

---

① Cf. Meinecke, *Historicism: the rise of a new historical outlook*, J. E. Anderson tr. London, Routledge & Kegan Paul, 1972, pp. 1 - 2.

② 参见李秋零:《德国哲人视野中的历史》,中国人民大学出版社 1994 年版,第 129—130 页。

裂历史,认为每个时代、每个民族都是历史发展的产物,都是历史发展过程中的一个不可或缺的环节,都有其存在的独特价值。

启蒙的普遍理性在哲学上表现为笛卡尔式的理性主义,而启蒙时期的自然法(natural law)则是其政治哲学的典型形态。确切地说,历史主义是在德国思想语境中出现的,它是对启蒙运动思想模式,尤其是对自然法(自然权利)学说的一种反动。或者按照美国当代政治思想家列奥·施特劳斯的说法,对于自然权利论的批判在历史主义的形成过程中扮演了重要的角色。①历史主义是作为对于法国大革命以及为那场浩劫作了铺垫的自然权利论的反动而出现的,它反对彻底与过去决裂之时,认为有必要保存或延续传统的秩序;强调传统与现在的有机连续性,表现在政治制度上,反对法国大革命依据官僚制中央集权措施而不考虑传统制度的多样性来重构政府和社会的行动。在从启蒙运动思想到历史主义转变的过程中,"最重要的因素是 1795 年至 1815 年间的政治事件对德国知识分子的影响。受过教育的德国民众几乎没有什么例外地都对法国大革命表示欢迎。大革命进入恐怖阶段后在德国出现的巨大失望,导致了对自然法学说广泛的重新思考。对大革命意识形态的反动在拿破仑统治德国之后进一步增强。这激发了民族情感,并在公众思想中将启蒙价值与遭人憎恨的法国文化相等同"②。

启蒙时期自然权利论继承了以主宰世界的理性秩序为原则的斯多亚学派—基督教的自然法信仰,依据自然(理性)的秩序,主张有一套普遍的、抽象的原则和规范。在历史主义者看来,18 世纪的自然权利论理论家们勾画了一种理性的普遍的政治秩序,这一秩序无须考虑特殊的时空条件,应该且能够在任何时空中被建立起来。由此,历史主义对此提出了批评,同时"认为历史方法是研究政治事务的唯一正当的方法,亦即要理解既定国家的制度,而制度是过去的产物。正当的政治行动必须基于这种历史理解,他们以此区别于 1789 年的或其他的抽象原则,他们反对这种抽象原则"③。这其中最典型的例子就是历史主义学派的代表人物萨维尼明确反对启蒙思想家忽略国家和民族的历史本身,在国

---

① 参见列奥·施特劳斯:《自然权利与历史》,生活·读书·新知三联书店 2003 年版,第 14 页。

② 伊格尔斯:《德国的历史观》,译林出版社 2006 年版,第 47 页。

③ 列奥·施特劳斯:《政治哲学与历史》,载丁耘等主编:《思想史研究》,广西师范大学出版社 2005 年版,第 183 页。

家和民族之外依据抽象的自然规则来构建社会的乌托邦观念。因为国家与社会都有自己独特的个性和精神,国家只能是民族国家,就像法律只能是民族的法律一样。这种以历史的视角观照下的国家与法律,基本上摆脱了自然法的纠缠,在国家的建立和法律的创制过程中,用切实的行动代替了虚幻的空想。可见,历史主义否定任何普遍的价值(规范)和抽象的原则;承认所有的价值都是在某一历史环境的背景下产生的,所有的价值都是独特的和历史性的。按照美国政治哲学家施特劳斯的说法,"历史主义乃是现代自然权利论遭遇危机的最终结果"①。

尽管历史主义者对启蒙理性提出了批评,但历史主义在18世纪后期的德国思想界还不占主导地位,也不是对启蒙理性的唯一挑战者。按照伊格尔斯的看法,在"从自然权利学说向历史主义的过渡中有两种思想倾向是重要的,它们在很多方面仍然坚持启蒙运动理想,却促进了历史主义学说的修正和完成"②。这两种倾向是个体观念的"人道理想"和德国唯心主义哲学。前者主要对个体观念进行了界定,后者对历史主义信仰的核心要素即"历史是一个有意义的过程"做了详细的阐述。

个性观念存在于德国"古典主义时代"和后来的"浪漫主义"时代。历史上把从莱辛的诞生到歌德的逝世之间的一百年称为德国古典主义时代,代表人物有康德、莱辛、赫尔德、席勒、歌德、贝多芬。这个时代的特点是:提倡自由、进步的人道主义,并发展为注重个性发展的人本主义。如赫尔德写道:"我们存在的目的是充分发展存在于我们中的这种人道的最初成分,我们实现理性的能力将被发展为理性;我们更敏感的感觉将被形成艺术;我们的直觉将实现真正的自由和美;我们的活力将被转化为人类的爱。"③古典主义虽然也强调发展人的理性,但是与启蒙运动强调人的理性的共同点不同,他们更多地关注人的多样性以及人的个性、理性与非理性的相互和谐。尤其对人性的关注,与法国的启蒙理性的机械论不同,他们提倡人的感性活动以及用文学艺术来表达人性的激情。人的感性和理性的区分和调和在古典主义中得到了初步表达,但在德国随后的"狂飙突进"文化运动中得到了充分展现,并且调和的结果往往是感性战胜了理性。狂飙运动的作家倒向感性一面的做法,为从

---

① 列奥·施特劳斯:《自然权利与历史》,生活·读书·新知三联书店2003年版,第35页。
② 伊格尔斯:《德国的历史观》,译林出版社2006年版,第44页。
③ 转引自伊格尔斯:《德国的历史观》,译林出版社2006年版,第45页。

古典主义向浪漫主义的过渡做好了铺垫。①

　　古典主义和浪漫主义的个体观念表达了一种个人的独特性、创造性、自我实现的概念,与启蒙运动的理性的、普遍的、不变的标准形成了鲜明的对比。德国的个性概念起初是作为一种对个人天才和创造力,尤其是对艺术家的崇拜,强调个人与社会的冲突以及主观、独处和内省的无上价值。"歌德创造了个人主义的艺术,施莱尔马赫则奠定了它的形而上学基础。"②后来,个性概念的主要发展在于独特的德国世界观,一种关于(自然和社会)世界的总体观点,相对于自然法的"永恒的、理性的、神授的秩序体系",它是"历史上创造性精神的独特的、生生不息的和万古常新的体现";并且德国的"个人主义"逐渐演变为一种有机的和民族主义的共同体理论:个人必须与自然和民族相结合,根植其中,才能获得自我与个性。③ 历史主义者后来进一步把共同体明确为"国家",他们把国家看做是历史的产物,因此德国的历史主义也从早期的以文化为导向的历史研究转向了以民族(国家)为中心的政治史研究。从社会历史背景来看,当时德国反对拿破仑入侵、争取民族独立的解放战争,一直到普法战争和普鲁士统一德国等一系列政治事件直接催生了德国历史主义及其以后的发展。从现实因素上不难发现,历史主义反对启蒙时期以法国为典型形态的普遍主义的价值观,因此它带有浓厚的民族主义的政治色彩。"历史主义政治背后有如下假定,即历史知识在政治生活中具有一种基本作用,历史研究能加强历史的与文化的统一性,它反过来又可以作为可靠的政治秩序的

---

①　值得注意的是,"古典的"和"浪漫的"的区分也恰恰始于狂飙运动,席勒在《论素朴的诗与感伤的诗》一文中对二者做了明确区分:素朴诗是古典主义的,其中人与自然还没有分裂,人自身就是自然,所以诗人只要纯粹客观地描述自然现实就达到了感性和理性的和谐;而感伤诗则是浪漫主义的,其中人与自然分裂为主体和客体的关系,诗人为了获得感性和理性的统一就得追寻自然、依赖自然,就像追悼人类消逝的童年一样感伤,因而表现出主观态度和情感(参见朱光潜:《西方美学史》,人民文学出版社 2002 年版,第450—454 页)。海涅也对此进行了区分,前者是客观的、叙事的和素朴的,后者是主观的、抒情的和主观的(参见海涅:《论德国的宗教和哲学的历史》,商务印书馆 2000 年版,第51、54 页)。

②　史蒂文·卢克斯:《个人主义》,江苏人民出版社 2001 年版,第 16 页。

③　参见史蒂文·卢克斯:《个人主义》,江苏人民出版社 2001 年版,第 18 页。这里同样需要指出的是,18 世纪的德国古典主义思想家基本上赞同启蒙运动的平等、博爱的政治观点,没有表现出像在拿破仑战争之后出现的强烈的狭隘的民族主义倾向。赫尔德、康德的民族主义都带有"世界主义"的特色,这与浪漫主义者强烈的民族主义情结有所不同。

前提而发挥作用,国家是确定的人类组织形式。"①毫不避讳地讲,当时几乎所有的历史主义者都是从一种民族的视角来思考政治和国家问题的。个人的个性到民族和国家的个性的这种发展,最终在历史主义那里成为"本身就是一种目的、受自身生命原则控制的唯心主义的国家概念"②。

从法国启蒙理性到历史主义的历史演进中,富有感伤色彩的德国浪漫主义无疑起了不可磨灭的作用,这在下一节的详细论述中清晰可见。而德国古典哲学则对"反启蒙"的浪漫主义情怀有所收敛,最终扬弃、超越了浪漫主义。康德"以启蒙运动的真正风格,把以往的历史看作是人类之非理性的一幕并且期待着一种理性生活的乌托邦"③。黑格尔更是试图调和启蒙运动和浪漫主义运动的矛盾,在更高层次上实现了启蒙理性的原则。他坚持理性立场,称赞法国启蒙运动是一次"壮丽的日出",信奉一种在启蒙运动中不断得到强化的历史进步观。可以说,德国古典哲学家们基本上都接受了启蒙运动对理性宇宙的信仰。"他们试图通过将理性看做是内在于现实中而不是脱离抽象现实的一个抽象规范来解决这一途径。"④如康德的历史哲学就认为,与大自然蕴涵着发展各种潜能的目的论相类似,人类的历史也是理性不断发展实现其目的的过程。黑格尔同样也把历史描述为内在于世界中的理性理念获得具体形式的发展过程。从历史主义的发展历程可以看出,德国古典哲学(德国唯心主义)将历史看做是一个理性过程的观点被历史主义所吸纳。历史主义关于历史发展过程的思想虽然克服了启蒙运动的单线进步的观念的局限,但是它的历史观仍然是乐观的。可以说,历史主义创立的初衷是:它继承了德国唯心主义乐观的思想传统(其基本概念并不是所谓的"实在即理念",而是世界乃是一个有意义的过程),承认所有认识和价值的历史特性,但是在历史中依然看到了真正价值和神圣意愿的表达;历史的意义也由此得以确立。

二、德国浪漫派的历史观

历史主义与启蒙运动的关系问题是历史主义兴起的重要理论背景,其中浪漫主义对启蒙运动的反抗与决裂在二者的关系中起了不可替代的中介作

---

①　克里斯·桑希尔:《德国政治哲学:法的形而上学》,人民出版社 2009 年版,第 222 页。

②　伊格尔斯:《德国的历史观》,译林出版社 2006 年版,第 6 页。

③　柯林武德:《历史的观念》,商务印书馆 1997 年版,第 146 页。

④　伊格尔斯:《德国的历史观》,译林出版社 2006 年版,第 46 页。

用。一般认为,浪漫主义与启蒙运动相决裂,有三条理由:首先,浪漫主义试图以唯美主义来取代启蒙运动的理性主义。浪漫主义者并不是把理性看做是他们的最高权威,他们将首要的地位赋予艺术想象和艺术直观。因此浪漫主义经常被指责为"反理性主义"。其次,浪漫主义批评启蒙运动的"个体主义",反而倡导一个共同体的理想,认为在共同体中个体是屈从于群体的。再次,浪漫主义是一种本质上保守的意识形态,与启蒙运动的自由价值(例如政教分离、宗教宽容和个人自由)相决裂。①

　　从政治哲学上看,历史主义以反对启蒙运动的自然法——自然权利起家,其历史观也主要是关注以国家为轴心的政治史。② 如前所述,历史主义对政治史、民族国家的强调与其从文学艺术的浪漫主义到政治上的浪漫主义的转变有着密切的关系。在拿破仑战争之后,浪漫主义的最基本的、影响最深远的政治社会观就是有机国家理论了。浪漫主义者在与启蒙运动的政治理论争论时,彻底摒斥了自然法的基础——天赋人权说和社会契约说。浪漫主义者认为国家的契约性质是抽象的、人为的、机械的,而在他们看来,"国家是一个活生生的有机体,一个巨人,一个活的个体;它是许多个人的总和,这些个人不仅是由合理的契约联系在一起的,而且是由血统、遗传、传统和历史有机地关联着的"③。可见,浪漫主义以及随后影响到的历史主义的政治观,都受到浪漫主义的历史观的浸染。

　　为了更好地理解历史主义的历史观,我们有必要单独讨论其浪漫主义的根源。毫不夸张地说,浪漫主义(德国浪漫派)的出现是历史主义的先声。

　　兴起于 18 世纪末 19 世纪初的浪漫主义运动对后来欧洲的思想界影响很大,英国思想家以赛亚·伯林对此进行了精辟地概括:浪漫主义是"近代史上,改变西方世界生活和思想的规模最大的一场运动,是发生西方意识领域里最伟大的一次转折。发生在 19、20 世纪历史进程中的其他转折都不及浪漫主义重要,而且它们都受到浪漫主义深刻的影响。"④伯林之所以把它看做是西

① 参见拜泽尔:《早期浪漫主义和启蒙运动》,载詹姆斯·施密特编:《启蒙运动与现代性》,上海人民出版社 2005 年版,第 328 页。
② 马克思在批评兰克的史学时就敏锐地指出了这一点。参见《马克思恩格斯选集》第 1 卷,人民出版社 1995 年版,第 88、93 页。
③ 平森:《德国近现代史》(上),商务印书馆 1987 年版,第 69 页。
④ 伯林:《浪漫主义的根源》,译林出版社 2008 年版,第 10 页。

方意识的一次伟大转折,是因为浪漫主义是对西方整个理性传统的颠覆。18世纪中叶浪漫主义兴起之前的西方思想,无论是基督教的还是异教的,是有神论的还是无神论的,一直坚守着西方理性传统的三个基本命题。第一个命题是,所有的真问题都能得到解答;第二个命题是,所有答案都是可知的,可以通过学习和传授的方式被获知;第三个命题是,所有答案必须是兼容性的,否则就会发生混乱。启蒙运动的变异仅在于认为获取答案的方式截然不同于以往,不再依据神意、传统和教条,而是依据理性的正确运用。简单地说,这个西方理性主义的大传统,也就是伯林倾其一生之力所要反对和解构的一元论哲学。浪漫主义既然抬高情感、意志的作用,而情感与意志的特点是特殊性、变化性、多元性、不确定性和无规律性,那么,它和理性的普遍性、不变性、一元性、确定性和规律性就自然是根本对立的。从这个意义上讲,伯林说浪漫主义是西方思想史上的最大一次转变是颇有见地的。因此,作为"反启蒙运动"的浪漫主义,其总特征是强调情感、意志等非理性因素的重要性,激烈反对启蒙运动宣扬的普遍理性。

对理性主义的反叛确实是浪漫主义的显著特征。其实,在整个启蒙时期都存在着与理性主义相抗争的浪漫主义的潜流。启蒙运动受到自然科学及其思维的洗礼,连当时的哲学界也受此影响,出现了机械论和唯理论的倾向。①正是在这种思想背景下,德国出现了浪漫主义对理性主义的反动——强调内省、心性等非理性的感性力量,而这尤其在借助于文学、艺术来表达思想的浪漫主义作家那里都得到了充分展现。因此,德国浪漫主义一开始就在文艺领域内"狂飙突进"。温克尔曼最早虚构了一个"历史乌托邦":古希腊是一个人性得到完满自足发展的审美乌托邦。从温克尔曼开始,德国许多思想家都对古希腊生活有着一种"心醉神迷、魂萦梦绕"般的非同寻常的感情。在德国文学艺术界中,受温克尔曼对希腊艺术推崇"高贵的单纯和静穆的伟大"的影响,歌德、席勒与施莱格尔兄弟,全都醉心于古希腊的文学和艺术。他们认为,只有在希腊人

---

① 马克思、恩格斯也曾批判过这种极端倾向:"感性失去了它的鲜明的色彩而变成了几何学家的抽象的感性。物理运动成为机械运动或数学运动的牺牲品;几何学被宣布为主要的科学。唯物主义变得敌视人了。为了在自己的领域内克服敌视人的、毫无血肉的精神,唯物主义只好抑制自己的情欲,当一个禁欲主义者。它变成理智的东西,同时以无情的彻底性来发展理智的一切结论。"见《马克思恩格斯全集》第2卷,人民出版社1957年版,第164页。

身上才能找到永恒的"自然"。于是,雅典成了浪漫主义文学家和艺术家最心驰神往的圣地。他们借助于希腊古典艺术,表达了他们对理想人性的渴求与期待:无论是诺瓦利斯是寻找的梦中"蓝花",抑或荷尔德林在踏遍异国后的"还乡",还是施莱格尔兄弟主办的重要杂志《雅典娜神殿》,都表达了这种精神之思乡情绪。可以说,一时间德国出现了一股民间文学研究的热潮。①

种种迹象表明,浪漫主义文学反映了当时的德国浪漫派对历史的推崇。这也影响了历史主义的历史观念。明确地说,浪漫主义体现的历史观念与"历史主义"息息相关。正如伽达默尔指出的那样,规定了历史主义自我理解的现代启蒙运动的标准并不是直接出现的,而是在由浪漫主义精神所造成的折射中出现的。这主要表现在历史哲学的基本格式里,即通过理性消除神话的格式。浪漫主义和启蒙运动都分享了这一格式,并且通过浪漫主义对启蒙运动的反动,这一格式被僵化为一种不可动摇的前提。浪漫主义分享了启蒙运动的前提,却颠倒了对它的评价——认为只有古老的东西才有价值,因此,浪漫主义认为古老的时代、神话世界、基督教骑士风尚世界都获得了一种浪漫主义的魔力,甚至真理的优先性。颠倒启蒙运动的前提,登峰造极的表现就是承认原始神话时代的卓越智慧。②

浪漫主义不同于启蒙运动对过去的重新评价,产生了19世纪历史科学的态度。这种态度不再用现代标准作为一种绝对去衡量过去,过去的一切也不再是现在的垫脚石,它承认了过去时代的独特价值的优越性。"浪漫主义的伟大成就——唤起早先的岁月,在民歌中倾听民众的声音,收集童话和传说,培养古老的风俗习惯,发现作为世界观的语言,研究印度的宗教和智慧"③——所有这些都促进了历史研究和历史主义的兴起。因此,作为历史主义之集大成的历史学派正是通过浪漫主义而产生的,这一事实证明了浪漫主义对原始东西的恢复本身就立于启蒙运动的基础上。"19世纪的历史科学是浪漫主义最骄傲的果实,……随着浪漫主义而产生的历史意识意味着启蒙运动的彻底化,浪漫主义对启蒙运动的批判本身最后在启蒙运动中告终,因为它

---

① 相关论述也可以参见谢鸿飞:《论法律行为概念的缘起与法学方法》,载易继明主编:《私法》第四卷,北京大学出版社2003年版。

② 参见伽达默尔:《真理与方法》,上海译文出版社2004年版,第353—354页。

③ 伽达默尔:《真理与方法》,上海译文出版社2004年版,第355页。

本身发展成为历史科学并把一切东西都纳入历史主义的旋涡之中。"①

　　历史主义虽然与浪漫主义一脉相承,是浪漫主义运动产生的理论后果。但是作为成熟的历史主义与浪漫主义有本质的不同。浪漫主义是怀旧、复古史学。② 浪漫主义沉迷于对中世纪文化的理想化和神秘化,并热烈地崇拜中世纪宗教。他们认为宗教改革前的基督教欧洲是统一的理想社会,并倡导"回到中世纪"。如诺瓦利斯在其《基督教徒和欧洲》中认为,路德和新教结束了基督教的世界的统一,造成了基督教影响的衰退。于是,他不禁哀叹欧洲精神生活的"不幸衰退",留恋以前基督教的"美好而光辉的时期";主张恢复中世纪社会的真正宗教。浪漫主义者的这种基督教崇拜情结背后隐藏着一种被海涅称为"泛神论"的本能,他们对天主教总教会所怀的那种思慕的情感,只不过是一种追求古日耳曼泛神论的复古倾向罢了。③

　　而历史主义倡导的并不是要完全回到过去,而是强调不同历史阶段的独特性以及民族文化的独特价值,并且有一种进步论的倾向。后来浪漫主义逐渐被这种倾向所取代。浪漫主义"就其本身来说,可能发展成为一种毫无裨益的怀古之情,例如,一种要使中世纪复辟的愿望;但是实际上那种发展却被浪漫主义中所出现的另一种概念所制止了,那就是一种进步的历史观、一种人类理性的发展或人类教育的历史观"④。当然,德国历史主义学派秉持的并不是一种简单的直线式的进步观,它首先反对的是启蒙运动的这种进步观,认为作为个体性的每个历史时代都具有独特的价值和意义,并不仅仅是后来历史的垫脚石。曼德尔鲍姆(Mandelbaum)曾经对德国历史主义作过这样的区分:对特洛尔奇、曼海姆而言,历史主义最重要的概念是变化、发展而不是个体;而兰克和梅尼克更加注重的则是个体性,以之作为历史主义的根本内涵。对于兰克而言,每个时代都有其独特价值,他竭力反对启蒙主义历史观所持的观点——认为历史是不断进步的观念,每一历史时代被看做是它以后时代的垫脚石。⑤ 但是,德国历史主义在以后的历史发展中,19 世纪 30 年代兰克的历

---

① 伽达默尔:《真理与方法》,上海译文出版社 2004 年版,第 356 页。

② 参见克罗齐:《历史学的理论和实际》,商务印书馆 2005 年版,第 211 页。

③ 参见海涅:《论德国宗教和哲学的历史》,商务印书馆 2000 年版,第 127 页。

④ 参见柯林武德:《历史的观念》,商务印书馆 1997 年版,第 139 页。

⑤ 参见 The Encyclopedia of Philosophy, vol. 4 (New York: Macmillan Pub. Co. & The Free Press ,1967),曼德尔鲍姆所写"Historicism"词条。亦参见彭刚:《精神、自由与历史——克罗齐历史哲学研究》,清华大学出版社 1999 年版,第 96 页。

史主义和20世纪30年代梅尼克的历史主义都与进步的观念有着某种微妙甚至矛盾的联系。一方面,强调"历史过程"的个别性,进步观念对他们来说不可接受,因为他们强调每一个时代都有其自身的价值、"与上帝直接相通",彼此之间没有高下优劣之分;但在另一方面,兰克和德罗伊森像黑格尔一样深深地相信现代西方文化具有"进步"的共同性,而梅尼克则相信德国文化的独一无二的性质。①

按照列奥·施特劳斯的观点,历史主义与其反对的"非历史的传统哲学",中间有一个环节,即关于进步的信仰——相信18世纪后期要比先前的一切时代更优越。因此,德国历史主义与进步论的关系关涉到对往昔历史的理解,历史主义秉承着浪漫主义的遗风,认为对过去的理解往往比过去对自身的理解更好或更优越。于是,历史主义与进步论看起来似乎敌对,"因为前者似乎是否认后者的论断,即否认在历史中人类知识在绝对意义上得到改进。然而,事实上这种否认正是以这一改进为前提的,历史主义的种子恰恰就存在于进步论自身之中——即通过对往昔的评判,根据所谓优越的当前来对往昔作出评价"②。

三、历史主义的解释学背景

历史主义不仅直接受惠于浪漫主义(德国浪漫派)的历史观,而且从历史主义与进步论的微妙关系来看,历史主义的"比过去自身更好地理解过去"的解释学原则也受到了德国浪漫主义的影响。因此,作为一种研究历史的方法和对待过去的原则,历史主义与浪漫主义的解释学紧密相连。

从词源学上看,解释学是作为一种宣告、口译、阐明和解释的技术而存在的。在古希腊的神话中,赫尔墨斯是诸神的信使,负责向人们传递诸神的信息。他的宣告不是单纯的报道,而是解释诸神的旨意,并把诸神的旨意翻译成人间的语言,使凡人能理解进而服从诸神的旨意(即真理)。因此,解释学在古代是一种理解和解释的技艺学(作为辅助学科),最后发展为圣经解释学和法学解释学,具有理解真理内容和服从真理旨意的作用。直到1654年,解释

---

① Cf. Georg G. Iggers, "Historicism: The History and Meaning of the Term", *Journal of the History of Ideas*, Volume 56, Issue 1, Jan., 1995, p. 133.

② 格鲁内尔:《历史哲学——批判的论文》,广西师范大学出版社2003年版,第141页。

学第一次作为书名出现在《圣经解释学或圣书文献解释方法》中,它把解释学作为一门独立的学科来看待。自此以后,解释学就沿着神学的解释学和语文学的解释学两条路线而不断发展。宗教改革之前,对《圣经》的解释一直受教会的独断论传统所规定,不允许有任何违背正统教义的自由解释。到了宗教改革时期,以路德为代表的新教神学家们为了反对这种独断论从而维护自己对《圣经》的解释,转向了对《圣经》的文字研究,并试图用解释学这一工具对教会学说的传统及其独断论的解释进行批判。此后,神学解释学就成了神学内一个不可缺少而具有漫长历史的学科。而语文学的解释学则是作为复兴古典文学这一人文主义要求的工具出现的。按照伽达默尔的看法,近代的神学解释学和语文学解释学这条路线有内在的关联性,都是关系到重新发现,即通过精通希伯来文和希腊文,解释学的要求就是通过精巧的程序为《圣经》和人文主义文学揭示其文本的原本意义。①

　　路德的新教解释学提出了"圣经自解原则",并通过上下文的关系即整体上来把握一切个别细节,从而达成理解的统一性。其实,路德虽然抵制了教会的独断论解释的传统,但他预先假设了一个前提:圣经本身具有内容的内在统一性。② 这就成了施莱尔马赫批评的对象。施莱尔马赫被称作浪漫主义解释学的集大成者,他不再在流传物(比如《圣经》)的内容统一性中寻找解释学的统一性,而是"在一种甚至不为思想怎样流传的方式所影响的方法统一性中寻求解释学的统一性。凡是在没有出现直接理解的地方,也就是说,必须考虑到有误解可能性的地方,就会产生解释学的要求"③。于是,施莱尔马赫把解释学定义为:"避免误解的技艺学。"④由此,他区分了两种解释学:严格的解释学——理解是自行产生的;不严格的解释学——误解是自行产生的,并且在每

---

① 参见伽达默尔:《真理与方法》,上海译文出版社 2004 年版,第 226 页。
② 若从 19 世纪以来确立的历史观点来看(尤其在狄尔泰的眼里),宗教改革派的神学解释也是独断论的,因为它排除了对《圣经》的任何可能其他正当的个别解释。因此,狄尔泰主张让解释学从教条中解放出来。"基督教神圣著作集开始被看作具有历史源泉的著作集,它们作为文字的著作不仅必须遵从语法的解释,而且同时也要遵循历史的解释。由整体关系来进行的理解现在也必须要求历史地再现文献所属的生活关系。"见伽达默尔:《真理与方法》,上海译文出版社 2004 年版,第 229 页。
③ 伽达默尔:《真理与方法》,上海译文出版社 2004 年版,第 232 页。
④ 施莱尔马赫:《1819 年讲演纲要》,载洪汉鼎编:《理解与解释——诠释学经典文选》,人民出版社 2004 年版,第 58—60 页。

一点上我们都必须追求和寻找精确的理解"。这种区分为施莱尔马赫建立普遍解释学奠定了基础。

施莱尔马赫还指出：在理解过程中,解释学要理解的东西(即流传下来的文本)现在不只是原文和它的客观意义,而且还包括作者的个性。因此,理解者在理解文本时,不能按照它的客观内容去理解,而是要理解为一种审美构成物或一件艺术作品。并且,要理解的文本决不是一种共同的关于事物的思想,而是个体的思想——按其本质是个别存在的自由创造、表达和自由表现。因此,他把理解过程看成是对原来文本的一种再生产、再认识和再创造。这些观点都是基于施莱尔马赫对解释学的独特贡献——心理学解释技艺即理解者要把自己置于作者的整个创作活动中,一切理解的最后根据就是一种相当于天才(个体性)的预感性活动。这事实上就是解释学的前提,即一切个性都是普遍生命的表现,因此"每个人在自身内与其它任何人都有一点关系,以致预感可以通过与自身相比较而引发出"①。于是,理解者就可以设身处地去体会作者的思想,通过与作者处于同一层次的活动,文本就解释为作者生命的特有表现。正是基于这种个性的美学的形而上学,施莱尔马赫把理解活动看成对某个创造所进行的重构,势必使许多原作者尚未意识到的东西被意识到了,因此,他提出了理解就是要"比作者理解他自己更好地理解作者"的著名论断。这种理解其实就是一种天才式的无意识的创造活动,而这也恰恰是德国浪漫主义依据康德美学的一个主导原则。②

在伽达默尔看来,施莱尔马赫的解释学原则把文本表现为脱离它的认识内容的一种自由的产物,甚至连历史也只是这种自由创造的戏剧。其解释学与后来历史学派所坚守的历史科学精神还有很大的差距,因为后者探讨的主题不是个别的文本,而是整个世界史。尽管如此,伽达默尔还是高度评价了施莱尔马赫的解释学对以后的历史学研究方法(历史主义的方法论)的重要启示:"浪漫主义诠释学及其背景,即泛神论的个体形而上学,对于19世纪历史研究的理论思考是起了决定性作用的,而这一点对于精神科学的命运和历史学派的世界观具有致命的影响。……施莱尔马赫的个性概念,不仅可以用作反对黑格尔式的先天构造历史哲学的批判范畴,而且也同时为历史科学提供

① 伽达默尔:《真理与方法》,上海译文出版社2004年版,第246页。
② 参见洪汉鼎:《诠释学——它的历史和当代发展》,人民出版社2001年版,第78页。

了一种方法论的指南,使历史科学不断依赖于经验这一惟一基础。这样,对世界史哲学的反抗运动就推动了历史科学进入了语文学的航道。这曾经是历史科学的骄傲……对于历史科学来说,其实并不存在任何历史的终结和任何超出历史之外的东西。对于世界史全部历程的理解只能从历史流传物本身才能获得。但是,这一点却正是语文学解释学的要求,即文本的意义只能由文本本身才能被理解。所以,历史学的基础就是解释学。"①

　　伽达默尔敏锐地意识到了施莱尔马赫的普遍解释学与历史学派(即历史主义的典型)之间的逻辑关联。历史学派反对黑格尔以目的、顶点或历史完美性来构造的历史目的论,他们认为在历史之外并不存在有任何理解历史的立场。换言之,历史学派坚信历史的意义只能从自身内部来加以理解,就像浪漫主义的解释学坚守的"文本的意义只能由文本本身才能被理解"那样。因此,我们可以得出这样一种结论:正如施莱尔马赫把解释学从独断论的教条中解放出来,使之成为一种解释方法的普遍解释学一样,19 世纪德国历史学派(以兰克、德罗伊森为代表)的解释学也用来使历史研究脱离黑格尔的历史哲学,使之成为与思辨历史哲学方法相区别的经验历史科学。②

第三节　历史主义之集大成——德国历史学派的出现

　　从历史主义的发展脉络来看,它与黑格尔的历史哲学有着千丝万缕的联系。黑格尔的历史哲学受到赫尔德等历史主义的影响,曾被柯林武德称为是由赫德尔开始的历史学运动的高峰。③ 更有甚者,黑格尔被卡尔·波普尔称为"全部当代历史主义的源泉"。这里的历史主义,当然是波普尔要着重批评的意义上的历史主义(historicism),也就是历史决定论。实际上,黑格尔的思想既是历史主义的,又是决定论的。说它是历史主义的,因为黑格尔对历史的认识包含了发展变化和过程的意识。说它是决定论的,因为黑格尔讲的历史过程在根本上是一个逻辑的过程,或者说是被某种普遍必然性支配着的过程;

---

① 伽达默尔:《真理与方法》,上海译文出版社 2004 年版,第 257 页。
② 参见洪汉鼎:《诠释学——它的历史和当代发展》,人民出版社 2001 年版,第 86 页。
③ 参见柯林武德:《历史的观念》,商务印书馆 1997 年版,第 172 页。

个人包括伟大人物,都不过是实现这种必然性的工具而已。另外,更为重要的是,他的这种决定论是一种典型的客观唯心主义的决定论,历史的过程只不过是绝对精神或理念自我展现或展开的过程,也是一个预先命定的过程。这种客观唯心主义的决定论,实际上离开本来意义的历史主义已经很远了。① 它尽管借鉴了当时在德国流行的历史意识,其实只不过是法国启蒙理性主义的一种德国变种,是一种披着历史主义外衣的普遍主义。按照 P. 哈密尔顿的观点,黑格尔的历史哲学只不过是在更高水平上再现了启蒙运动的普遍原则罢了。②

由于黑格尔哲学在人类思想史上的巨大影响,他的历史观在一定程度上推动了历史主义的传播,但也在更大程度上破坏了历史主义的精神,它已经与原本意义上的历史主义分道扬镳了。由此才会出现历史学派对黑格尔思辨历史哲学的反叛,于是,真正的历史主义随着历史学派的出现而不断走向理论的成熟。通过考察历史学派与黑格尔哲学的关系,我们可以看出:在黑格尔看来,历史是绝对精神(理性)回到自身、实现自身和造就自身的过程。与黑格尔一样,历史学派也认为历史内在地是精神的表现;真正的哲学和历史本质上是一致的,都是为了揭示历史现象背后的超验的精神。与黑格尔不同的地方在于,他们相信要把握这种精神只能靠历史研究,因为历史是"更为复杂、更有活力和难以捉摸的,而且其中自发性和独特性所占的空间比黑格尔的泛逻辑主义的宇宙观所许可的要更为广阔"③。

一、历史学与哲学的关系

19 世纪德国出现了反对黑格尔的思辨的历史哲学(历史观念)的历史主

---

① 关于黑格尔和历史主义的关系,我国学者很少注意到。可以说,黑格尔的哲学是深深打上了历史主义(历史意识)的烙印的。何卫平先生比较清楚地指出了这一点:"在黑格尔那里,辩证法和历史主义是统一的,黑格尔的哲学本质上是历史的,辩证法的重大价值之一就在于将历史性赋予了哲学,在他那里,辩证法贯穿着深刻的历史主义精神或者说上了历史主义的烙印。"见何卫平:《通向解释学辩证法之途:伽达默尔哲学思想研究》,上海三联书店 2001 年版,第 10 页。遗憾的是,何先生没有意识到黑格尔的历史哲学已经与本来的德国历史主义相去甚远了,他也没有指出历史学派对黑格尔哲学的批判与反拨。
② Cf. Paul Hamilton, *Historicism* (second edition),2003, p.43,亦参见马德普:《普遍主义的贫困——自由主义政治哲学批判》,人民出版社 2005 年版,第 129—130 页。
③ 伊格尔斯:《德国的历史观》,译林出版社 2006 年版,第 84 页。

义运动,以兰克开创的德国历史学派为典型。历史学派的最大历史功绩可以说就是使历史学从哲学中独立出来,使其成为近代意义上的历史科学。所以我们把历史主义的认识论和方法论的特征称为"历史科学的兴起"。这里面德国历史学家利奥波德·冯·兰克(1795—1886)作出了卓越的贡献。他出身于一个虔诚信仰基督教的中产阶级家庭,青少年时代受到良好的教育。大学时代,由神学研究转入古典研究,获得莱比锡大学博士学位。曾执教中学,后为柏林大学教授。应普鲁士政府之邀,短期主编过《历史—政治杂志》。因其卓越的历史研究成就,获得了"科学的历史学之父"的美誉。

兰克为了摆脱历史学研究中的哲学思辨倾向,借助于史料的批判性分析,明确提出自己研究历史的"客观性"原则和目标:"仅仅是依照事物真实发生的情况描述它们(wie es eigentlich gewesen)。"也就是我们通常所说的"如实直书"。"如实直书"的原则和目标最早是在兰克的处女作《拉丁与条顿民族史(1491—1535)》的"前言"中所提出的口号。兰克所宣称的历史研究的这种原则和目标,当然不只是他撰写《拉丁与条顿民族史(1491—1535)》的基本原则,更是他所提出并倡导的一整套收集、辨别、运用史料(特别是第一手资料)的方法,以及由此而成的一套撰写历史著作的基本原则和目标。为了实现"仅仅是依照事物真实发生的情况描述它们"的写作原则与目标,必须仅仅依靠相关历史事件目击者的文字记载。或者说,只有依靠历史事件目击者的文字记载才能真正实现"如实直书"。一言以蔽之,兰克在史料问题和历史研究方法上,强调的是要掌握和运用第一手史料;只有第一手的史料才能最终达到"如实直书"的历史写作和编纂目标。此外,兰克甚至将确信无误的史料几乎可以等同于历史真实。既然如此,那么历史学家研究历史似乎只需做好史料收集工作即可,而几乎无需花费精力去研究和理解史料,就可以直接将这些史料用文字形式表达出来并形成历史著作。但是,兰克绝不是认为史料研究可以取代一切历史研究,也不认为历史学就只是一种史料学。他的目的只是强调史料作为历史研究的前提与基础的重要性。可以公允地说,兰克绝对没有将历史学简单化为史料学的用意,他自己也承认"如实直书"只是一种理想。"我提出了一种理想,人们会对我说,这种理想无法实现。但是现实告诉我们:一个人的思想可以无限,但他所取得的成就天生有限。"①

---

① 利奥波德·冯·兰克:《历史上的各个时代》,北京大学出版社 2010 年版,"编者导言"。

由于兰克在历史研究中强调"如实直书",将史料编辑者的主观性排除在历史研究之外,更不能超越事实之外做任何价值判断。因此,他也被称为历史客观主义者或历史经验主义者。更有甚者,兰克的经验主义往往被误解成"没有灵魂的实证主义"。其实,兰克如实直书的客观性历史研究原则并不完全是要求把个人的主观意愿和价值判断从历史学研究排除出去,而且他认为史料并不是万能的,历史实在本身还有史料所不能触及的领域,因此,在收集整理史料的过程中还要对史料进行一种直觉式(如感悟、移情)的理解。这也是历史主义区分自然与历史研究一贯的原则。伊格尔斯对此评价得恰到好处:"尽管他坚持认为对独特事件客观的、批判的观察是一切历史研究的起点,但是兰克从不认为只有这些材料是获得知识的途径。相反,对于这些材料的直观理解将开启隐约认识感性世界的短暂表象之下的实在的可能性。"[1]所以,在方法论层面上,兰克只有在有限的程度上才是一个客观主义者或经验主义者。伽达默尔也正确地揭示了这一点:历史实在不是一堆缺乏精神的材料的僵死必然性,历史"正是人类存在时间中的展开才具有它自身的创造性。正是人类的丰富充满和多种多样才使人类自身在人类命运的无限变迁中不断达到高一级的实在。历史学派的基本假定就是这样被表述的"[2]。

由此可以得出结论:在哲学层面上,兰克并不是经验主义者,他的立场更接近于哲学上的实在论。正是因为他在历史现象背后看到了更深的存在,所以他在历史现象中看到了形而上学力量的具体表现。正如他在 1831 年的讲座《世界历史观念》中提到的:"当哲学家以他自己领域的视角看待历史时,他只是在进步、发展和整体中寻找无限。历史学家则在每一个存在中寻找无限,在每一存在中寻找来自上帝的永恒因素,这种永恒因素是它的生活原则。"[3]可见,兰克是从对于历史实在的形而上学基础的信仰出发,来提出他的历史学研究方法的。

虽然以兰克为代表的历史学派没有脱离信仰或形而上学的地基,但是从一开始,历史学派主张的历史研究方法还是要区别于以黑格尔为代表的思辨

---

[1] 伊格尔斯:《德国的历史观》,译林出版社 2006 年版,第 96 页。

[2] 伽达默尔:《真理与方法》,上海译文出版社 2004 年版,第 262 页。

[3] Leopold von Ranke, *The theory and practice of history*, edited with an introduction by Georg G. Iggers, London, New York : Routledge, Taylor & Francis, 2011, p. 7.

历史哲学的研究方法。他们以史学家的身份对黑格尔的历史哲学进行了批判,他们质疑一种抽象、演绎的理论架构,反对把任何唯理论的精神哲学体系移入到历史研究的领域。"与那种先天构造世界史做法决裂是历史学派的出生卡。历史学派的新要求是:不是思辨哲学,而只是历史研究,才能导致某种世界史的观点。"①兰克指出了历史研究与哲学研究最重要的区别在于研究方法:哲学家从抽象的一般概念的角度出发,试图把全部生活包含在一个统一概念之中,把生活与历史图式化;而历史学家通过具体的个体的历史事实去考察历史实在。兰克遵循历史主义的原则,还对哲学所宣称的真理的绝对性提出了质疑,认为哲学认识也是受时间限制的。他明确指出:"历史并不想承认哲学是绝对的,而只是时间中的现象。历史假设哲学史是哲学最恰当的形式;人类可以认识的绝对真理在那些产生于不同时代的理论中被发现,而不论这些理论可能是多么矛盾。历史更一步,假设哲学——尤其是当它试图界定学说时——只是民族认识的语言形式的表现。历史学家拒绝认为哲学具有任何绝对有效性。"②

除了研究方法的不同,哲学与历史学的区别还在于其关注的研究对象的差异。哲学总是关注最高理念的存在,而历史学则考察关于存在的具体条件。在此基础上,前者关注普遍性的兴趣,后者关注特殊性的兴趣。哲学思考发展的本质,并把特殊性仅仅看做是整体的一部分,历史学家则对特殊性抱有足够多的兴趣。可以说,在这个意义上,哲学与历史学的关系可以概括为普遍性与特殊性的关系。关于哲学与历史学所反映的普遍性与特殊性的关系,兰克本身也作出了深入的探讨,突破了历史学仅仅是研究特殊性问题的窠臼,认为历史学家也有对普遍兴趣的要求。换句话说,历史学家不应仅仅对特殊性感兴趣,也应对整体性感兴趣。按照兰克自己的看法,历史研究就是通过对单个事实的探讨而获得对单个事实的一般性知识,最终对单个事件间的整体联系形成一种客观性认知。要想客观地对待单一历史事实之间的联系,就需要对与研究对象有关的相关历史现象都存有一种普遍的研究兴趣。各种历史现象之间有着某种千丝万缕的联系,而要理解其中的某一历史现象,也需要对与之相

---

① 伽达默尔:《真理与方法》,上海译文出版社 2004 年版,第 259 页。
② Leopold von Ranke, *The theory and practice of history*, edited with an introduction by Georg G. Iggers, London, New York : Routledge, Taylor & Francis, 2011, p. 7.

关的历史现象给予关注。兰克认为,任何历史现象从来不是彼此单独呈现出来的,而总是一起共同出现的。因此,对于历史研究而言,除了研究单个事实之外,还要关注单个历史事实之间的整体性联系。

以上的分析,我们可以看出兰克在历史研究中试图把历史事实的特殊性和普遍性联系起来:"如果没有一种普遍性观点,研究将变得没有结论;如果没有具体的研究,普遍性的观点将蜕变成空想。"①套用康德的哲学格式,即:没有普遍性的特殊性是盲目的,没有特殊性的普遍性是空洞的。兰克的意图很明显,他是想在观察特殊性的同时揭示出历史发展的普遍性观念。但是,由于越是深入研究历史,兰克越深知文献的研究和理解是远远不够的,人所知太少,更不用说探寻历史的整体性的联系和普遍历史(世界历史)的意义了。所以,兰克明确地指出:"我认为要彻底解决这一问题是不可能的,只有上帝了解世界历史。我们只能发现它的矛盾之处。正像一位印度诗人指出的,它的'和谐之处只有神知道,而人是不知道的'。我们只能直观地考察它,而且是隔着一段距离。不过我们能够理解一致性、连续性和发展。通过历史学这条道路,我们获得了一个关于哲学任务的定义。如果哲学是它应该成为的样子,而历史又是十分清楚和完备,那么两个学科将完全一致。"②可见,兰克最终还是没有彻底摆脱哲学的影响,坚持认为历史学并不否定哲学,而是通往哲学真理道路的指南,甚至认为历史学和哲学的最终任务是完全一致的。

二、反对历史单线进步论

与启蒙运动的哲学家们不同,历史主义的历史学家们反对认为人类历史是从既定的原初状态前进并朝向一个终极理性目标的单线历史观。在这种历史观看来,人类历史的进步依赖于人类理性本身的运用和不断提高,与之相适应,叙述历史发展变化的目的是使人们能够认识到人类理性在历史上所发挥的伟大作用。以兰克为代表的历史学派质疑并指责这种带有启蒙色彩的历史观念,认为此种历史观不仅在哲学上站不住脚,而且在历史上也无法得到证

---

① Leopold von Ranke, *The theory and practice of history*, edited with an introduction by Georg G. Iggers, London, New York: Routledge, Taylor & Francis, 2011, p. 9.

② Leopold von Ranke, *The theory and practice of history*, edited with an introduction by Georg G. Iggers, London, New York: Routledge, Taylor & Francis, 2011, p. 6.

实。兰克论证道:"哲学上之所以站不住脚、无法接受,首先是因为这些观点恰恰取消了人的自由并使人成为无意义的工具。其次是这些观点使人自己要么成了上帝,要么什么也不是。历史上之所以无法得到证实,原因很简单。因为按照他们的观点是不能看出处于原始状态的人类的进步的,当然也无从理解进步的概念了。"①更为重要的,启蒙运动的历史观在主张单线进步论的基础上,认定进步体现在每个时代人类的生活都向着一个更高的水平发展,并以此得出了前一时代是后一时代的垫脚石;后一时代人优于前一时代人的结论。对此,兰克强烈质问道:"前代人本身无意义,其作用仅在承启后代而与上帝没有直接的关联。如果这种观点正确的话,岂不意味着上帝的不公平?"兰克由此提出了一个惊天动地的响亮的口号:"每个时代都直接与上帝相关联"②,它成为后来历史学家们常引用的一句名言。

兰克关于"每个时代都直接与上帝相关联"的主张,其实质在于强调每个时代的价值不在于它对后世所谓的影响而在于其自身及其存在的特殊性,进而言之,每个历史时代都具有其特殊的原则和效能,理应有资格受到尊重和重视。我们可以看到,兰克这一主张重点在于强调对过去的评判或评价不能简单地套用当代的价值体系去衡量,而是要依据过去人们自身的感知能力去认识他们的生活。这样,每个时代都有其自身的合理性和价值,人们不应该忽视每一历史时代的产物。"诚然,我们承认历史上存在着某种进步,但是,我认为,历史的进步不是一种呈直线上升的运动,而更像是一条按其自身方式奔腾不息的长河。我认为,万物的造主俯瞰着整个人类的全部历史并赋予各个历史时代同等的价值。"③当然,我们也应注意到,兰克并不是简单地否定启蒙的进步论历史观,而是要寻找各个历史时代之间的区别以及前后历史时代之间的内在联系。这种联系在于兰克发现了不同于哲学理念的历史理念或"主导理念"。哲学理念以哲学家们特别是黑格尔及其弟子们为代表,他们把历史看做如同一个充满定律、矛盾、调和、积极事物和消极事物的合乎逻辑的发展进步过程。而兰克所力主的历史理念(又称主导理念)认为人类的每一个阶段都有一种特定的大趋势,而进步的基础则在于每个阶段人类精神的多种多

---

① 利奥波德·冯·兰克:《历史上的各个时代》,北京大学出版社 2010 年版,第 6 页。
② 利奥波德·冯·兰克:《历史上的各个时代》,北京大学出版社 2010 年版,第 7 页。
③ 利奥波德·冯·兰克:《历史上的各个时代》,北京大学出版社 2010 年版,第 8 页。

样的发展变化。历史学家应该区分各个历史时代中的大趋势并展示出人类伟大的历史。然而,人类历史本身所蕴涵的这种无穷无尽的多种多样的发展变化只有在上帝的眼里能被理解,这种发展变化是按照远比人类所能想象的更为神秘和伟大的法则而逐步运行和展现的。一言以蔽之,各历史时代之内在一致性,只能是在上帝那里得到意义的源泉,构成所谓的"世界历史"。上帝无处不在,历史过程的每一个方面和每一时刻都直接与上帝关联在一起,这就是所有历史事物最大的内在一致性,也是历史是一个有意义的过程的精神源泉和信仰基础。

于是,兰克以宗教信仰为基础,公开假设在历史中存在有意义的单位——个体、制度、国家和民族,是作为上帝意志的表现反映了实际的价值。所以说,尽管兰克拒绝黑格尔以抽象的绝对理性解释历史的发展,但是他同样相信历史是一个有意义的过程,因为他在上帝那里找到了作为历史单位的每个个体的意义和价值。可见,对兰克来说,甚至对于整个历史学派而言也是如此——"在一个其价值和真理是与历史个体而不是与普遍的人类规范联系在一起的世界里,只有上帝提供了统一的纽带。"①因此,历史主义继承了德国唯心主义(德国观念论)的哲学传统,认为历史是一个有意义的过程,这往往与对上帝的信仰有着千丝万缕的联系。在历史观上兰克虽然反对黑格尔的思辨历史哲学,但是他最终还是从后门把上帝请回来了:"历史的每一时代都直接通往上帝"。他虽然否定了黑格尔那种把上帝和历史过程直接等同的泛神论(Pantheism),却坚持认为上帝是潜藏在一切历史的背后,这就带有基督教的超泛神论(Panentheism,也译为"万有在神论")色彩:上帝超越于世界万物但又在其中无所不能。

在这里,比较一下兰克和黑格尔的神学历史观是十分有益的。黑格尔从思辨哲学家的立场出发,将世界历史看成是理性或绝对精神统治世界的历史。更为神奇的是,理性就像上帝一样凌驾于历史事物,决定世界历史的一切。黑格尔把理性等同于上帝,这是一种泛神论的观点即世界历史是理性或上帝天意的实现。进而言之,黑格尔把历史描述为绝对理性或绝对精神在世界历史中获得具体形式的发展过程,他甚至把天意信仰改造成"理性的狡计"。这样,借助于绝对精神的自我实现,黑格尔实际上保持了对基督教信仰的忠诚,

---

① 伊格尔斯:《德国的历史观》,译林出版社 2006 年版,第 87 页。

并且在尘世的世界历史中展现了上帝之国。一言以蔽之,黑格尔了解神,试图用一种泛神论来解释历史。而兰克则相信神,"我一个基督徒,但在此之前我首先是一个历史学家;我的目标仅仅是找出历史的真相"①。作为一个历史学家无意去构建一个思辨的历史哲学理论体系,而更多的是关注具体的历史研究,体认上帝是历史研究的最终目标。可见,所谓的"如实直书"也是在承认上帝存在的前提下才成立的,上帝成了他研究历史的一种信念和信仰:"寻找真正和真实的东西的历史方法就与存在的最高问题发生了直接的关联。对天意的信仰是一切信仰的总和,我毫不动摇地坚持这种信仰。"②

可见,兰克相信历史是一个有意义的进程乃是建立在对基督教超泛神论式的信仰基础之上的。他明确地指出:"一切历史中都有上帝居住,生活,让人看得见。每件行为都证明有上帝,每时每刻都宣扬上帝的名字,但在我看来,最能证明上帝存在的就是历史的连续性。"③按照兰克的观点,历史事物之间自古以来就一直存在着一种"伟大的连续性",并且"目前所考虑的任何现实行动都不得不依赖这种连续性"。可以说,这种连续性决定了"世界历史的进程"。在具体的历史现实之中,任何历史事物都是前后相继的,彼此相联系、相辅相成、相互影响。表面看来,这种连续性好像意味着一种因果关联性。其实,这种连续性是源自对即将到来事件的快速而正确判断,在这一过程中起决定作用的不是一种表面的因果关联性,而是一种"神圣的神秘力量"。只有神圣的上帝才能在这一过程中起着决定性的作用。因为万事万物都是源自上帝,只有创造这一切的上帝才能对历史发展的这种"伟大连续性"作出快速而准确的判断。④ 质而言之,历史事物之间的这种"伟大的连续性"不能简单地用因果联系来解释,而必须诉诸于上帝来说明其存在的合理性和连续性。

明眼人一看便知,历史学派的经验主义不是没有哲学前提的,历史学派另一代表人物德罗伊森就明确指出:连续性就是历史的本质,由此剥掉了历史学派的经验主义的伪装并承认了历史学派的基本意义。历史发展的这种"值得赞赏的连续性",在兰克看来是西方所特有的。因为"西方是历史的连续性形

---

① 李秋零:《德国哲人视野中的历史》,中国人民大学出版社 1994 年版,第 347 页。

② 李秋零:《德国哲人视野中的历史》,中国人民大学出版社 1994 年版,第 347 页。

③ 汤普森:《历史著作史》下卷(第三分册),商务印书馆 1992 年版,第 232 页。

④ 参见易兰:《兰克史学研究》,复旦大学出版社 2006 年版,第 136 页。

成文化的存在形式。就此而言,世界史的统一依赖于西方文化世界的统一,这一点决不是偶然的。而且,这种西方文化是由那种只在独一无二的拯救事件中有其绝对时间点的基督教义所影响的,这一点也决不是偶然的"①。在历史事件的连续性中一定有某种作为方向性的目的而出现的东西,可见兰克的泛神论的历史观仍然没有摆脱神学目的论的阴影。可以看出,兰克在方法论上是经验主义(客观主义)者,但在本体论上却是唯心主义的。因此,有人就指出兰克是典型的二元论。美国和德国历史思想语境中的兰克形象就迥然不同:一方尊为"历史科学之父",一方却认作"德国唯心主义传统的继承人"。

总之,作为方法论的历史主义的基本思路与黑格尔的思辨哲学已有很大不同。但是,历史主义在很大程度上又保留着黑格尔哲学的痕迹,即历史主义仍然坚信历史是一个有意义的过程。在黑格尔看来,历史是绝对精神通过一系列的辩证过程而充分实现和回到自身。而从兰克到梅尼克的历史主义虽然也承认历史内在地是精神的表现,但是精神之表现于历史的,并不是黑格尔那种辩证的过程,而是姿态各异、多种多样的个体或个性化的形态。因此,强调多样性和个体的德国历史学派通常被解释为是与黑格尔派哲学家在历史发展中寻找一种统一的、符合辩证逻辑进程的做法相对立的一种历史主义的典型表达方式。

历史学派与黑格尔思辨历史哲学的相互纠缠,蕴涵着历史主义自身的矛盾和困境:历史主义强调特殊性、个体性会不会导致一种极端的相对主义呢?应该说,历史主义创立的初衷是:它继承了德国唯心主义乐观的思想传统(其基本概念并非实在即理念,而是世界乃是一个有意义的过程),承认所有认识和价值的历史特点,但是在历史中依然看到了真正价值和神圣意愿的表达。"阻止他们的道德和认识论上的相对主义的,是他们对超越历史世界的形而上学世界的强烈信仰。"②可是,我们通过分析历史主义的基本理论主张,发现其自身的理论困难:历史主义企图将对一个有意义世界的明确信仰建立在历史相对主义的基础上,从历史个体和历史事件中发现潜在的历史客观秩序。

---

① 伽达默尔:《真理与方法》,上海译文出版社 2004 年版,第 271 页。布克哈特也把西方文化传统的连续性视为西方文化本身的存在条件,参见洛维特:《世界历史与救赎历史》,生活·读书·新知三联书店 2002 年版,第 26—33 页。

② 伊格尔斯:《德国的历史观》,译林出版社 2006 年版,第 12 页。

这一信仰假设每一时刻都在历史中创造了使独立自主的个体与整体联系在一起的神秘平衡的上帝的存在。19世纪自然主义世界观的兴起以及伴随着生活的机械化,使得这一信仰变得逐渐缺乏说服力,历史主义的唯心主义哲学传统也随之消亡。历史主义所依赖的信仰前提日益削弱殆尽,历史主义的认识论和方法论最终将导致一切有关人的确切知识的消亡,导致所有稳定的价值相对化,这成了历史主义无法摆脱的困境。① 这也就为历史主义后来出现的种种危机埋下了伏笔。

---

① 参见伊格尔斯:《德国的历史观》,译林出版社2006年版,第25页。

第二章 历史主义的发展及其逻辑展开

历史学派以反对黑格尔哲学起家,而历史主义也更多的是在方法论和认识论的意义上使用的,其理论发展体现了历史主义危机或"历史主义难题"的逻辑展开。当代西方学者对此作出了精确的概括:"反黑格尔的意义甚嚣尘上,这来源于那些历史学家——尤其是兰克和德罗伊森——的作品,他们以'客观的'历史方法的名义反对黑格尔。由此,他们把历史主义的难题遗留给了19世纪末20世纪初的哲学,起初它是被新康德主义者与狄尔泰,后来是被海德格尔与伽达默尔所承接。"①下面我们就来详细考察一下历史主义的发展及其逻辑展开。

第一节 历史主义的世界观与形而上学

历史学派中蕴涵的唯心主义(观念论)和经验因素的冲突尽管在一定程度上得到了和解,但是二者的冲突的确反映了黑格尔哲学之后的西方哲学的境遇:传统的形而上学出现了危机。大凡著名的现代西方哲学家无不以反抗黑格尔哲学起家,他们反对黑格尔的包罗万象的哲学大全体系和泛逻辑主义(理性主义)的先验构造。

19世纪率先举起反传统形而上学大旗的是以法国哲学家孔德为开山鼻祖的实证主义。他明确提出了"拒斥形而上学"的口号,揭示了形而上学和神学的本质一致性,摧毁了传统的宗教神学和形而上学的世界图景。他认为形而上学和神学所追求的目标都是一致的:探求万物的内在本性(究极本原),追究现象的"根本原因"、"最后原因",即都追求一种"绝对的知识"。只不过

---

① 彼得·奥斯本:《时间的政治——现代性与先锋》,商务印书馆2004年版,第196页。

是神学把终极原因归结为"超自然的主体";而形而上学则把"超自然的主体"改换成一些"抽象的力量",一些蕴藏在世界万物之中的真正的实体。在孔德看来,形而上学只不过是用"所谓实在的概念来代替神性的概念"而已,仍没有放弃对"究极本原"的探求,而这些探求"对我们来说是绝对办不到的,也是毫无意义的"。①总之,实证主义宣布了形而上学是毫无意义的,可以置之不理。最终诉诸于实证科学阶段(相对于神学和形而上学阶段):宇宙是由数理规律所主宰的一个整一的系统,而自然科学(经验科学)的方法将同样揭示出物理实在和社会实在的规律结构。实证主义"这种狂热的反形而上学立场无疑暴露了他们想使经验科学成为绝对思想这样一种含糊的科学主义意图"②。

实证主义尽管以"拒斥形而上学"起家,但科学主义的意图使之仍然没有绝对性地摆脱形而上学的纠缠。到了19世纪晚期和20世纪初,实证主义对自然科学(历史和宇宙都归结为自然规律)和人类理性的自信遭到了来自各方面的攻击,像哲学家尼采、狄尔泰、柏格森,心理学家弗洛伊德、荣格以及诗人波德莱尔等人都揭示了人类根本上的非理性因素。与之相印证的是,连自然科学的发展也暴露了人类知识局限性——牛顿物理宇宙图景的坍塌以及非欧几何的建立等。种种迹象表明,19世纪的自然科学和哲学的危机源起于人类意识的自我审察即对人类理性的局限性的认识,这也从根本上标志着传统意义上的泛理性主义形而上学的终结。

在19世纪西方思想发展史的进程中,我们可以看到,比实证主义对宗教和形而上学的祛魅重要得多的是:"德国以历史为取向的著作家们执著于不是真理或善的绝对规范来处理规范和价值,而是视之为某一特定时代、文化或民族的表现。"③众所周知,很多黑格尔之后的哲学家都以反形而上学起家。(历史意识)历史主义的出现直接宣布了形而上学的虚假性,或者说传统的"哲学"越来越遭遇到"历史"的挑战。④

值得注意的是,通常人们认为现代西方哲学发生了一场所谓"语言学转

---

① 孔德:《实证哲学教程》,载洪谦主编:《西方现代资产阶级哲学论著选辑》,商务印书馆1964年版,第26—30页。
② 哈贝马斯:《后形而上学》,译林出版社2001年版,第27页。
③ 伊格尔斯:《德国的历史观》,译林出版社2006年版,第168页。
④ 参见叶秀山:《哲学面临历史的挑战》,载叶秀山:《无尽的学与思》,云南大学出版社1995年版,第91—127页。

向"的革命。其实这只是一种笼统的说法,黑格尔之后的现代西方哲学发生诸多的"转向",呈现出多彩纷呈的景象。当代德国哲学史家瓦尔特·舒尔茨在《变化了的世界中的哲学》一书中,比较全面地归纳了现代西方哲学的五种趋向:"科学化"的趋向、"内在化"的趋向、"精神化"和"肉体化"的趋向、"历史化"的趋向、"责任化"的趋向。① 可见,转向"历史"的的确确是黑格尔之后德国整个思想界的征兆,兰克的历史主义、马克思的历史唯物主义、狄尔泰的生命哲学、海德格尔的存在主义以及伽达默尔的解释学构成了一条明晰的线索。难怪,主张回到古希腊"自然"的列奥·施特劳斯之反对德国思想的"历史意识",在大多数哲学家看来,其思想行为显得很异类,以至于遭到伽达默尔、哈贝马斯等人的批评。当然,这是后话。在德国思想界,转向"历史"是黑格尔之后所有德国思想的特征,历史主义思潮当然也概莫能外。

我们知道,历史主义作为一种世界观是以反对形而上学的面貌出现的。"最常见的反形而上学,即历史相对主义意义上的历史主义,比谈论一般的反形而上学,更适当些。"②马克斯·舍勒也指出,历史主义宣称任何一种形而上学都是不可思议的,"历史主义认为,所有的世界观,不管是宗教的世界观,还是哲学的世界观,都只是变易不居的历史和社会的生活情境的动态表达形式"③。

历史主义观念从历史学派那里就表现为历史意识和哲学体系的冲突,到了狄尔泰这里更加突出。在他看来,对传统形而上学来说,比"哲学思想尚处于混乱状态"这种认识更具有毁灭性的,是"人的历史意识逐渐觉醒"的深刻寓意,即历史主义杀死了形而上学。强大的历史主义原则宣告了互为对手的诸形而上学体系自诩具有普遍有效性的虚假性:这种历史意识表明,形而上学体系和风俗、宗教以及政府形式一样,只不过是不断变化的历史过程的产物。因此,在每一种形而上学体系所声称的普遍性与历史意识的相对性之间,都存在着无法解决的深刻矛盾。各个形而上学体系都是在特定的历史条件下出现的,是"生命的鲜活性的各个层面的表征"。形而上学体系之间的冲突来自

---

① 参见倪梁康:《现象学及其效应——胡塞尔与当代德国哲学》,生活·读书·新知三联书店1994年版,第6—7页。
② 格鲁内尔:《历史哲学——批判的论文》,广西师范大学出版社2003年版,第131页。
③ 马克斯·舍勒:《哲学与世界观》,上海人民出版社2003年版,第76页。

"生命的鲜活性所具有的多层面性"。"冲突的发生,是因为在科学家们的意识中客观的世界图景变得是自主的了。某一个体系在变成自主的同时,就成了形而上学。"①历史意识的出现破坏了对形而上学体系普遍有效的信仰,与此同时又表明这些体系与生命的关联性,可以帮助我们克服这样一个表面看来是无法解决的冲突——在各种哲学所声称的普遍有效性与它们中间历史性的无政府状态之间的冲突。② 为了解决这种冲突,狄尔泰提出了自己的克服方案——世界观理论:"世界观理论的任务是,分析宗教、诗歌、形而上学与相对性进行斗争的历史进程,系统地阐释人类心灵与世界之谜、生命之谜的关系。"③他把世界观理解为对人生的体验:"任何世界观的最终根源都是生命本身。"世界观不是思想的产物,并不起源于纯然认知的意志,而是"源于我们的生命行动、我们的生命体验、我们的全部心理结构"。④ 然而,这种世界观赖以产生的过程并不是任意的。尽管每一种世界观都不相同,带上了不同的生命体验的色彩,但在它们的源起中却有着某种程度的一致性。所有的世界观都源起于要解决个体所面对着的那些根本问题或生命之谜的共同的人类的需要。

总的来讲,狄尔泰的世界观理论包括两个基本要素:历史主义(历史意识)和生命哲学。历史意识的出现,不仅造成了各种哲学体系的矛盾和冲突,而且也导致了不同的世界观的类型(宗教、诗歌、形而上学)。只有用历史比较的方法,才能对各种世界观的变异、发展、更替进行有效的研究。针对他把哲学的世界观分为三种类型——自然主义、自由唯心主义、客观唯心主义,有人认为狄尔泰创立了自己的历史世界观——历史主义。所以,一般都把狄尔泰、特罗尔奇、梅尼克等人列入德国历史主义思想家的行列。⑤

---

① 转引自伊格尔斯:《德国历史观》,译林出版社 2006 年版,第 186 页。

② Cf. Wilhelm Dilthey ,"The type of world views and their enfoldment within the metaphysical systems", translated by William kluback and Maritin Weinbaum , *Dilthey's philosophy of existence* ,New York: Bookman Associates ,1957 ,pp. 17 - 20.

③ 狄尔泰:《哲学的本质》,转引自大卫诺格尔:《世界观的历史》,北京大学出版社 2006 年版,第 94 页。

④ Wilhelm Dilthey ,"The type of world views and their enfoldment within the metaphysical systems", translated by William kluback and Maritin Weinbaum , *Dilthey's philosophy of existence* ,New York: Bookman Associates ,1957 ,p. 29.

⑤ C. G. Rand, "Two Meanings of Historicism in the Writings of Dilthey, Troeltsch, and Meinecke", Journal of the History of Ideas, Volume 25, Issue 4, Oct. Dec. , 1964 ,pp. 503 - 518.

第二节　历史主义的方法论和认识论

从认识论上看,以黑格尔为代表的传统形而上学的思辨哲学终结以后,"不再需要任何凌驾于其他科学之上的哲学了。一旦对每一门科学都提出要求,要它们弄清它们自己在事物以及关于事物的知识的总联系中的地位,关于总联系的任何特殊科学就是多余的了。于是,在以往的全部哲学中仍然独立存在的,就只有关于思维及其规律的学说——形式逻辑和辩证法。其他一切都归到关于自然和历史的实证科学中去了"[1]。这样,对于已经从自然领域和历史中被驱逐出去的哲学来说,就只剩下逻辑和辩证法了。所以说,哲学就成了研究人类知识的条件的纯粹逻辑学和认识论。与之相应的是,"历史学家们和社会科学家们越来越放弃了他们对于何者构成为社会或历史的问题的关注;取而代之的是,他们在追问,一门有关历史或社会的科学如何才成其为可能"[2]。具体到历史哲学研究领域,就是著名的从思辨的历史哲学到分析(批判)的历史哲学范式的转换。

进入 19 世纪末 20 世纪初,历史主义的发展面临黑格尔的思辨历史哲学遗产和实证主义史学思潮的双重挑战,作为历史主义继承人的新康德主义的西南学派和狄尔泰勇敢地扛起了历史主义的大旗,行进在分析(批判)的历史哲学的大道上,发展了历史主义的方法论和认识论思想。

一、历史科学方法论与自然科学方法论

正如在中世纪哲学是神学的婢女一样,到了 19 世纪,实证主义也成了为自然科学服务的哲学。实证主义认为自然科学包括两个方面的任务:首先是确定事实,其次是发现规律。孔德就明确指出:"实证哲学的基本性质,就是把一切现象看成服从一些不变的自然规律,精确地发现这些规律,并把它们的数目压缩到最低限度,乃是我们一切努力的目标。"[3]在实证主义看来,自然现

---

① 《马克思恩格斯选集》第 3 卷,人民出版社 1995 年版,第 364 页。

② 伊格尔斯:《德国的历史观》,译林出版社 2006 年版,第 166 页。

③ 孔德:《实证哲学教程》,载洪谦主编:《西方现代资产阶级哲学论著选辑》,商务印书馆 1964 年版,第 30 页。

象通过科学的研究,已经由牛顿定律加以说明,而社会科学同样也能运用与自
然科学相类似的方法,通过冷静的观察和精确的分析,揭示出规律来。由于历
史的过程在性质上与自然的过程并无二致,因此自然科学的方法可以应用于
研究和解释历史。

历史学在这种影响下,越来越受到自然科学方法论的影响,出现了实证主
义史学①——历史学向自然科学靠拢,将自然科学的理论和方法照搬到历史
研究和写作当中去。这表明了实证主义和自然科学在19世纪取得了重大的
胜利,与之相印证的是,自然科学领域的三大发现——细胞学说、能量守恒定
律以及达尔文的进化论,对人类认识历史产生了重大的影响。尤其是进化论
在科学界的胜利意味着,"由于把自然部分地归结为历史,实证主义就有了资
格把历史归结为自然"②。于是,实证主义史学也认为历史现象如同自然现象
一样服从同样的规律,历史学也如同自然科学一样是一门经验科学,历史认识
的目标也就成了确认历史事实、发现历史规律,可以说历史学基本上沦为自然
科学的附庸了。正如美国史学家汤普森指出的那样:"在思想史上一种习常
的现象是把某一个思想领域的某些概念拿到另一个迥然不同的思想领域去
用。这种挪用概念的一个突出例子就是自然科学对历史阐释的影响。"③

正是实证主义史学把历史科学与自然科学混为一谈,激起了文德尔班、李
凯尔特等新康德主义者的强烈反抗。在主张历史科学和自然科学方法论的二
分这一点上,新康德主义继承了历史主义的遗产。"历史主义在它的鼎盛时
期曾经无可非议地而且健康地反抗了实证主义著作中夸大了的自然主义倾向
和唯科学主义的倾向,这是任何头脑清醒的人都不会否认的。"④作为方法论
的历史主义假设在自然现象和历史现象之间存在根本差异。因为从历史主义
观念的发展史来看,其观念的核心在于区别自然和历史:"'自然'和'历史'在

---

① 需要说明的是,实证主义史学几乎与兰克的历史学派处于同一历史时期。比如德国的
实证主义史学家兰普雷希特就曾批评过兰克的史学尚处于"前科学阶段",但是实证主
义史学在德国毕竟不占主流。尽管如此,兰克的历史学还是被误解为"实证主义"的,
这又不能不说明实证主义在当时对整个思想界的重大影响。但从本质上看,实证主义
史学与兰克的历史学派(客观主义)有着很大的区别。易兰对二者的区分作了很好的
解释,参见易兰:《兰克史学研究》,复旦大学出版社2006年版,第161—172页。
② 柯林武德:《历史的观念》,商务印书馆1997年版,第192页。
③ 汤普森:《历史著作史》下卷(第四分册),商务印书馆1992年版,第601页。
④ 巴勒克拉夫:《当代史学主要趋势》,北京大学出版社2006年版,第14页。

某种意义上是各有其自己的特征的两个截然不同的世界,这一观念是属于德国从她伟大的哲学时代、康德和黑格尔的时代,继承下来的传家宝。"①因此就有了自然世界和历史世界即强调自然科学所研究的对象和历史科学所研究的对象之间的差异。自然科学关注的是不变性和永恒的"普遍规律",而历史科学则研究独特的、变化的精神领域中的"个别事实"。这种根本的差异又取决于二者各自不同的研究方法。与自然科学的抽象、分类方法不同,历史科学强调历史学家的直觉。②

由此可见,历史科学(文化科学、精神科学)的研究方法与自然科学的研究方法完全不同,自然科学的抽象和分类的方法对于研究人类世界和历史并不适用。历史科学要面对的是一个个和一件件鲜活的历史个体和历史事件,需要历史学家加以直观的理解。新康德主义者认为历史科学和自然科学之间的区别不在于研究对象的差异,而在于其研究方法和目的的不同。从研究对象上看,二者又有一致之处:无论是自然科学还是历史科学都是从感觉经验出发、以经验材料为对象。文德尔班就指出过:"经验科学的性质,是自然研究和历史学所共有的,也就是说,二者都以经验、感觉事实作为出发点,从逻辑上说就是作为推论的前提。"③从研究方法和目的来说,二者有着原则性的区别。简言之,在研究目的上,自然科学追求的是一般的规律,而历史科学追求的是特殊的历史事实(形态)。在研究方法上,"在自然研究中,思维是从确认特殊关系进而掌握一般关系,在历史中,思维则始终是对特殊事物进行亲切的摹

---

① 柯林武德:《历史的观念》,商务印书馆 1997 年版,第 238 页。
② 关于历史主义的方法论,巴勒克拉夫作了精细的论述。他把历史主义的研究方法归纳如下:第一,历史主义由于否认系统研究方法可以应用于历史学,并且特别强调直觉的作用,这样就为主观主义和相对主义打开了大门——尽管在理论上也许未必如此。第二,历史主义用特殊性和个别性鼓励了片面的观点,而不去进行概括或发现存在于过去之中的共同因素。第三,历史主义意味着陷入更加繁琐的细节——若非如此,历史学家怎么能够抓住各种个别的形态和状态呢? 第四,历义主义把历史学引向"为研究过去"而研究过去,或导致近来的历史主义的倡导者所表达的那种观点:历史学家的唯一目的是"认识和理解人类过去的经历"。第五,历史主义赞同历史学的要素是叙述事件并把事件联系起来,结果必然纠缠于因果关系,或陷入马克·布洛赫所说的那种"起源偶像"崇拜。参见巴勒克拉夫:《当代史学主要趋势》,北京大学出版社 2006 年版,第 16 页。
③ 文德尔班:《历史与自然科学》,载洪谦主编:《西方现代资产阶级哲学论著选辑》,商务印书馆 1964 年版,第 58 页。

写。……在自然科学思想中主要是倾向于抽象,相反地,在历史思想中主要倾向于直观"①。由此,文德尔班作出了著名的"制定规律的"(nomothetisch)科学和"描述特征的"(idiographisch)科学的区分。李凯尔特也同样强调自然科学和历史科学在方法论上的区分,他认为自然科学把与任何价值都没有联系的事物和现象看做自己的对象,其目的在于发现对于这些事物和现象都普遍有效的普遍联系和规律,因此必须采用"普遍化的方法",而历史科学则从对象的特殊性和个别性方面叙述对象的一次性发展,采用的是"个别化的方法"。他从这个基本论断出发,进一步明确指出:"历史上的东西,从最广泛的意义说,就是那种仅仅出现一次的、件件都是个别的、属于经验范围的实际事物;它既带有直观性,又带有个别性,因而是自然科学构成概念的界限。"②可以看出,李凯尔特表明了反实证主义史学的姿态。

新康德主义认为自然科学的方法无法照搬到历史科学或文化科学研究中去,他们虽然在哲学上反对实证主义,但并不想把历史学排斥在科学的大门之外。新康德主义哲学家们秉承德国历史主义的传统,主张历史学也同样具有科学性,或者说,他们认为一种对于历史和社会的客观而合理的研究方法是可能的。当然这与德语的"科学"的独特内涵相关。众所周知,英语中的"science"一词基本上是指自然科学(natural science)。而德语的"wissenschaft"(科学)含义更为广泛,不仅指自然科学,也包括社会科学和人文学科,其实这非常类似于古希腊语的"知识"或"学问"。德国人喜欢在非常广泛的意义上使用"科学"一词,像我们熟知的黑格尔的哲学科学。孕育在德文谱系中的历史主义者如狄尔泰提出的"精神科学"、李凯尔特所谓的"文化科学",就是继承了这种思想传统,他们并不认为只有自然科学才是真正的科学,而是试图证明历史科学(文化科学)同样也是一门科学或学问。

综观以上关于新康德主义者对于方法论的论述,他们的共同特点就是强调自然科学与历史科学的方法论的对立,继承了以历史学派为代表的德国历史主义的理论特色。当然历史学派只是提出了自然科学不能运用于历史学的初步设想,并没有加以详尽的论述,以文德尔班、李凯尔特为代表的新康德主

---

① 文德尔班:《历史与自然科学》,载洪谦主编:《西方现代资产阶级哲学论著选辑》,商务印书馆1964年版,第59页。

② 李凯尔特:《历史上的个体》,载张文杰编:《历史的话语——现代西方历史哲学译文集》,广西师范大学出版社2002年版,第17页。

义在这方面作出了突出的贡献。可以说,自黑格尔的思辨的历史哲学式微之后,历史学派以及新康德主义都在分析的历史哲学的这一理论谱系之中。

二、历史科学与价值论

历史主义理论提出的关于历史科学(文化科学)与自然科学的区分,在新康德主义哲学家们那里还与他们主张的价值论有着十分紧密的关系。他们以价值论为主要方法论基础来解释历史事件,并使之与自然科学区分开来。由此,新康德主义提出了著名的事实与价值的二分或者说他们把所谓的事实世界和价值世界、事实知识和价值知识区别开来。在方法论上具体表现为自然科学和社会历史科学的区分:自然科学是研究事实世界的科学,自然科学的概念属于事实知识;而社会历史科学则研究价值世界,属于价值知识。可以说,他们更加关注价值问题,把注意力从自然科学的方法论和认识论问题转移到了社会历史科学的方法论和认识论问题上来。在此基础上,新康德主义学派进一步得出结论:哲学的对象就是研究价值,研究价值之为价值的本质。

于是文德尔班明确指出:"价值不是被评价对象本身的特性,而是作为一切知识的标准的主体所具有的普遍正当性的规范,它是相对于主体而存在的,离开了主体的情感与意志,就根本不会有价值存在。"①既然价值取决于主体的情感和意志,那么不同的人面临同一种境遇乃至于同一个人在不同的境遇中表现出不同的情感和意志,因此就会出现不同的价值从而导致价值的相对主义。针对这种情况,文德尔班特别强调哲学应该追求普遍有效的价值,"哲学只有作为普遍有效的价值的科学才能继续存在。哲学不再跻身于特殊科学的活动中。哲学既没有雄心根据自己的观点对特殊科学进行再认识,也没有编纂的兴趣去修补从特殊学科的'普遍成果'中得出的最一般的结构。哲学有自己关于永恒的、本身有效的那些价值问题,那些价值是一切文化智能和一切特殊生活价值的组织原则。但是哲学描述和阐述这些价值只是为了说明它们的有效性。哲学并不把这些价值当作事实而是当作规范来看待"②。李凯尔特同样主张事实与价值的区分,并且追求价值的有效性:"价值决不是现实,既不是物理的现实,也不是心理的现实。价值的实质在于它的有效性,而

---

① Wilhelm Windelband, *Introduction to philosophy*, London, 1921, p. 215.
② 文德尔班:《哲学史教程》下卷,商务印书馆 1997 年版,第 927 页。

不在于它的实际的事实性。"①

　　"价值"是李凯尔特历史哲学的基本范畴,并以此为标准区分了文化(历史)和自然。在自然中,一切都是在没有人类指引的情形下自由成长的,而在文化中一切是靠人类的劳作而生成,在一切文化现象中都体现出某种为人所承认的价值。"价值是文化对象所固有的,因此,我们把文化对象称为财富,以便使文化现象作为富有价值的现实同那些不具有任何现实性并且可以撇开现实性的价值本身区别开来,自然现象不能当成财富,因其与价值没有联系。"②可见,李凯尔特通过"与价值的联系"把自然现象与文化现象区分开来了,研究文化现象的科学就是文化科学(历史科学)。历史学家通过挑选"历史上有意义的个别性"的历史材料来叙述历史事件,因为"历史上有意义的个别性"体现出了文化价值本身或者与文化价值有某种特定的关联。历史科学的研究方法也是与价值相联系的方法;而自然科学是对普遍规律的研究,并不研究文化价值,也不研究它的对象和价值的联系。值得强调的是,在历史研究中,李凯尔特特意把"价值联系"与"评价方法"严格区分开来了。他认为历史学家只在人们持有某种价值并把这些价值附着在事物之上时,才对这些事物的价值感兴趣。但是历史学家的研究方法不是作出评价,只不过要将事物与价值联系起来罢了。为了更好地说明这一点,李凯尔特举了一个例子:"历史学家作为历史学家来说可以不必对法国革命对于法国或欧洲有利或者有害这一点作出决定。这是一种评价。反之,任何一个历史学家都不会怀疑,在法国革命这个名词下所包括的那些事件对于法国或欧洲的文化发展来说是有意义的和重要的,因此必须从其个别性方面把它们作为本质成分包括到欧洲史的叙述之中。这决不是实践的评价,而是理论的价值联系。"③

　　如果说"价值联系"是历史学中指导挑选历史材料的原则的话,那么难免有人就会提出来这样的问题:历史科学是否具有主观随意性呢? 其实这里面涉及历史科学的客观性问题,这也是整个历史主义理论面临的共同问题。可以说,李凯尔特继承了历史主义的关于历史世界的客观的科学知识是可能的这一理论假定。他把历史概念形成的客观性建立在普遍性的文化价值的前提

①　李凯尔特:《文化科学和自然科学》,商务印书馆 1986 年版,第 78 页。
②　李凯尔特:《文化科学和自然科学》,商务印书馆 1986 年版,第 21 页。
③　李凯尔特:《文化科学和自然科学》,商务印书馆 1986 年版,第 79—80 页。

之上,"文化价值的这种普遍性,使历史概念的形成排除了个人的主观随意性,因而是历史概念形成的客观性的依据。历史上的本质成分不仅对于这个或那个个别的个人,而且对于所有的个人,都是有一定意义的"①。此外,历史研究的经验客观性即关于确证历史事实方面,就文化价值的普遍性而言,经验的客观性也可以在原则上得到保证。

由于一种与价值相联系的叙述只是对一定范围内的人有效,从普遍的哲学观点和自然科学的立场看来,这可能是一种科学意义上的缺陷。如果人们只是从原则上声称价值的普遍性,而不以任何方式询问价值的有效性,那么历史科学的客观性(真理)就会大打折扣甚至遭人质疑。科学的真理必须与价值的有效性密切相联,否则谈论真理就没有意义。现在,如果在原则上不考虑那种指导历史叙述的文化价值的有效性,那么在历史上只能把纯粹的事实看做是真实的了。反之,一切历史概念都是对一定时间有效,也就不是作为一般的真理发生效力,因为它们与绝对、永恒有效性的东西并没有发生任何关联。这样的话,人类的文化和历史就没有了意义。李凯尔特不愿意看到这一点,为了保证历史科学的客观性,他不得不诉诸于价值绝对有效性的假定:"我们的文化财富或多或少实现的那种绝对地普遍有效的价值,必须与普遍化科学所探求的绝对地普遍有效的自然规律相一致。"②虽然李凯尔特也承认这种假定缺乏经验的基础,但是他最终还是走向了他所反对的思辨的历史哲学,因为连他自己也不得不承认:"从普遍历史的观点看来,是没有任何一种没有历史哲学的历史科学的。"③

问题是:经验性的历史如何与超验性的哲学相调和呢?这又回到了历史学派面临的老问题上去了。可以说,李凯尔特基本上没有离开兰克的历史学派的理论根基,他在《文化科学和自然科学》一书的最后作了明确表态:"哲学为了自己的内容上的规定性而需要与历史的文化科学本身发生最密切的接触。哲学只能希望在历史的东西中接近超历史的东西。"④可见,李凯尔特为了反对他的学说被批评为"历史相对主义之父",为了坚持他所坚信的历史科

① 李凯尔特:《文化科学和自然科学》,商务印书馆 1986 年版,第 86 页。
② 李凯尔特:《文化科学和自然科学》,商务印书馆 1986 年版,第 125 页。
③ 李凯尔特:《文化科学和自然科学》,商务印书馆 1986 年版,第 125 页。
④ 李凯尔特:《文化科学和自然科学》,商务印书馆 1986 年版,第 128—129 页。

学的客观性和真理性,他不得不求助于超验的哲学形而上学。这就使得李凯尔特实质上回到了德国唯心主义对于历史具有意义及在历史中能够找到的各种价值的有效性的信念。① 因此,从总的倾向上看,作为强调历史主义方法论的新康德主义学派虽然大大拓展了分析的历史哲学的研究领域,但其根子上也并没有真正脱离思辨的历史哲学的传统地基。

关于历史科学(社会科学)中事实与价值的关系,德国历史主义认为对于各个历史时代的理解,只能从它们各自所处的世界观的角度出发。这就意味着社会历史科学家永远也无法超越他们自身所属时代的价值观念。新康德主义的价值哲学区分了事实与价值,这只是从历史科学关于研究对象的选择和研究方法的确定的角度而言的,或者说正是社会历史科学家所持有的价值观念赋予历史考察的对象以意义。在对人类文化和历史的考察中,事实判断势必与价值判断是融合在一起的,其途径便是价值关联(value-relevance)的概念,即把某个现象与一个或更多的文化价值联系在一起。② 马克斯·韦伯所做的工作也是奠基在"价值关联"这个基础之上的,但是他比新康德主义更进了一步,将社会科学家和历史学家的使命严格限定在对历史文化中的价值关联进行研究,并且否定了对普遍有效的价值进行任何客观研究的可能性。简而言之,就是区分了价值关联和价值判断。或者说,由价值关联所确定的社会科学研究的对象完成之后,在具体的经验性研究中应该排除个人的价值判断即保持一种"价值中立"。可见,"价值关联"与"价值中立"并不矛盾。

马克斯·韦伯的社会历史科学研究坚持"价值中立"的立场,这与他追求社会和历史的科学研究的客观性是分不开的。价值虽然因文化和个体而异,而研究方法却只有一种并且具有普遍性。可见,韦伯对于在社会科学和历史的领域内有可能进行客观的研究深信不疑。但是由于韦伯坚守事实与价值的二分,认为既然社会科学是一门关于具体现实的经验科学、只能以研究现象的"实然"(事实)为任务;而不应涉及"应然"或价值判断的领域,或者说人们对于价值问题不可能能有真正的知识。这说明了韦伯的确承认了非理性的价值世界和理性的知识世界的区分,由此导致了价值之间的冲突或"诸神之争"。表现在历史领域就是,历史不再是一个有意义的过程。因此在这个意义上,韦伯

---

① 详尽的论证请参见伊格尔斯:《德国的历史观》,译林出版社 2006 年版,第 198—204 页。
② 参见布赖恩·特纳编:《Blackwell 社会理论指南》,上海人民出版社 2003 年版,第 76 页。

已经与传统的历史主义背道而驰,但是其追求社会历史科学知识的客观性又继承了历史主义的遗产,这不能不说是韦伯理论的困境和内在悖论。

三、历史知识的客观性及其困境

如前所述,在黑格尔之后的历史哲学研究领域,出现了由思辨的历史哲学到分析(批判)的历史哲学范式的转换。当代德国著名的思想家特洛尔奇对此就敏锐地注意到:将人类历史视为一个有意义的过程来探讨的实质意义上的历史哲学(即思辨的历史哲学),已经全然让给了作为历史思想的逻辑学和认识论的纯粹形式意义上的历史哲学(即分析的历史哲学)。在历史学派兰克那里就开始追求历史的客观性,但其背后有一种难以克服的理论困境即唯心主义(观念论)和经验论的冲突。面对这种困境,狄尔泰为历史研究奠定认识论(哲学)基础的努力在历史学派之后的西方历史哲学中显得格外引人注目。

狄尔泰所做的工作首先是为精神科学(也就是历史科学)提供坚实的哲学基础,即通过类似于康德的纯粹理性批判为自然科学知识奠定基础的工作,设想通过"历史理性批判"为历史科学和文化科学研究奠定认识论基础。简言之,追问客观的历史知识何以可能? 这也是历史学派留给狄尔泰的历史遗产和理论难题。狄尔泰在《精神科学引论》中着重论述了历史学派面临的困境:历史学派试图从传统的形而上学的束缚中解脱出来,带来了"历史意识和历史科学的解放",却没有能够有效地遏制自然科学方法论在社会研究中的实证主义的运用,因为它不具有任何"哲学基础"。① 为了提供这种"哲学基础",狄尔泰试图从历史学派(兰克、德罗伊森)为反对德国的唯心论而主张的东西推导出认识论上的结论。他认为历史学派的弱点在于他们的反思缺乏彻底性:"历史学派不是返回到自身的认识论前提,或者返回到从康德到黑格尔的唯心论的认识论前提,从而认识这些前提的不可统一性,而是无批判地把这两种观点结合在一起。"即历史学派把历史经验和唯心主义无批判地结合在一起了,狄尔泰就是要在这二者之间建立新的认识论上可行性的基础。② 所以,相对于康德回答"自然科学何以可能"的问题,狄尔泰必然试图对历史经

---

① 参见狄尔泰:《精神科学引论》,中国城市出版社 2002 年版,第 2—3 页。
② 参见伽达默尔:《真理与方法》,上海译文出版社 2004 年版,第 285 页。

验何以可能成为科学这一问题作出哲学的回答。

这样,历史科学在狄尔泰那里诉诸于历史经验,而这种历史经验又不同于自然科学中物质自然意义上的经验。自然科学的经验概念只适用于对物质自然的研究,而大自然是人类永远无法真正知晓的。在大自然中我们只会经验到现象,或者说"隐蔽实在"的影子,与之相对的是,"只有通过内在经验给定的各种意识事实而言,我们才能切实把握实在"①,精神科学(历史科学)的任务就是分析这些意识事实。可见,狄尔泰继承了历史主义将自然科学与精神科学区分开来的传统:我们只能认识历史世界,而不可能真正认识自然世界。与把握自然世界(现象界)的"相对性"相比,人类对精神科学的把握是直接的,历史知识的真理性不是说它符合于某个外在的实在。毋宁说:"我在内心所体验到的对我来说,乃是一桩意识的事实,因为我意识到了。"②这样的知识不是外在于我的,而是在最完整的意义上被体验到的。在这种意义上,狄尔泰认为精神科学的客观性是可能的,他把这种客观性建立在人类意识事实或历史经验之上。历史经验是属于人类经验本身的内在历史性。内在历史性是一种生命的历史过程,它的范例不是固定的事实,而是那种使回忆和期待成为一个整体性的组合即经验。在这种经验中,历史的主体和客体具有同质性即探究历史的人同时也是创造历史的人,这才使得历史科学成为可能。③ 需要指出的是,在狄尔泰早期的思想中这种生命经验是高度个体化的,于是这里就出现了明显的矛盾:一方面他确信历史科学是客观的,另一方面他却认为一切认知是高度个体化的。因此,他并不赞成历史学派中把个体与社会的联系视作有机体的做法,并由此批评历史学派所秉持的"民族精神"是"神秘主义"的概念。

在狄尔泰的后期思想中,他试图解决这个矛盾。一方面它继承历史学派的遗志,坚守对客观知识的可能性的信念;另一方面则是探求一切认识的主观起源,即把历史的主体和客体都奠基于生命的共同基础。通过分析这些论述可以看出,狄尔泰所谓的精神科学的认识论基础,结果最后归结为人的生命。为了充分论证这一点,我们不妨不顾冗长地引证他自己的话:"关于就精神科

①　参见狄尔泰:《精神科学引论》,中国城市出版社 2002 年版,第 6 页。
②　转引自伊格尔斯:《德国的历史观》,译林出版社 2006 年版,第 179 页。
③　参见伽达默尔:《真理与方法》,上海译文出版社 2004 年版,第 288 页。

学而言,客观知识究竟如何可能的问题,可以回溯到关于人们怎样才能在历史中实现它的问题。历史究竟怎样才是可能的? 这种概念取决于有关生命的概念。历史上的生命是整个生命的一部分,而后者在人们的体验和理解中则是既定的。所以,这个意义上的生命,可以扩展到把人们所能够体验到的整个客观精神领域都包含在内的地步。生命是基本的事实,它必定是哲学的出发点。它就是人们从内部认识到的东西,就是我们无法进行深入探究的东西。人们是无法把生命带到理性的审判台面前的。"①因此,狄尔泰的精神科学的特色便与生命哲学勾连在一起了,这也是为什么人们把狄尔泰的哲学直呼"生命哲学"的原因。

　　值得玩味的是,狄尔泰为了解决上述的矛盾,他不得不修订早期思想中的不和谐因素,即承认了个人的生命也是与其所属的整体生命是一种有机的结构联系。"只有当人们通过在生命之中发现的某种关系,把一个部分与它所从属的整体联系起来的时候,这个部分对于这种整体来说才具有意义。"②显然,在这里显示出其浪漫主义诠释学的处理方式:正如某个文本的上下文关系一样,生命的结构联系也是由整体和部分的关系所规定的。伽达默尔就针对此评价道:"狄尔泰为精神科学奠定认识论基础的工作所迈出的决定性步伐是,发现了那种从构造个人生命经验的联系到根本不为任何人所体验和经验的历史联系的转变",并且,还发生了精神科学的心理学基础到诠释学基础的转变。③ 真可谓一语中的。

　　我们再来看看狄尔泰的诠释学,其名言有曰:我们解释自然,而理解精神生命。在精神科学中理解之所以成为可能是因为诸如家庭、市民社会、国家和法律、艺术、宗教、哲学等作为生命和精神的产物,不是被主观的心灵创造出来的,而是代表着"生命的对象化",因此是可以被人理解的。在这里,狄尔泰把历史认识论的对象归结为客观精神(生命)的对象化时,不禁令人觉得黑格尔的绝对精神的幽灵又在他的身上显现了。但是,他所谓的"客观精神"从初衷来看,与黑格尔的"绝对精神"所代表的那种"普遍理性"还是有所区别的:"我们不能通过理性来理解这种客观精神,……必须从这种客观精神所具有的实

---

①　狄尔泰:《历史中的意义》,中国城市出版社 2002 年版,第 11—12 页。
②　狄尔泰:《历史中的意义》,中国城市出版社 2002 年版,第 12 页。
③　参见伽达默尔:《真理与方法》,上海译文出版社 2004 年版,第 290—291 页。

在开始。我们试图理解这种生命实在,并且通过一些适当的概念把它表现出来。由于这样一来,我们就会使这种客观精神脱离它根据某种普遍理性(这种普遍理性表达的是这种世界精神所具有的本性)而具有的、片面的基础,又脱离任何一种理想的建构过程,所以,一种关于它的新的概念就有可能存在了;这种客观精神即包括家庭、社会、国家以及法律。因此,黑格尔曾经将其当作绝对精神而与这种客观精神区别开来的那些方面——也就是说,艺术、宗教和哲学,也都可以包含在这同一种概念之中。"①可以看出,这是用"生命实在"来改造黑格尔的"绝对精神"。黑格尔的绝对精神是在哲学概念中通过返回到自身来认识自身的,而对于狄尔泰来说,哲学概念并不具有认识论意义,而只具有表现意义,即只不过是整个生命实在的表现而已。

为了反对黑格尔的这种思辨哲学,狄尔泰精神科学(历史科学)的"历史理性批判"最后诉诸于历史意识:人是一种历史性的存在,"历史的研究者同时也是历史的创造者,这个事实是使科学的史学成为可能的第一个条件"②。在这个意义上,"历史意识"就是认识自身以及由自身所创造的社会和历史。因此,伽达默尔也把狄尔泰的历史意识概括为是人的"某种自我认识的方式"。随着狄尔泰把精神科学奠基于生命或客观精神之上,"历史意识把人类历史世界的所有现象只看作精神借以更深刻认识自身的对象。就这种意识把这些现象理解为精神的客观化物而言,它使它们返回到'它们本是由之而来的精神性的生命之中'……不是在思辨的概念认识里,而是在历史意识里,精神对于自身的认识才得以完成"③。

从狄尔泰整个思想的发展脉络中可以看出,"历史性"(历史意识)不是人的存在的历史性,而最终变成了客观精神的历史性,而所谓人的历史也最终被归结为精神史了。所以说,狄尔泰用历史意识来反对思辨的历史哲学(形而上学)仍然是不成功的。在这里狄尔泰历史哲学中的双重因素及其相互矛盾和冲突又凸显出来了——先验的因素和历史的因素。④ 这本身就说明了狄尔泰历史主义的困境。

---

① 狄尔泰:《历史中的意义》,中国城市出版社 2002 年版,第 88 页。
② 狄尔泰:《历史中的意义》,中国城市出版社 2002 年版,第 2 页。
③ 伽达默尔:《真理与方法》,上海译文出版社 2004 年版,第 297—298 页。
④ 参见张汝伦:《历史与实践》,上海人民出版社 1995 年版,第 41 页。

如前所述,历史主义是作为一种批判的历史哲学而登上历史舞台的,其特色在于从历史的方法论和认识论角度来论证历史科学的客观性问题。从历史学派(兰克、德罗伊森等)经由狄尔泰一直到新康德主义(文德尔班、李凯尔特)都是如此。这种思路其实是继承了康德哲学以来的自然与精神的二分,强调精神科学的独立性,但仍然要像自然科学那样追求历史认识的客观性。胡塞尔就曾在《欧洲科学的危机与超验现象学》中批评了狄尔泰在方法上没有摆脱自然与精神、历史主义与客观主义的二元论,仍然停留在自然科学的客观主义上不能自拔。① 在这里需要指出的是,狄尔泰在整个德国历史主义中的理论地位非常特殊。他自身的理论表现出二重性,一方面方法论上坚守精神科学的客观性,另一方面又开启了历史主义的存在论研究的先河,后者集中体现在对生命的论述中。他的重大理论贡献在于提出了"作为生命的历史",然而,一方面他的生命概念类似于黑格尔的绝对精神概念,另一方面又首先是从认识论的角度来寻找历史知识,最终把历史变成了方法论的对象,从而陷入自身理论的困境,也就是伽达默尔揭示出的历史主义的困境——科学和生命哲学的冲突。

第三节　研究历史主义困境的两种哲学思路

我们已经知道,以历史学派为代表的历史主义并没有导致相对主义是因为他们坚信历史带来的丰富多彩的变化并不是一个混沌的宇宙的反映,而是一个在历史中展开它自身的富有意义统一体的方方面面。历史学派通过对历史自身就有意义的信仰避免了相对主义的危险。同样如此,对于历史具有意义的信念,无论是对新康德主义而言(尤其是李凯尔特维系于超验价值的做法)还是对狄尔泰(又回到了黑格尔的精神)来说都是共通的。尽管他们已经处于分析的历史哲学的谱系中,但是从历史哲学的根子上来说并没有完全脱离黑格尔的怀抱。这种信念一直在他们心中,成了德国古典的历史主义绵延不断的传统。从历史学派到狄尔泰、新康德主义都属于德国古典的历史主义,其核心就在于他们的历史方法论都坚信:"历史乃是一个有意义的进程,以及

---

① 参见胡塞尔:《欧洲科学的危机与超越论的现象学》,商务印书馆 2001 年版,第 400—401 页。

达到客观认识的可能性的唯心主义信念。"①因此,他们也就在这种情况下避免了历史主义的困境。

当代德国哲学家舒尔茨(G. Scholtz)在《诠释学中的历史主义之争》一文中,对关于历史主义困境的哲学研究的致思路向做了一种归纳:一是,人们寻找在超历史的、普遍有效的价值上之支撑点,新康德主义(李凯尔特)及现象学(胡塞尔)便是沿袭着这条传统的道路。二是,人们开始以这种方式摆脱困境:朝向生命及现在、朝向发生着的历史,即人类此在(Dasein)的历史性。②后一种致思方法越来越受到人们的认可。这也就是海德格尔和伽达默尔的"历史性"思想。

一、"严格的哲学"与历史主义

历史主义从其诞生之日起就已经埋下了危机和隐患的种子。到了 20 世纪 20 年代随着特洛尔奇、梅尼克等历史学家明确地提出"历史主义的危机"以来,历史主义问题就开始受到哲学家们的广泛关注,胡塞尔就把历史主义与心理主义并称为欧洲文化的危机。他从绝对主义的立场出发,对历史主义提出了质疑和驳斥。

胡塞尔对"历史主义"概念的使用,就是针对 19 世纪以来由兰克、德罗伊森和狄尔泰等人所代表的"历史学派"的观点:强调知识的历史性,并用历史理性来取代纯粹理性的优先地位。在胡塞尔看来,"作为'历史的发现'和不断更新的精神科学之建立的结果现象,历史主义得以形成。自然科学家趋向于将一切都看作是自然,精神科学家将一切都看作是精神,看作是历史构成物"③。

胡塞尔从先验现象学的立场出发,捍卫哲学作为一门严格的科学,对历史主义特别是对狄尔泰的历史主义消解哲学形而上学的做法进行了猛烈的批评。他首先引述狄尔泰本人的话说:"历史意识的展开要比体系间争论的纵观更彻底地摧毁着对任何一门企图以强迫的方式通过一种概念的联系来陈述世界联系的哲学之普遍有效性的信仰。"这种历史主义用不同时期的各个科

---

① 伊格尔斯:《德国的历史观》,译林出版社 2006 年版,第 327 页。
② G. 舒尔茨:《诠释学中的历史主义之争》,《哲思》(香港)1999 年第 2 卷第 2 期。
③ 胡塞尔:《哲学作为严格的科学》,商务印书馆 2002 年版,第 8 页。

学见解的变化来否定科学的客观有效性,认为"那些今天被看作已得到证明的理论,明天会被认作并非如此"。可是如果将这种历史主义的原则贯彻到底,就会导致极端的主观主义和相对主义。"真理、理论、科学的观念就会像所有的观念一样失去其绝对有效性。"①由此可见,历史主义者拒绝承认理论的绝对性和客观有效性。胡塞尔对历史主义的这种观点提出了两点反驳。

第一,他承认在不同的文化背景和历史时期会形成不同的世界观,这是一种"事实真实性",但并不具有"原则普遍性"。也就是说,不能以世界观的"事实真实性"来否定追求哲学"客观有效性"的信仰。胡塞尔形象地论证道:"从事实出发来论证观念或反驳观念,这是悖谬——用康德所引用的一句话来说就是:从石中取水。"②因此,历史主义无法对绝对有效性的可能性提出任何重要的反驳,同样他也不能对一门绝对的即科学的形而上学的可能性提出反驳。

第二,从历史上还曾没有一门绝对的、科学的形而上学以及其他哲学的可能性推出未来也不会出现科学的哲学,胡塞尔认为这种断言连同这种论证之所以是错误的,不仅是因为一个从高级文化的几千年导向无限未来的推论不是一种好的归纳,而且它的错误还在于,它是一个像"2+2=5"一样的绝对悖谬。

由此,胡塞尔认为历史主义上述的两个反驳科学的哲学的论据都是"悖谬"的。其"悖谬"之处就是:这种认为"没有"任何绝对的客观有效性的观点背后其实已经预设了"有"一个绝对的客观有效性与之进行比较,或者说,"没有任何绝对的真理"这个判断本身就已经是一个历史主义者自己的"绝对真理"。因此,历史主义从逻辑上说是自我矛盾的,许多历史主义的批评者已经充分认识到这一点了。

在批评了历史主义之后,胡塞尔开始阐述世界观哲学和科学的哲学之间的区别。世界观哲学是历史主义的产物,不同的时代有不同的世界观哲学,而科学的哲学是超时间的,具有永恒性。"世界观可以争执,惟有科学才能决断,而它的决断带有永恒的烙印。"③尽管如此,但科学的哲学还远未建立,在过去两千多年的历史上出现的只不过是各种世界观哲学而已,所以才会有各

① 胡塞尔:《哲学作为严格的科学》,商务印书馆2002年版,第48—49页。
② 胡塞尔:《哲学作为严格的科学》,商务印书馆2002年版,第50—51页。
③ 胡塞尔:《哲学作为严格的科学》,商务印书馆2002年版,第65页。

种价值观念之间的冲突。胡塞尔强烈地感受到了历史主义的相对主义的严重后果所带来的欧洲文化的危机。为了克服这种危机,他诉诸于建立一门作为严格的科学的哲学。明确地讲,在胡塞尔那里,科学的哲学就是先验现象学。通过这种现象学,就能化解所有世界观哲学之间的冲突,克服世界观哲学的相对性。①

胡塞尔对历史主义的相对主义进行了批评,并通过先验现象学的途径为一种绝对主义的哲学作了论证。在相对主义盛行的今天,胡塞尔的这种努力显得不合时宜了,连他自己晚年也承认,"作为科学的哲学,作为真正的,严格的,甚至是无可置疑的严格的科学的哲学——这个愿望实现不了了"。因为世界观思潮已经在欧洲大陆盛行,它否认了对每个人都有约束力的绝对的科学真理的存在。因此,胡塞尔断言:"哲学处于危险之中","哲学的未来受到威胁"。② 其实,胡塞尔在这里面临的是哲学(形而上学)与历史主义的关系问题——"哲学"遭遇到"历史"的挑战,这也是黑格尔之哲学面临的重大问题。

为了克服哲学的这种危机,遵循"哲学作为一种严格的科学"原则的一贯性,胡塞尔由早期的先验现象学转向了生活世界理论。生活世界指的是一个"非课题的、奠基性的、直观的、主观的世界"③。生活世界虽然具有相对性和历史性,但仍具有普遍的结构,所有的相对的存在者与之关联的这种普遍结构的本身却不是相对的。④ 生活世界先于科学世界而存在,客观的科学世界以它为基础。生活世界是科学解释的出发点和前提。需要指出的是,"胡塞尔对生活世界的探讨不是首先为了解释客观科学的可能性,而是为了在先验的态度中去发现纯粹意识及其相关物的本质结构,对于生活世界的探讨可以将

---

① 在这里,需要指出的是,他虽然批评了历史主义,但同时承认了历史主义对精神的发现为哲学家们提供了一个更为原初的和基本的研究素材。只不过他不赞成狄尔泰把心理学作为精神科学的基础,而是认为唯有现象学的本质才能为一门精神哲学提供论证。参见胡塞尔:《哲学作为严格的科学》,商务印书馆 2002 年版,第 53 页。

② 胡塞尔:《欧洲科学的危机与超越论的现象学》,商务印书馆 2001 年版,第 621—622 页。

③ 胡塞尔虽然在《欧洲科学的危机与超越论的现象学》中论述了生活世界理论,但是并没有给生活世界作出明确的规定。该定义是倪梁康根据胡塞尔的文本归纳得出的,参见倪梁康:《现象学及其效应——胡塞尔与当代德国哲学》,生活·读书·新知三联书店1994 年版,第 131—132 页。

④ 参见胡塞尔:《欧洲科学的危机与超越论的现象学》,商务印书馆 2001 年版,第 168 页。

我们引向先验的领域。与人有关的生活世界只是作为先验分析的出发点才成为先验哲学的课题，一旦进入到先验哲学的领域之中，作为具体生物的人及其生活世界立即便遭到排斥"①。因此，胡塞尔的生活世界理论是为了给先验现象学奠定基础，用他自己在《欧洲科学的危机与超越论的现象学》一书中的第三部分的标题可以作证："从生活世界出发通向先验现象学的通道"。可见，胡塞尔的生活世界理论更多地是出于理论的需要，而不是实践的需要。

胡塞尔对"生活世界"的分析是与欧洲科学和文化的危机密切相关的，这也代表了他的"历史哲学"的思维方向。当然，这种思维方式更多的是与黑格尔的思辨历史哲学相勾连的。我们从他对历史主义的反驳，诉诸于历史的先验目的论可见一斑。② 因此，一般认为胡塞尔的历史哲学更靠近黑格尔意义上的历史哲学，例如斯特恩就认为："就黑格尔而论，历史中普遍精神的全部演变的目的，在于其在黑格尔自己的哲学中的自我——认识；同样，就胡塞尔而言，欧洲精神的全部演变的目的在于其主体性在胡塞尔的先验的现象学中重建。"③因此，对于"历史主义"问题的克服，胡塞尔主要是把希望寄托在超历史的、普遍有效的价值上的支撑点。在这一点上，胡塞尔并没有放弃他一贯的绝对主义的信念。面对历史主义的相对主义，胡塞尔的解决方式是绝对主义的路子，在今天越来越被指认为一种独断论，遭到人们的不断质疑。

二、历史性与历史主义

历史主义作为一种方法论和认识论主要是经过新康德主义学派的阐述而得以发展。以前我们理解的历史主义也更多的是在方法论层面上进行的，兰克的历史主义被理解为客观主义史学就是一个明例。但是，方法论又是与存在论紧密相关的。新康德主义往往侧重于自然科学和历史科学在方法论上的区分，忽视了历史主义也是奠基在存在论之上，即由维柯所开创的历史主义传

① 参见倪梁康：《现象学及其效应——胡塞尔与当代德国哲学》，生活·读书·新知三联书店1994年版，第138页。
② 详细的论证参见胡塞尔：《欧洲科学的危机与超越论的现象学》，商务印书馆2001年版，第451—452页。
③ A. 斯特恩：《历史哲学——其起源及宗旨》，载张文杰主编：《历史的话语——现代西方历史哲学译文集》，广西师范大学出版社2002年版，第361页。还需要指出的是，胡塞尔的历史哲学与黑格尔的思辨历史哲学不完全一致，参见任军：《胡塞尔现象学的历史主义批判及其启示》，《现代哲学》2006年第2期。

统——既然历史世界是人类创造的,人类就能认识历史。而在兰克的历史学派之后,历史主义的发展虽然转向了历史认识论——分别由狄尔泰和新康德主义学派所开创。但是,狄尔泰还是与新康德主义区分开了:通过扬弃实证主义和历史主义,他的生命哲学将人的历史性作为存在论问题明确地提出来了,更多地开启了历史主义的存在论研究的先河,直至后来被海德格尔、伽达默尔等发扬光大。可以说,狄尔泰是整个德国历史主义思想的中枢①,前承历史学派后启历史解释学。海德格尔、伽达默尔正是受他的思想的影响,走上了历史主义的解释学路径。

海德格尔从本体论的历史观出发,认为历史问题不能在作为历史的科学的史学中探讨。如果历史只是成为科学的对象,那么历史的基本现象就被弃之不顾。历史如果成为史学的对象,那么他就脱离了历史的真正存在方式——历史性和时间性。② 在此意义上,海德格尔明确批评了作为历史科学的历史主义:"'历史主义'问题的兴起倒是再清楚不过的标志,说明历史学致力使此在异化于其本真的历史性。本真的历史性不一定需要历史学。"③当然,海德格尔揭示此在的历史性,目的是要克服西方传统形而上学的弊病,重新审视存在问题。因为只有此在——人的生存才能理解存在,只有人才能提出存在的意义问题,所以讨论存在问题必须从分析此在的生存结构和存在方式——此在的历史性入手。

晚年海德格尔对自己早期的历史性思想提出了批评,因为早期的历史性其实还是人的历史,是一种人类中心主义(人道主义),并没有真正克服传统形而上学的弊病。对晚期的海德格尔来说,历史就是存在本身的历史。"存在的历史既不是人和人类的历史,也不是人与存在者和存在的关联的历史。存在历史乃是存在本身,而且只是存在本身。"④并且海德格尔区分了存在者和存在,认为形而上学是关于存在者之为存在者的真理,而不关注存在之为存

---

① 由于狄尔泰的哲学处于现代转型时期,他具有由传统的哲学到现代哲学转型时期的伟大特征:代表了现代哲学从本我论向社会理论(历史理论)的转型。所以,狄尔泰的哲学应该引起足够的重视。详细的论证参见倪梁康:《自识与反思》,商务印书馆 2002 年版,第 313—338 页。

② 参见海德格尔:《存在与时间》,生活·读书·新知三联书店 2006 年版,第 425 页。

③ 参见海德格尔:《存在与时间》,生活·读书·新知三联书店 2006 年版,第 447 页。

④ 参见海德格尔:《尼采》,商务印书馆 2002 年版,第 1143 页。

在的真理即存在本身。自柏拉图以降的整个传统西方形而上学是"存在之被遗忘状态"的历史，是形而上学的存在历史。所以是他主张回到古希腊形而上学之前的"存在"。在海德格尔的思想发展史中的确有这种"转向"（从"此在的历史性"到"存在的历史"的转变），伽达默尔在《真理与方法》中也敏锐地察觉到了这一点："使海德格尔提出存在问题并因而走向与西方形而上学相反的问题方向的真正先驱，既不能是狄尔泰，也不能是胡塞尔，最早只能是尼采。"①可谓一语中的。在海德格尔后期的大量著作中，论述尼采的部分占了很重要的位置，这主要体现在两卷本的文集《尼采》和《路标》等一系列论著当中。

尽管海德格尔的思想中存在着这种"转向"，但是在伽达默尔看来，这种转向并没有偏离其早期论著《存在与时间》所确定的"存在问题"的主题。海德格尔对此在历史性的分析，目的是为了普遍地重新提出存在问题。"由于海德格尔重新唤起存在问题并因此超越了迄今为止的全部形而上学，因而他不仅避免了历史主义的绝境，而且还获得了一种根本不同的立场。"②这种新的立场就是伽达默尔所谓的历史诠释学。

伽达默尔的历史诠释学是通过批评历史主义的历史客观主义而阐述自己的"历史性"的思想的。历史主义一味地追求历史事实的客观性和历史科学所具有的与自然科学同样的客观有效性，忘了反思它自己的历史性，这是历史客观主义的认识论和方法论的"天真幼稚"。不管是认识者还是被认识的对象，都不是本体论上的"现成事物"，而是"历史性的"，即它们都具有历史性的存在方式。③ 历史是人无论如何都无法超越的东西，人的历史性就是人的本体论规定，这是历史理解的基本前提。因此，历史理解并非是站在历史之外进行的一种方法论操作，也不是认识论的主客体相互作用的过程。而"理解是人类生命本身原始的存在特质"④。这样，历史就不是一个与主体相对的客体或对象，而是作为生命本身的历史。

从作为生命本身的历史出发，就会避免狄尔泰等人的历史客观主义的困

---

① 伽达默尔：《真理与方法》，上海译文出版社 2004 年版，第 334 页。
② 伽达默尔：《真理与方法》，上海译文出版社 2004 年版，第 336 页。
③ 参见伽达默尔：《真理与方法》，上海译文出版社 2004 年版，第 387、339 页。
④ 参见伽达默尔：《真理与方法》，上海译文出版社 2004 年版，第 336 页。

境。前面已经指出,狄尔泰的重大贡献是在于提出了"作为生命的历史";然而,一方面他的生命概念类似于黑格尔的精神概念,另一方面又首先是从认识论的角度来寻找历史知识,最终把历史变成了方法论的对象,从而陷入自身理论的困境,也就是伽达默尔揭示出的历史主义的困境——科学和生命哲学的冲突。伽达默尔在这里正是通过历史诠释学的原则"历史性"来克服这种困境。① 而且"历史性"原则还从根本上否定了任何的历史主观主义(以黑格尔的历史主观主义为典型代表),因为历史是我们存在的命运,也是意识的先决条件,那么历史也就不是人的主观意识的构造。可见伽达默尔要克服的是以往所有的历史认识中的主客二分模式。他认为,19 世纪的德国古典解释学和形形色色的历史主义理论虽然表明人文科学(精神科学、历史科学)的独立性和合理性,但由于接受了以主客体相对立为基础的主观与客观的区分,就把人的历史性、存在的历史性作为阻碍获得客观真理的东西加以排斥和否定掉了。② 所以,他基于历史性的原则,主张历史认识的主客体的统一,为此他才提出了历史理解的历史性——视域融合、效果历史等——著名的论断。

　　一言以蔽之,历史主义和历史性的关系可以表述为:历史性作为本体论的原则,是作为克服历史主义的认识论、方法论困境而提出来的。尤其是,"历史性"的解释学原则解决了历史主义面临的认识论困境(客观性问题)。

三、历史性与相对主义

　　通过文本研究可以知道,在施莱尔马赫和黑格尔的著作中就已经有了"历史性"这一概念。后来狄尔泰以及友人约克伯爵使其成为哲学思维的一个主导概念。进入 20 世纪上半叶,尤其是通过海德格尔等人,"历史性"逐渐成为哲学的一个基本概念。当代现象学学者布尔就指出:"发现历史性被当作欧洲精神的特征之一"③。作为西方近代以来深厚的历史主义思想传统发

---

① 伽达默尔对狄尔泰为代表的历史客观主义更精彩的批评参见他的论文《诠释学和历史主义》(伽达默尔:《真理与方法》下卷,上海译文出版社 2004 年版,第 682 页)。
② 相关的材料分析和论述参见张汝伦:《历史与实践》,上海人民出版社 1995 年版,第 68、74 页;严平:《走向解释学的真理》,东方出版社 1998 年版,第 123 页。
③ 布尔:《从现象学到解释学》,中国社会科学出版社 1994 年版,第 99 页。亦参见欧托·柏格勒:《海德格尔晚期著作中的历史性概念》,《德国哲学论文集》第 14 辑,北京大学出版社 1995 年版,第 216 页。

展和演进的思维结果,"历史性"不可避免地带有历史主义的相对主义的思想基因。

接下来顺理成章的问题是:海德格尔的历史性是否就是历史主义困境的出路呢? 西方学者们对此并不赞同。伽达默尔把海德格尔的历史性称为"第二层次的历史主义",理由是:"海德格尔已认识到,人类根本不能逾越作为相对主义的及作为所有人类关系之过渡性的历史主义,因为这种历史主义根植于此在的运动中。想去克服这种历史主义是没有意义的,人们必须更多地把它视为原则:唯一确定的,便是关于此在之不确定的知识,甚至是此在之历史性的不确定知识。第二层次的历史主义,即历史性理论,也只是作为相对主义的历史主义之一种反省的、深思熟虑的形态。"①海德格尔早期的"历史性"思想是作为反思历史主义的问题和试图解决历史主义困境而提出来的,可以看做是历史主义的一种反省和深思熟虑的形态。问题是,这种形态会不会导致一种相对主义乃至虚无主义呢? 而在列奥·施特劳斯的眼里,恰恰是。

施特劳斯区分了理论的历史主义和激进的历史主义("存在主义"的历史主义)。前者指的就是以兰克为代表的历史学派,后者则意指海德格尔。那么,海德格尔是怎么和历史主义联系在一起的呢? 对施特劳斯来说,历史主义和海德格尔的存在主义是一回事。而存在主义,在施特劳斯看来,乃是这样一种思想:"理解与行为的所有原则都是历史性的,也就是说,它们的根据无非是无根基的人类决断或者命运裁决:科学原非唯一的真正知识,它终究只是多种多样的世界观中的一个形式而已,所有这些形式都具有相等的尊严。既然存在主义认为所有的人类思想都在刚才指出的意义上是历史性的,存在主义必定把政治哲学当作彻底非历史的哲学加以拒斥。"②施特劳斯认为海德格尔的哲学没有给"政治哲学"留下空间,因为这个空间被留给了某些已知或未知的"神祇"。在施特劳斯看来,西方现代性的"历史观念"发展到海德格尔的"时间"概念,正是堕入了最彻底的虚无主义,因为如果一切都只是由"命运"决定的无法把握的"绽出时刻",那么人的一切选择就都只能是"盲目的选择",人被免除了选择善恶与是非、好坏与对错的责任,因此"我们不可能再作

---

① 参见舒尔茨:《诠释学中的历史主义之争》,《哲思》(香港)1999 年 8 月第 2 卷第 2 期。

② 施特劳斯:《作为严格科学的哲学与政治哲学》,载贺照田主编:《西方现代性的曲折与展开》,吉林人民出版社 2002 年版,第 103 页。

为有责任的存在者而生活",这表明"虚无主义的不可避免的实践结果就是盲目的蒙昧主义"。①

　　施特劳斯把海德格尔称为历史主义者一个很重要的原因,是在海德格尔早期思想中缺乏政治哲学的维度。其实这种批评影射着海德格尔在纳粹时期的丑闻。同样,海德格尔的哲学里面也没有伦理学的维度。在施特劳斯眼里,政治哲学的维度是和伦理学联系在一起的。关于海德格尔《存在与时间》里伦理学维度的缺失,他自己在《关于人道主义的书信》中作出了明确的回答:存在论和伦理学,原本并不像在近代以来那样被看成是完全不同的学科或概念,而是原始统一的。存在揭示了自身真理的同时,也揭示伦理学的可能性。据海德格尔的考察,伦理学(Ethik)一词源自(Ethos),意思是"居留"即存在的真理在人的存在中得以揭示自己的所在。既然"伦理学深思人的居留,那么把存在的真理作为一个生存着的人的原始的基本成分来思的那个思本身已经是原始的伦理学"②。因此,伦理学和物理学(关于"自然"之学)一样都应该根据存在的真理、人原初的自由的可能性来理解。而且后期的海德格尔不再执著于早期的"此在"的存在论,而是强调存在之思以及向"自然"和前苏格拉底思想的回归,都说明了对其早期哲学中历史相对主义倾向的克服。

　　把海德格尔的"历史性"视为历史主义甚至虚无主义的不止列奥·施特劳斯一人,美国学者伊格尔斯也持有同样的观点。他通过考察思想史指出:海德格尔在《存在与时间》提出的"历史性"概念,否认历史有其自身的客观的存在,标志着对古典历史主义的否定。在他看来,"人没有本质,而只有存在。这种存在将他置于此在之中,在这里他不断地面临着各种决断。人类存在的一个特性就是死亡的现实性。意识到导向死亡的他的存在的有限性,人的内心就充满了烦和畏,这就迫使他对自己做出界定。然而人并没有可以据以为自己确定方向的客观价值。"③人只能自由地根据具体的历史处境作出决断,在这种情形中,人面对的不是一种历史,而是各种历史的可能性。个体不是基于过去客观发生的历史,而是他面向未来时作出的决断来创造历史。于是,历史

----

① 参见施特劳斯:《自然权利与历史》,生活·读书·新知三联书店 2003 年版,"导论"第 6 页。

② 海德格尔:《关于人道主义的来信》,《海德格尔选集》,上海三联书店 1996 年版,第 398 页。

③ 伊格尔斯:《德国的历史观》,译林出版社 2006 年版,第 333 页。

主义就此彻底走向了其道路的尽头:最终的永恒的价值和意义消解了。遗留下来的一切不过是历史性、时间性和相对性的东西。倘若一切真理和价值都是历史性的和相对性的,那么历史就不存在什么终极的意义,历史走向了虚无主义。

我们不想再对伊格尔斯的观点作出过多的评价,在这里只是想指出:把海德格尔的早期观点看成是一种"激进的历史主义"和"存在论的历史主义",只是以《存在与时间》中的历史性为依据来作出结论的,没有把历史性思想放在海德格尔整个思想脉络中来把握。我们赞同伽达默尔把历史性称为历史主义的"深思熟虑的一种形态"的说法。当然,伽达默尔是从维护自己的解释学合法性的角度来为海德格尔进行辩护的。

伽达默尔的解释学是否也会导致一种历史的相对主义甚至虚无主义? 我们知道,伽达默尔的由《真理与方法》开创的解释学是对方法论的客观主义,尤其是以狄尔泰为代表的历史主义的客观性的批评。在《真理与方法》发表以后,伽达默尔主要遭到来自坚守客观主义传统的意大利法律史家贝蒂和美国文学史家赫施等人的批评。站在捍卫客观主义的立场上,他们对伽达默尔真理观中的相对主义和虚无主义倾向进行了批判。其实,以方法论上的客观性的缺失来推断伽达默尔的解释学立场是有问题的,因为双方的争论实质上是方法论和本体论之争。

伽达默尔继承了海德格尔的解释学本体论的思路,确立了解释学作为以理解为核心的哲学的独立地位。在海德格尔那里,"历史性"从本体论(存在论上)深刻地揭示出了人的生存的境遇,具有生存论的意味。而伽达默尔在此基础上,提出了解释学的本体论,即:理解是"构成此在之有限性和历史性的基本运动的存在"。因此,他从本体论的视角对贝蒂等人的指责作出了强有力的辩护:哲学解释学的意图不是提供解释的具体方法和技巧,而在于探寻所有理解方式的普遍性,即追问理解怎样得以可能?"这是一个先于主体性的一切理解行为的问题,也是一个先于理解科学方法论及其规范和规则的问题。我认为海德格尔对人类此在(Dasein)的时间性分析已经令人信服地表明:理解不属于主体的行为方式,而是此在本身的存在方式。本书的'解释学'概念正是在这个意义上使用的。它标志着此在的根本运动性,这种运动性构成此在的有限性和历史性,因而也包括此在的全部世界经验。"①

----

① 伽达默尔:《真理与方法》,上海译文出版社 2004 年版,第 4 页。

伽达默尔的哲学解释学从本体论的立场上试图超越客观主义和相对主义，而是否成功地超越二者，批评者们却不以为然。理查德·伯恩斯坦就指出："伽达默尔对于客观主义所作出的始终如一和多侧面的批评是很明显的，但他是否完全摆脱了相对主义或许更成问题。不过伽达默尔的哲学解释学对各种相对主义观点也像对客观主义观点一样，是持批评态度的。……相对主义最终是作为客观主义的辩证反题而获得其意义的。一旦我们看透了客观主义，一旦我们揭露出这一思维方式和错误所在来，我们也就对相对主义的可理解性产生疑问了。"①批评者之所以得出这种结论，其实隐含着一种预设。即：客观主义（绝对主义）和相对主义是一体两极，既然质疑客观主义，那么相对主义不可避免。所以，伯恩斯坦才提出来要诉诸于对话的共同体来超越客观主义和相对主义，并称之为是实践的任务。其实从伽达默尔后期学术的努力来看，他开始试图改变这种相对主义的倾向了。因为他在晚期始终强调人是生活在共同体（语言共同体或对话共同体）中，共同体的人首先需要达到相互理解和相互认同以致形成共同感，这样才能保证共同价值、共同习俗，甚至共同真理的产生。②

所以说，在伽达默尔的思想发展中存在着一种从本体论到价值论的转向。这恰恰说明富有本体论意蕴的"历史性"，并不足以克服现实生活实践中的价值相对主义乃至虚无主义。前面提到的海德格尔的"历史性"为什么会遭到那么多人的质疑，恐怕与他对"历史性"的抽象和思辨的表达方式不无关系，以至于许多批评者拿他和纳粹之间扯不断的牵连来说事儿。③ 当然，我们认为海德格尔对虚无主义（也包括相对主义）的诊断是深刻的，是从西方哲学发展的根子上（存在的历史）揭露了虚无主义的本质。海德格尔和尼采一样，经受了这样一种虚无的洗礼，但这并不表明他就是虚无主义的。他说过，欧洲虚无主义的根子在于柏拉图以来的西方两千多年的形而上学传统，树立这样一个形而上学的偶像本身就是虚无主义的，而敢于直面这种虚无，则体现了海德格尔存在的勇气和思考的虔诚，怎能说他是虚无主义的呢？

---

① 理查德·伯恩斯坦：《超越客观主义相对主义》，光明日报出版社 1992 年版，第 211 页。
② 参见严平：《走向解释学的真理》，东方出版社 1998 年版，第 265 页。
③ 尤其以理查德·沃林、列奥·施特劳斯等人的观点为典型，参见沃林：《存在的政治：海德格尔的政治思想》，商务印书馆 2000 年版，也参见张汝伦在《德国哲学十论》（复旦大学出版社 2006 年版）中的详细论证。

　　历史主义发展到历史性,在价值论上确有陷入相对主义和虚无主义之苦。一方面是由于世界的祛魅,历史主义背后的形而上学信仰遭到质疑和瓦解;另一方面也说明存在论被价值化了,按照海德格尔的看法,价值哲学的出现本身就是例证。

第三章　历史主义的危机与价值相对主义

认真审查历史主义理论本身的逻辑,我们发现它是自相矛盾的:如果历史主义本身的逻辑为真,那么把这种逻辑应用于自身就会得出这样的悖论——历史主义理论本身也只是暂时性有效的。进一步说,如果不超越历史,不把握住某种超历史的东西,我们就无法看到"一切"思想(包括历史主义本身)的永恒有效性。超历史的东西,对于历史主义来说就是其所依赖的一种信仰即历史是有意义的。古典的历史主义避免了相对主义,就是因为它把历史的意义维系于超验的上帝或者说对超验形而上学的信仰。但是这本身就是个悖论——历史主义的逻辑本身就是方枘圆凿,注定逃脱不了失败的命运。一旦信仰的神圣性力量被否定,"历史性"就进一步被激化,于是相对主义便泛滥开来,甚至进一步发展为虚无主义。

第一节　历史意义的丧失

坚信历史是一个有意义的发展过程,是历史主义的坚强信仰,也是使其克服相对主义的强心剂。然而 19 世纪自然主义世界观的兴起以及科学理性和历史科学发展的不断挑战,使得这一信仰变得逐渐缺乏说服力,历史主义的唯心主义哲学传统也随之消亡。与此同时,历史的意义丧失了它过去曾有的神圣和庄严,神学也遭遇到了历史研究方法前所未有的诘难。

一、世界的理性化

自然科学和科学理性的发展,是造成历史主义所依赖的信仰前提即历史意义式微的直接原因。按照马克斯·韦伯的观点,意义的丧失就是由于理性化,人们无法对世界、历史作整体的把握,无法提供对历史和人生的终极意义的解释。

理性化就是世界的祛魅(disenchantment),它是"这样的知识或信念:只要人们想知道,他任何时候都能知道;从原则上说,再也没有什么神秘莫测、无法计算的力量在起作用,人们可以通过计算掌握一切。而这就意味着为世界祛魅。人们不必再像相信这些神秘力量存在的野蛮人那样,为了控制或祈求神灵而求助于魔法。技术和计算在发挥着这样的功效,而这比任何其他事情更明确地意味着理智化(理性化)"①。因此,"理性化"式的祛魅造成了宗教世界图景的瓦解,或者说是世俗化。同样尼采也洞察到了理性主义和精密计算对于传统的"维系着世代和谐和持久意义的纽带"的摧毁。② 在前现代社会,人们相信世界是一个有意义的体系,在传统社会人们的意识深处,"包含着世界作为一个宇宙秩序的重要宗教构想,要求这个宇宙必须是一个在某种程度上安排得有意义的整体,它的各种现象都要用这个要求来衡量和评价"③,世界上各种事件或世界万物的安排都有其内在的根据和理由,都可以在某种神圣的秩序里发现和决定自己的位置。人生活的意义和价值来自对这种神圣秩序的依赖,而现代社会理性化的发展,尤其是工具理性的膨胀将这种旧的秩序一扫而空,人类社会不再立足于神圣的秩序或上帝的意志。与之相应的是,社会的安排交付于工具理性的尺度——追求效率和效益。

宗教图景的瓦解、社会的世俗化似乎是 19 世纪末整个欧洲的征候。当然这要归结为自然科学的发达、科学理性的张扬以及现代社会的理性化。理性化不仅是社会历史的发展过程,也可以说是渗透于西方人整个生活世界的原则。它表明现世的生活世界的意义不再绝对地维系于超验宗教领域的预设,用马克思的话说就是:"彼岸世界真理的消逝"。那么随之而来的问题是,现世的科学理性能够提供关于世界和人生的终极意义的解释吗? 或者用马克斯·韦伯的自己的话发问:"这个在西方文化中已持续千年的除魅过程,这种科学既隶属于其中,又是其动力的进步,是否有着超越单纯的实践和技术层面

---

① 马克斯·韦伯:《学术与政治》,生活·读书·新知三联书店 1998 年版,第 29 页。

② 参见丹尼尔·贝尔:《资本主义文化矛盾》,生活·读书·新知三联书店 1992 年版,第 49—51 页。

③ 马克斯·韦伯:《经济与社会》上卷,商务印书馆 1997 年版,第 508 页。

的意义呢?"①马克斯·韦伯借用列夫·托尔斯泰关于死亡是否有意义的回答方式,明确指出科学没有给我们提供关于"应当如何生活"的答案。因此,总的看来,科学理性的作用是有限的,自然科学家们"倾向于从根底上窒息这样的信念,即相信存在着世界的意义这种东西"②,即科学理性不能解决终极意义问题。可见,马克斯·韦伯给后人留下了一道难题:科学理性和终极意义的二元论。

二、神学的历史化

启蒙运动以来,彰显着"勇敢地运用人类理智"精神的自然科学建立起一种数学理性的世界观,瓦解了超自然的神学目的论世界观,也就是前面韦伯所谓的世界被"除魅"了。与自然科学的形成相媲美并同样具有重大意义的是,由启蒙运动开启的历史研究方法和思想(历史科学)也开始瓦解基督教信仰的传统地位。在这里特别值得提及的是历史的批判研究方法在圣经研究中的应用。在德国,历史批判的圣经研究(historical-critical Biblical scholarship)因大卫·施特劳斯的著作《耶稣传》而广泛流行开来。他把福音故事看成是人们描述其中的时代和处境的不自觉的产物。③ 他对圣经的研究标志着历史科学的胜利,以历史方法的运用作为知识建构的哲学,最终也变成了历史主义,由此造成了对基督教正统的破坏。事实上,他的这种做法引起了历史主义的神学危机。④ 简言之,历史主义的神学危机出现在 19 世纪德国新教神学的圣经研究中,其核心在于:历史批判的研究方法被引入圣经学术之后,坚实的信仰何以可能?

大卫·施特劳斯的圣经研究的历史主义方法遭到了许多的质疑。尼采就

---

① 马克斯·韦伯:《学术与政治》,生活·读书·新知三联书店 1998 年版,第 29 页。

② 马克斯·韦伯:《学术与政治》,生活·读书·新知三联书店 1998 年版,第 33 页。

③ Allan Megill, "Why was There a Crisis of Historicism ——review of *Heidegger*, *Dilthey and the Crisis of Historicism*", *History and Theory*, Volume 36, Issue 3, Oct., 1997, pp. 420 - 421.

④ 之所以造成这种危机,正是因为它威胁了西方神学界自从"宗教改革"以来的那种"回归本源"(ad fontes)(确切地说是路德主张的"回归圣经经典")的信念:由于历史主义强调要由"历史自身"来看历史,因此否认了任何具有"历时性"的"本源"存在;纵然"本源"真的存在,即便假设《圣经》的编纂过程中均无任何后人篡改伪造之处,但这种《圣经》终究也只有记录历史的价值,对于今人完全没有其他意义。于是,历史主义若不是否认了"本源"的存在,就是否认了"回归本源"的可能性。

在《历史对于人生的利弊》对历史主义（历史实证主义）提出了抨击。① 尼采（Friedrich Nietzshce）形象地指出 19 世纪的德国思想界正患有一场恶性的历史狂热病，其表现就是对历史知识的过分迷恋，从而使生命消解于纯粹客观的历史知识当中，丧失了为生活、为生命服务的功用。历史意识（历史感）如果不受约束地起支配作用，它的最终结局将摧毁包括现在和将来在内的一切，像宗教这样一种需要绝对地去爱的东西，一旦变成了历史知识，信仰的力量也就消散了，宗教就将走向毁灭②，宗教不再是活生生的信仰或意义，一切都在历史化的情况之下，最终导致了历史主义的危机。

与其说尼采看到了历史主义的"危机"，不如说是看到了历史主义的神学危机，正如特洛尔奇（Ernst Troeltsch）所指出的："一旦历史方法运用于圣经学术与教会历史，它是一种改变所有事物的酵素。最终它将抛弃所有至今仍然采用的神学方法和体系。"③在特洛尔奇看来，现代史学（历史主义）比自然科学更为严重地构成了对基督教信仰的威胁。各种历史比较研究逐步破坏了基督教作为唯一纯正的宗教的特殊地位。基督教地位的绝对性丧失了，历史学取代了神学，基督教学术的独特性不再是因为它采用排他性的超自然主义作为基础，它的独特性只剩下其对象的内容，基督教成了宗教史上的一支。可见，历史学将基督教信仰历史化了，由此造成了历史主义的神学危机。质言之，历史主义的神学危机就是宗教信仰和历史知识之间的矛盾和冲突。这就是特洛尔奇思索问题的起点，也是其一生致力于调和二者之间的关系、克服历史主义危机的关键之处。

为了克服历史主义危机，特洛尔奇既不同意李凯尔特所提出的先验价值结构以及文化中的价值关联，因为它无助于解决在历史中寻找客观价值的问题；又不同意韦伯主张社会科学方法论与知识论的价值中立，因为它根本就无法给出一种意义的指引，也不能帮助我们在不同价值中作出选择与取舍，结果

---

① 《历史对于人生的利弊》是尼采《不合时宜的沉思》一系列中的第二部分，值得注意的是，尼采在《不合时宜的沉思》的第一部论著即是对以《耶稣传》一书著称的大卫·施特劳斯（David Friedrich Strauss）为批判的对象。参见尼采：《不合时宜的沉思》，李秋零译，华东师范大学出版社 2007 年版。

② 参见尼采：《不合时宜的沉思》，华东师范大学出版社 2007 年版，第 195—196 页。

③ Ernst Troeltsch, *Christian Thought: Its History and Application*, ed. by F. Huegel, New York, 1957, p. 106. 中译文参见特洛尔奇：《基督教理论与现代》，华夏出版社 2004 年版，第 110 页。

还是导致了价值的相对主义。为此,他提出了一套独特的解决办法,即从历史本身之中而不是在历史之外寻找超验的价值和规范。卡洛·安托尼深刻地指出了这一点:"正因为特洛尔奇期望从历史自身中得出基督教具有超历史和绝对特征的证据来,所以他现在提出要从历史中得出克服漫无限制的历史主义的解毒剂,也就是要在其历史形成过程得出西方文明的绝对性的证据。"①因此,特洛尔奇寻求"用历史克服历史",从经验性的历史中抽绎出来价值与规范,并以此规范的历史性决定来克服历史主义所带来的漫无限制的相对主义。

其实,特洛尔奇试图调和历史知识和宗教信仰的冲突,这也只有在信仰的基础上才能够做到。可见,在他的努力中出现了深刻的矛盾和内在困境。一方面,他表达了历史主义在逻辑上和伦理上所面临的难题即历史方法不可回避,以及由此而导致的现代伦理价值的崩溃。另一方面,他拒绝接受历史主义方法合乎逻辑导出的漫无限制的相对主义。因此,他对于要在一个变动不居的世界之中寻找真理有效性这一无法解决的难题的答案就是宗教性的。他说基督宗教"乃是我们所能得知的最崇高和最神圣的启示,它具有最高的效力"②。换言之,由于历史再也无法提供我们绝对性宗教的理由。但是,当历史"对我们来说是有效的",正是通过规范性使基督宗教的"绝对性"获得保持。值得注意的是,特洛尔奇所说的"有效"不会因为存在着其他宗教的选择而归于无效。基于历史,使所有绝对性无地自容,因此绝对性的事物再也无法把握,上述所说的"规范"正是激进化的相对主义所造就的相对性事物的先验意义,于是进入了个体决定和信仰领域,是个人的虔信决定了这种规范。因为他认为,神学家的任务就是要有前提地深入历史现象,将各种宗教及其种种规范加以互相比较,当然其目的就是从中引出价值和规范。在历史相对性之中可以呈现出超越历史的绝对性的一面,基督宗教正是在"信仰"的规范意义下重新界定绝对性。

可以看出,特洛尔奇对于历史主义的克服不是超越而是接受,他只不过是把从德国莱布尼茨到歌德一个伟大的精神运动的新生命原则应用于历史观。

① Carlo Antoni, *From History to Sociology*, London: Routledge, 1998, pp. 76-77.
② Ersnt Troeltsch, *Christian Thought: Its History and Application*, ed. by F. Huegel, New York: Meridian Books, 1957, p. 21.

特洛尔奇所承受的历史主义,其核心思想即是梅尼克在《历史主义的兴起》中所说的——对于历史上人类的精神和价值,必须具有一种个体化而非普遍化的观察。这并不是说历史主义完全摒弃对人的普遍价值的追求,但它在最重要的意义上是被个体性所渗透,这种个体性即是个体的特性。基于上述之理由,特洛尔奇把历史主义个体性的形成和发展理解为与宗教改革的个体信仰取得一致。而且,通过18世纪德国精神史上的虔敬派运动,更是强化了个体在信仰上取得"绝对"的意义。①

虽然特洛尔奇走的是"用历史克服历史主义"的路子,但是连他自己也不得不承认,我们根本不可能从历史中得出明确的伦理标准。既然在历史"之内"找不到不变的价值,它又如何给我们指出伦理的标准呢? 1923年,特洛尔奇在准备前往英国伦敦演讲的前夕,却因感冒引起的肺呼吸栓塞猝然去世,留下了未刊发的演讲稿。别人将他的遗稿以《克服历史主义》为题出版,这就给后人留下了一桩憾事乃至世界性难题——历史知识和宗教信仰的冲突如何解决?②

第二节　世界观与价值相对主义

历史主义不仅仅是一种方法论,而且表征着一种世界观。研究"历史主义"的美国学者兰德(Calvin G. Rand)认为,"如果体现了历史主义概念的历史说明的方法扩充其应用范围而应用到人类对于整个世界的看法上,那么就可以把历史主义当做一种世界观。这是历史主义在欧洲众所周知的含义"。特洛尔奇称之为"我们对丁精神世界的全部知识与经验的历史化"(historicizing of our knowing and experiencing)。当特洛尔奇谈到历史主义的危机时,他所指的无疑是一种世界观。正如一位评论者所说的:"这是以历史为根据的世界

---

① 以上论述请参见曾庆豹:《基督宗教学术作为一种志业》,载罗秉祥、江丕盛主编:《大学与基督宗教研究》,香港浸会大学中华基督宗教研究中心2002年版。

② 此外更加详尽的论述也可以参阅伊格尔斯在《德国的历史观》中对特洛尔奇的介绍。值得指出的是,中文学术界对特洛尔奇的研究刚刚起步,由于刘小枫先生的引介,国内学者也逐渐了解特洛尔奇的思想。目前大陆只有刘小枫的编选节本《基督教理论与现代》,由华夏出版社2004年出版。据刘小枫本人介绍,特洛尔奇的代表作《克服历史主义》也即将翻译出版,这将会大大推进对特洛尔奇及其历史主义问题的研究。

观的危机,是整个文化的危机。"①世界观与价值观息息相通。一般认为,世界观是指对于我们周围的世界和人在世界中的地位的一种统一而总体的看法。英文"world view"一词形象地表达了这种含义。历史主义的世界观将人类所有的经验历史化了,不存在历史以外的价值标准,于是便出现了价值相对主义的后果。

一、世界观与知识社会学

前面已经提到,历史主义是一种世界观。1924年,曼海姆在其著名的《历史主义》一文中就写道:"历史主义已经发展成为一种非凡意义的理智动力,它是我们世界观的集中体现。"②一般认为,世界观指的是人们对生活于其中的世界的一种总的观点。哲学意义上的世界观概念最早是德国哲学家康德提出来的,意指人们对世界的感性知觉。到了19世纪,世界观概念逐渐在欧洲各个学科领域开花结果。③饶有趣味的是,谈论世界观概念的思想家,往往是与其论述历史主义相关的。许多人直接就把历史主义作为一种历史的世界观(historicist worldview)。譬如,研究历史主义的学者就直接指出:历史主义不仅是历史学家进行历史研究的一种方法论,而且是一套独特的生命哲学、历史哲学和世界观(Weltanschauung)。④伊格尔斯也认为:"历史主义不止是一种历史理论而已,它包含有一整套人生哲学、一种科学观(而尤其是人文科学与文化科学的科学观)与一种政治社会秩序观的独特的结合。"⑤

在德语中,"世界观"理论主要是由洪堡提出来的,意指社会群体性(民族、种族、文化圈)的"直观世界"和划分直观给予性和价值给予性的各种不同的形式。⑥狄尔泰把这一人类学含义的概念提升为人文学的一个基本概念,

---

① C. G. Rand, "Two Meanings of Historicism in the Writings of Dilthey, Troeltsch, and Meinecke", *Journal of the History of Ideas*, Volume 25, Issue 4, Oct. Dec., 1964, p. 511.
② Karl Mannheim, "Historicism", Essays on the sociology of knowledge, ed. Paul Kecskemeti, London, 1968, p. 84.
③ 参见大卫·诺格尔:《世界观的历史》,北京大学出版社2006年版,第60—74页。
④ Cf. C. G. Rand, "Two Meanings of Historicism in the Writings of Dilthey, Troeltsch, and Meinecke", *Journal of the History of Ideas*, Volume 25, Issue 4, Oct. Dec., 1964, pp. 503 – 518.
⑤ 伊格尔斯:《二十世纪的历史学》,山东大学出版社2006年版,第29页。
⑥ 参见舍勒:《哲学与世界观》,上海人民出版社2003年版,第26页。

以此来考察历史中的哲学,并把传统哲学中的纷争转换成世界观的类型问题,试图克服历史的相对主义。而到了马克斯·舍勒那里,世界观理论进一步转换成为知识社会学问题。在古典知识社会学的发展中,历史主义的世界观是其理论的重要渊源。

受到历史主义世界观浸染的知识社会学,也努力试图避免相对主义问题,尤其以舍勒、曼海姆为典型。舍勒为了在一个相对的世界中寻找绝对的意义,他诉诸于一种颇为传统的绝对主义价值:"我们通过把与人类的基本思想相一致的思想和价值的绝对范畴抬高到远远超过现实的历史价值系统之上来避免相对主义,例如通过审察关于动产、结局的全部规则,通过考查人类社会在伦理、宗教、法律和相应的、受历史学和社会学的观点制约的艺术的各种规则。我们维护的永远只是客观的理性思想。"①可见,舍勒的绝对主义思路承认:存在一个与种种历史相对的文化理念不同并超越它们的一种绝对的理念范畴。与此相对应,他的知识社会学理论界定了两种不同的理念或思想:一是每一历史时期中的思想,即具体的历史中的世界观,他们属于相对性的理念之域;二是理念的自在之域,它有其不依赖于历史社会之嬗变的独立结构。知识社会学只对前一个界域有效,由此,知识社会学认可理念或思想的历史相对性。从方法论上讲,纯粹理念的界域可通过现象学的认知法则去探讨;而对理念的历史相对性分析,则由知识社会学的认知原则来承担,它应是一种综合的文化知识社会学。②

从上述分析可以看出,舍勒为知识社会学的效能范围作了一种限制,更为重要的是他预设了纯粹自在理念之存在,也就是说承认超历史的绝对理念之存在。由此舍勒先验现象学的理论背景可见一斑。知识社会学理论的另一重要代表人物曼海姆则拒绝舍勒式的自在理念的命题,拒绝认识论和本体论上的二元论;认为理念的超历史—社会的校准是形而上学的唯心主义:"对一个本身有效的真理领域的假定,就是打算为认识行为做同样的事,作为更远的观念,或者就是这种先验论为本体论领域中的二元论形而上学曾做的事,也就是说,假设一个不带有其起源痕迹的完美领域,一切事件和过程用它来衡量都将

① 舍勒:《文化社会学导论》,载《舍勒选集》,上海三联书店 1999 年版,第 1079 页。
② 参见刘小枫:《现代性社会理论绪论》,上海三联书店 1998 年版,第 269 页。

显示为是有限的和不完全的。"①

为了避免历史相对主义,曼海姆的知识社会学主张"知识的存在决定"或
"知识的存在相关性",即思维受社会或存在决定。他由此将其进一步发展为
"相关论":"把个体的思想与一个特定的历史—社会主体的整个结构联系起
来,这不应当与哲学的相对主义混为一谈,后者否定任何标准的效力和世界秩
序存在的效力。……不是任意的相对主义,而是相关论才适用我们的
讨论。"②

曼海姆的"相关论"的特色之处在于他试图与相对主义划清界线,并用
"视角"来分析知识社会学的理论前提:"相关论并不表明在讨论中没有正确
与错误的标准。然而,它坚决认为,由于某种断言的性质,它们不能被绝对地
阐述,而只能从一个特定社会地位的视角来阐述。"③"视角"表示一个人观察
事物的方式并在思想中构建他所观察到的东西。由于每个时代的人们存在着
对事物的不同看法,因此每个时代都以一种新的不同视角来看待同一事物。
既然是对待同一事物的"视角"不同,会不会导致一种相对主义呢? 为此,曼
海姆用"景观"(视角)赋予相对主义一个合理化的限制结构,并试图获得一种
社会知识及其客观性:"问题不在于试图掩藏这些视角或为之辩解,而在于调
查为何在承认这些视角的情况下仍然取得知识与客观性。从空间物体可视的
景观中,我们在本质上只能取得一种受视角限制的景观,这并非是错误之源。
问题不在于我们怎样得到不受视角限制的景观,而在于怎样可以通过把各种
观点并列起来,把每一视角都作为是视角本身,由此获得新水平的客观性。"④

可见,曼海姆的确拒绝了超验的理念论,而是力图在各种实在的观点结构
中平衡各种"视角"和"观点";最终在人类视角的范围内,在共同的历史—社
会共同体中寻求一种社会知识及其客观的可能性。

但是曼海姆的知识社会学理论所主张的"视角"及其"相关论"思想,被西
方学者们批评混淆了知识和知识的产生过程,陷入了"曼海姆悖论"
(Mannheim paradox),并没有真正摆脱相对主义。我们看到,他基于"视角"的
知识社会学的确反映了历史主义的世界观与"视角主义"有着某种内在的关

---

① 曼海姆:《意识形态与乌托邦》,商务印书馆 2000 年版,第 302 页。
② 曼海姆:《意识形态与乌托邦》,商务印书馆 2000 年版,第 288 页。
③ 曼海姆:《意识形态与乌托邦》,商务印书馆 2000 年版,第 288 页。
④ 曼海姆:《意识形态与乌托邦》,商务印书馆 2000 年版,第 302 页。

联。B. 费伊在《当代社会科学的哲学》一书中曾对"知识"和"视角主义"的关系做了一个经典性的说明："视角主义是当代理智生活的占统治地位的认识论方式。视角主义是这样一种观点，它认为一切知识本质上都是带有视角性的，也就是说，知识的要求和知识的评价总是发生在一种框架之内，这种框架提供概念手段，在这些概念手段中并通过这些概念手段，世界得到了描述和解释。"①

因此，不难发现历史主义作为世界观内在地就蕴涵着相对主义的因素。在一定意义上，世界观也蕴涵着一种视角主义。"和世界观一样，视角主义的重心是个人对所有可能的对象——包括宏观世界在内——的独特解释，因为某人对'世界'的看法，很有可能就是他的世界观"。视角主义认为，人们总是从某个视角来理解世界；这些解释立足于一些基本的看法，正是这些看法使得人们对世界观的理解也不尽相同。可见，世界观和视角主义确有一致之处。像尼采的视角主义思想就与世界观密切相关。从彻底的视角主义立场出发，尼采得出结论是：没有纯粹的事实，只有各种不同的解释、感觉、猜测、意见和直观。因为"我们的思想、价值观念、赞成或反对的态度，以及种种托词，都是我们本性的表现，正如树木必然要开花一样"。② 可见世界观预设了价值相对主义的后果。

二、价值相对主义——历史主义危机的核心

从价值论上看，靠反对启蒙运动的自然法（自然权利）起家的历史主义否定任何普遍、永恒的价值和规范的存在，而且还拒绝使用任何关于"规范性"的概念来研究历史，伊格尔斯称之为"反规范性"。③ 历史主义承认所有的价值都是在某一历史环境的背景下产生的，所有的价值都是独特的和历史性的。在人类历史中，每一个历史个体都体现了神的意志，都有自己的独特的价值和意义，历史的个体并不是混沌的宇宙的反映，而是在历史中展开的历史意义的统一体的丰富的各个方面。由此可见，否定普遍的永恒的真理和价值的历史主义的"个体性原则"虽然潜在着相对主义的危险，但是由于维系于历史意义

---

① 转引自约翰·塞尔：《心灵、语言和社会》，上海译文出版社 2001 年版，第 21 页。
② 大卫·诺格尔：《世界观的历史》，北京大学出版社 2006 年版，第 114 页。
③ 参见伊格尔斯：《德国的历史观》，译林出版社 2006 年版，第 6 页。

的坚定信仰而避免了相对主义。问题是历史意义一旦丧失,历史主义的危机自然暴露无遗,价值的相对主义就会如影相随。由此,有人直接指出历史主义的危机之核心便是价值相对主义。"历史主义"一开始没有引起人们太多的关注,直到 19 世纪末 20 世纪初梅尼克、特洛尔奇等人提出"历史主义的危机"以来,"历史主义"开始为众人所知。他们都认为"历史主义"是一种人类史学观,根据这一史学观,人类的演进取决于各社会、各时代的基本差异,所以也取决于每个时代、每个社会所特有的多元文化价值。用这种多元化价值观进行阐释的结果就是导致价值观上的相对主义。①

所谓价值相对主义,是指一种主张价值的相对性,拒斥价值的确定性和绝对性,最终否定永恒的、普遍有效的价值观念和价值规范的一种哲学观点。简言之,是一种对传统的价值绝对主义的批判和否定。尼采是典型的例子,他从根本上动摇了自柏拉图以来的西方传统文化的价值体系。现代历史观念即历史主义的所引起的价值相对主义已经成为我们这个时代的一大特征。"我们的时代被称为相对主义的时代",绝对的价值和权威被消解了。"历史主义已经以充分的正当理由动摇了所有绝对的、具有重要历史意义的权威,尤其是动摇了一个教会具有的所有那些根植于一个由拯救和善事组成的、绝对的、实证性的具体世界的权威——这是一种一直作为独立的形而上学之主要对手而存在的教会,所以,它本身接下来也由于一种绝对的价值体系为基础的学说,由于同时存在的、以有关属于历史性存在本身之诸本质的历史透视法学说为基础的理论,而失去了效力。"②

正如世界观揭示的视角主义一样,作为历史主义之结果的价值观本身就是相对化的。一种价值的内容来自于一种特定的立场或视角,进而言之,在价值逻辑中,不可能存在包含着一切立场、视角的可能性的价值。即便以价值中立或最高价值的方式出现的价值,也总是不可能包含一切视角或立场,而总是先行肯定了某些价值,同时也否定了另外一些价值。这是价值思想取向的一个最为典型的特质。它表明了价值的逻辑从一开始就预设了价值相对主义的后果。

如果从"价值哲学"本身的概念来理解,价值相对主义也不可避免。"价

---

① 参见雷蒙·阿隆:《论治史》,生活·读书·新知三联书店 2003 年版,第 4 页。

② 马克斯·舍勒:《知识社会学问题》,华夏出版社 2000 年版,第 191 页。

值哲学是一种观点哲学",这些"观点"处在一个纯视角主义的体系内,处在一个坐标体系内。① 对于"价值"一词的含义,海德格尔曾指出:依据尼采的理解,价值在本质意义上乃是"观点"。作为观点,价值是由观看者设定的,而不是某种预先自在地现成的东西。"观点只有通过对这种观看的'指点'(Punktation)才被'指点'(punktiert)为这样一种观点。有效之物所以有效,并不是因为它是一种自在的价值;相反,价值之所以是价值,是因为它有效。它就是这样通过一种对某物的指向而被设定起来的,而这个某物通过这种指向才获得了人们能估计、因而有效的东西的特征。"②简言之,某物是否具有价值、具有多大价值,只能从一个被规定的立场、观点或角度出发,才能被确定。既然价值是一种"观点",那么不同的人从不同的观点出发就会形成不同的价值观,因此难免会有冲突。

价值相对主义突出的表现就是价值之间的冲突,韦伯形象地称之为"诸神之争"。在他眼中,历史意义的丧失,尤其表现为世界的祛魅,历史不再是一个有意义的过程,并且成了无法解决的各种终极价值冲突的战场,即所谓的"诸神之争"。施米特对此做过生动的描述:"价值规定的纯主体性的自由导致价值与世界观之间的一场永恒斗争,一场又是一切人与一切人的战争,一场永恒的所有人反对所有人的战争,甚至霍布斯国家哲学提出的残杀性自然状态,都称得上真正和谐宁静的田园了。古代的众神走出墓穴,继续他们古老的战斗,却失去魔法,并且——如我们今天必须补充说明的——操起新的战斗工具。这不再是武器,而是残忍的毁灭手段和灭绝方法,即价值无涉的科学及其所运用的工业和技术的可怕产物。对于这人为魔鬼,对另一个人来说则是上帝。……煽动着斗争和敌对情绪的,始终是价值。古代的众神失去神奇力量,变成了单纯发挥效用的价值,使斗争变得阴森恐怖,参与斗争者顽冥不化到无以复加。这是韦伯的描绘留下的梦魇。"③

在韦伯看来,理性化和理智化,并且世界的祛魅、宗教信仰的式微,这是时代的命运。谁若不能真正地接受这一命运,他可以回到教堂敞开的怀抱之中

---

① 参见施米特:《价值的僭政》,载王晓朝主编:《现代性与末世论》,广西师范大学出版社2006年版,第124页。

② 海德格尔:《尼采》,商务印书馆2002年版,第737页。

③ 施米特:《价值的僭政》,载王晓朝主编:《现代性与末世论》,广西师范大学出版社2006年版,第122—123页。

找到避难所,然而这样做就会牺牲理智的诚实。韦伯拒绝牺牲理智的诚实,他并不等待宗教的复兴或者是先知和救世主。"然而他确信不疑的是,一切对于事业或理想的献身都以宗教信仰为其根基,因而宗教信仰式微终会导致一切雄心或理想的消亡。他总觉得自己面临着这样的选择:或者是全然的精神空虚,或者是宗教的复兴。对于现代此岸性的非宗教试验他深感失望,然而他依然置身其中,因为他命定要信仰科学——照他所理解的科学。他所无法解决的这一冲突的结果,使得他深信价值之间的冲突不是人类理性所能解决的。"①

　　列奥·施特劳斯认为韦伯的关于价值之间的冲突不是人类理性所能解决的,会导致虚无主义。② 在"拒斥历史的终极意义"这个层面上讲,此话是有道理的,因为韦伯已经远离了历史学派的最重要的根基,他"抵达了与另一个人文主义者、走在通往非理性之路上的尼采所抵达的并非不同的一点上。上帝死了。历史不再是一个有意义的过程,并且成为了无法解决的价值冲突的领地。人们面对着宇宙在道德上的无意义,除了权利意志以外别无他物。由赫尔德、洪堡和兰克发端,还依然活生生地体现在狄尔泰、特勒尔奇甚至李凯尔特身上的唯心主义的历史主义,遭到了韦伯的驳斥"③。于是韦伯放弃了历史主义的使命,认可科学的志业。用他自己的说法,拒绝做先知式的人物,而是做黑夜的守夜人。

　　历史主义到了韦伯这里已经开始出现危机,但历史主义的命题遭到致命的打击,是在第一次世界大战以后。经过第一次世界大战这场浩劫之后,人们失去了对历史终极意义的信念以及关于对历史进行一种客观研究的信念。这种信念的丧失出现在 20 世纪 20 年代的著作当中,包括政治哲学家卡尔·施密特、作家恩斯特·云格尔和当时德国的著述中被贴上"政治决断论者"的哲学家马丁·海德格尔。其中数海德格尔最典型,所以他的学说也被称为"激进的历史主义"、"存在的历史主义"。历史主义就此彻底走向了其道路的尽头:最终的永恒的价值和意义消解了。遗留下来的一切不过是历史性、时间性和相对性的东西。倘若一切真理和价值都是历史性的和相对性的,那么历史就不存在什么终极的意义,它走向了虚无主义。

---

① 列奥·施特劳斯:《自然权利与历史》,生活·读书·新知三联书店 2003 年版,第75—76 页。
② 列奥·施特劳斯:《自然权利与历史》,生活·读书·新知三联书店 2003 年版,第45 页。
③ 伊格尔斯:《德国的历史观》,译林出版社 2006 年版,第 223 页。

第三节 虚无主义——价值相对主义的极致

历史主义危机的核心是价值的相对主义,价值相对主义的极致就是价值的虚无主义。列奥·施特劳斯把历史主义归结为虚无主义也指的是价值的虚无主义,因为历史主义使永恒的、普遍的、最高的价值观念不复存在。这种虚无主义的产生,是由于历史主义声称一切价值观念和一切认识皆决定于产生它们的历史环境而造成的结果。

一、价值虚无主义

在文学上,"虚无主义"(nihilism)这个词是屠格涅夫在他的小说《父与子》中创造的,用来描绘一部分俄国知识分子,他们对缓慢的改良感到失望,放弃了前人的自由主义信仰,而接受了这样的信念:用任何手段破坏俄国的现状都是正当的。在政治学、伦理学和美学领域里,主要的革命功利主义思想家是皮萨列夫(D. I. Pisarev),他在屠格涅夫的小说中被描绘成巴扎洛夫,他也高兴地接受了这个绰号。在后来几代的俄国知识分子中,有许多人采取了这样的虚无主义的态度,其中有扎契涅夫斯基(P. C. Zaichnevsky)和谢尔盖·涅查耶夫(Sergei Nechaev),前者号召他的同龄人"拿起斧头来";后者写了《革命的教义问答》一书,在陀思妥耶夫斯基的小说《群魔》中被描绘为厚颜无耻的彼得·维尔霍文斯基(Peter Verkhovensky)。后来,"虚无主义"这个词被用来指俄国以外的各种激进主义运动:20 世纪 30 年代纳粹在德国的胜利被说成是"虚无主义的革命"。当代某些新左派激进分子也往往被叫做虚无主义者。①

在哲学上首先使用"虚无主义"一词的是德国哲学家弗里德里希·海因里希·雅各比(Friedrich Heinrich Jacobi)。后来经由屠格涅夫而流行开来,主要表示如下观点:唯有在我们感观感知中可获得的、亦即被我们亲身经验到的存在者,才是现实的和存在着的,此外一切皆虚无。因此,这种观点否定了所有建立在传统、权威以及其他任何特定的有效价值基础上的东西。②

---

① 参见 A. 布洛克等编:《枫丹娜现代思潮辞典》,社会科学文献出版社 1988 年版。
② 参见海德格尔:《尼采》下卷,商务印书馆 2004 年版,第 669—670 页。

问题是,虚无主义问题比较复杂,有时人们觉得这个词是自相矛盾的。美国学者唐纳德·A.科罗斯比(Donald A. Crosby)主要从哲学的角度对西方虚无主义的基本面相进行了分类勾勒,有助于我们更深入地理解西方虚无主义的内涵。在《荒诞的幽灵:现代虚无主义的来源与批判》一书中,科罗斯比将现代虚无主义一分为五:政治上的虚无主义、道德论的虚无主义、认识论的虚无主义、宇宙论的虚无主义和生存论的虚无主义。① 从科罗斯比对虚无主义的分类描述中,我们可以看到哲学意义上的虚无主义呈现为对传统的道德论、认识论、宇宙论和生存论之哲学基础的否定,也就是对"绝对真理"、"绝对意义"与"绝对价值"的否定。因此,一般认为虚无主义是指一种全盘否定各种传统的价值观念甚至道德真理的态度或观点。

一言以蔽之,哲学意义上的虚无主义往往指的是价值的虚无主义。在西方哲学史上,明确提出价值虚无主义的是尼采。作为预言家的尼采已经敏锐地意识到虚无主义即将来临,他在《权力意志》一书的"序言二"中这样描述:"我要叙述的是往后两个世纪的历史。我要描述的是行将到来的唯一者,即虚无主义的兴起。现在,已经就在叙述这段历史了,因为在这里起作用的乃是必然性本身。无数征兆已预示了这种未来,无处不在预言这种命运。——因为眼下我们整个欧洲文化正在走向灾难,带着几个世纪积压下来的磨难和紧张,骚动着、剧烈地向前。像一条直奔向干涸尽头的河流,不再回顾身后的一切,也害怕回顾。"②尼采把虚无主义看做一种已经完全支配了先前的各个世纪,并且将规定未来世纪的历史运动。对于这种历史运动,他用了一句简洁的话做了最本质性的概括:"上帝死了"。

"上帝死了",最高价值也就不复存在了,于是尼采发现了欧洲虚无主义的本质:"虚无主义意味着什么? ——意味着最高价值的自行贬黜。"③对于尼采来说,虚无主义绝不是一种历史事件或现象,毋宁说,虚无主义作为西方历史的基本过程并且首先是西方历史的法则。因此,即使是在他对虚无主义的考察中,尼采也很少重视对最高价值的废黜过程作历史学的描述,而是把虚无

---

① Cf. Donald A. Crosby, *The Specter of the Absurd: Sources and Criticism of Modern Nihilism*, State University of New York Press, 1988. 亦参见余虹:《虚无主义——我们的深渊与命运?》,《学术月刊》2006年第7期。

② 尼采:《权力意志》,商务印书馆1998年版,第373页。

③ 尼采:《权力意志》,商务印书馆1998年版,第280页。

主义当做西方历史的内在逻辑来思考的:关于存在者整体的真理(即形而上学)的终结。但是,这种终结并不意味着历史的终止,而是一种新的开端。因此,尼采本人就把自己的哲学理解为一个新时代开端的引子。因此,随着以往最高的价值被废黜(世界本身变得无价值了)以后,尼采要为这个世界找到一种新的价值设定。在以往的最高价值失效之后,这种新的价值设定在以往的价值方面来看就转变为一种"对一切价值的重估"。

通过对尼采的价值思想的阐释可以看出,虚无主义的历史过程可以简化为:最高价值的废黜、一切价值的重估和价值的重新设定。可以说,价值概念在尼采的虚无主义思想中扮演了一个很重要的角色。因此,对尼采的价值思想进行清晰的解说,是理解他的虚无主义乃至强力意志形而上学的关键。

那么尼采所理解的"价值"是什么意思?尼采在《强力意志》中明确地提道:"价值的观点,也就是着眼于生成中的生命的相对延续的综合产物来看的关于保存和提高的条件的观点。"①尼采把价值看成是生命的保存和提高的条件,但他又在作为强力意志的生成中看到了生命的根据,这样一来,强力意志就是"价值设定的必然性根据和价值评价的可能性的本源"②。因此,尼采在《强力意志》中说:"价值及其变化始终与价值设定者的强力增长成正比例。"③所以,得出的结论是:价值乃是强力意志本身所设定的它自身的条件;强力意志是存在者之为存在者的根据,也是一种新的价值设定的原则。

尼采把虚无主义理解为对以往的最高价值的废黜和重估一切以往的价值。按照这个思路来理解,虚无主义就根植于价值的统治和价值的崩溃中,从而进一步就根植于新的价值设定的可能性中。价值设定本身是以强力意志为根据的。因此之故,只有从强力意志的本质来思考尼采的虚无主义和"上帝死了"才是到位的。

那么,如何理解强力意志呢?尼采说:"强力意志是存在的最内在的本质"④,即:强力意志是存在者之为存在者的基本特征。按照海德格尔的看法,形而上学是关于存在者之为存在者整体的真理。因此,强力意志对存在者之

----

① 尼采:《权力意志》,商务印书馆1998年版,第434页。
② 孙周兴选编:《海德格尔选集》下卷,上海三联书店1996年版,第784页。
③ 尼采:《权力意志》,商务印书馆1998年版,第279页。
④ 尼采:《权力意志》,商务印书馆1998年版,第537页。

为存在者的考察就依然是以形而上学的方式进行的。价值是强力意志本身所
设定的它自身的条件,而尼采又是在形而上学的意义上把存在者思考强力意
志,故他的思想必定针对价值而展开,对价值的思考根植于强力意志的形而上
学,价值思想乃是强力意志形而上学的一个必然要素。所以说,尼采是从价值
之思出发来展开对虚无主义的分析,把虚无主义解释为最高价值的废黜和一
切价值的重估过程,而且作为"新的价值设定之原则"的强力意志是对虚无主
义的克服。

二、存在虚无主义

尼采的价值哲学可以说是对 19 世纪欧洲虚无主义危机所作出的一种理
论反应。在尼采看来,虚无主义是西方传统的哲学、宗教和道德自然演进的必
然结果,即"最高价值的自行废黜"。他把自己看成是虚无主义者,是一把砸
碎一切的锤子。在对虚无主义的反思中,尼采宣布了基于超验、超感性领域的
最高真理和价值的虚假性,而把意义、价值和真理还原为作为感性领域的生命
存在与创造。西方基督教彰显的是生命弱者的真理与价值,而尼采主张用强
力意志来拯救虚无主义。正如前面所指出的,尼采是从价值之思出发来展开
对虚无主义的分析,把虚无主义解释为最高价值的废黜和一切价值的重估过
程,而且作为"新的价值设定之原则"的强力意志是对虚无主义的克服。

尼采的克服虚无主义的价值哲学的方案是否真正克服了虚无主义了呢?
在对尼采的问题进行回应的各种理论思潮中,海德格尔算是从思想的根基之
处对此作出深度思考的哲学家。他认为尼采的价值哲学仍然陷入了一种虚无
主义,究其根源是因为价值哲学把"存在"价值化了,从而"存在"被遗忘了或
者说"存在"虚无了,因此尼采从价值虚无主义走出来,又陷入了存在的虚无
主义。于是我们看到,尼采和海德格尔论述的虚无主义的是两种类型的虚无
主义:价值的虚无主义和存在的虚无主义。

在这里需要着重考察一下价值哲学产生的思想起源和理论背景。"价值
哲学是在一个非常确定的哲学——历史环境中产生,作为对 19 世纪虚无主义
危机形式出现的咄咄逼人的问题的回答。"①对此,海德格尔精辟地分析了价

---

① 施米特:《价值的僭政》,载王晓朝主编:《现代性与末世论》,广西师范大学出版社 2006
　年版,第 121 页。

值哲学的来源及其哲学—历史状况。兹转引如下："在 19 世纪,关于价值的谈论是很常见的,对于价值的思考也是司空见惯的。然而,只有当尼采著作的传布,关于价值的言论才普及开来。人们谈论着生活价值、永恒价值、价值等级、精神价值(比如人们自认为在希腊、罗马文化中发现了这种精神价值)。在哲学的学术研究中,在新康德主义的改造中,人们获得了价值哲学。人们构造出种种价值系统,并且在伦理学中探究价值的层次。甚至在基督教神学中,人们也把上帝,即作为最高的善的最高存在者,规定为至高的价值。人们认为科学是价值中立的,而把价值评价抛向世界观一边。价值和价值因素成了形而上学因素的实证主义替代品。"①

海德格尔接着指出:与人们高谈阔论价值这一情形相应的是概念的不确定性,而这种不确定性本身又与价值的出于存在的本质渊源的模糊性相一致。可见,"价值"背后有其"存在"的本质:"在价值概念里,潜伏着一个存在概念,后者包含着一种对存在者整体本身的解释。"②

价值与存在究竟是什么关系呢? 众所周知,价值最初是经济学上的一个术语,表达了一种效用关系。在价值哲学的思想来源上,赞成海德格尔说法的施米特明确地论述了价值与存在的关系。他指出:价值哲学所说的价值并不拥有存在(Sein),而是拥有效用(Geltung)。价值并不存在,而是起着效用。效用包含着一种更为强烈的追求实现的冲动。价值渴求成为现实,但它本身却不是现实地存在着,但又关涉着现实,一直伺机实施和执行。价值之特殊性就在于它取代某种存在,只有效用。被规定的价值如果未得到实施,便一无所是;如果要使价值不至消解为空泛的表象,价值的效用就必须不断被实现。在此意义上,没有价值的存在,只有价值的效用。价值没有脱离效用的自在性。③ 海德格尔也持有类似的观点:"一旦价值思想已经出现,也就必须承认:价值惟有在被计算时才'存在',就像'客体'惟对某个'主体'而言才存在。谈论'自在价值',这要么是一种无思想状态,要么是一种伪造,要么是两者兼备。"④

价值不但与"存在"不同,在海德格尔看来,尼采意义上的价值作为一种

---

① 孙周兴选编:《海德格尔选集》下卷,上海三联书店 1996 年版,第 780 页。
② 海德格尔:《尼采》下卷,商务印书馆 2004 年版,第 693 页。
③ 参见施米特:《价值的僭政》,载王小朝主编:《现代性与末世论》,广西师范大学出版社 2006 年版,第 120、123 页。
④ 海德格尔:《尼采》,商务印书馆 2004 年版,第 737 页。

"观点"或"视角",反而使存在价值化了,"由于存在被尊为一种价值,它也就被贬降为一个由强力意志本身所设定的条件了。只要存在一般地被评价并从而被尊奉,则存在本身先就已经丧失了其本质之尊严"①。

尼采的价值之思不能让存在作为存在本身而存在,反而使存在本身沦为一种价值了。它不仅不思及存在本身,而且这种对存在的不思还被掩盖在一种假象之中,仿佛它由于把存在评价为价值就以最隆重的方式思考了存在似的,以至于一切存在之问都变得多余的了。但如果就存在本身来看,那种按照价值来思考一切的思想就是虚无主义,那么,就连尼采对虚无主义的经验也属于一种虚无主义了。所以说,尼采并没有真正克服虚无主义,反而又陷入虚无主义的窠臼中了。

需要指出的是,有人将海德格尔反对价值的思想误解为把一切都认作无价值的。他自己辩解道:"反对'价值'的思想并没有主张:被人们宣告为'价值'的一切——'文化'、'艺术'、'科学'、'人的尊严'、'世界'以及'上帝'——都是无价值的。"而恰恰把某物称为"价值"的做法则剥夺了被评价东西的尊严。换言之,通过把某物评为价值,被评价的东西仅仅被作为人的评价对象来对待。但是,某物在其存在中所是的东西并不限于它的对象性。这种评价不是让存在者存在,而是作为评价主体的客体而存在。因此,"反对价值来思考,并不是说要为存在者之无价值状态和虚无缥缈大肆宣传,而倒是意味着:反对把存在者主体化为单纯的客体,而把存在之真理的澄明带到思想面前"②。

可见,海德格尔就是从存在的角度来考察虚无主义问题的。那么,海德格尔为什么把尼采的价值哲学看做是存在的虚无主义呢? 这与海德格尔一贯的思想是一脉相承的,即西方两千多年来的形而上学遗忘了存在。

三、虚无主义与形而上学

海德格尔认为,尼采的价值之思依然是在西方形而上学的轨道上进行的,在形而上学中,价值思想并不是偶然地获得优先地位的。在价值概念里,潜伏着一个存在概念,后者包含着一种对存在者整体本身的解释。在海德格尔看

---

① 《海德格尔选集》,上海三联书店 1996 年版,第 810 页。
② 海德格尔:《路标》,商务印书馆 2000 年版,第 411—412 页。

来,形而上学发端于柏拉图的思想,他把存在者之为存在者把握为理念。不过,柏拉图的理念并不是价值,因为他没有把存在者之存在把握为强力意志。但是,尼采依然能够从自己的形而上学立场出发,把柏拉图关于存在者的解释(理念,因而也是超感性领域)解说为价值。按照这种论证,海德格尔推出:自柏拉图以降的所有哲学都成了价值形而上学。① 因此,尼采对超感性领域(理念、上帝等),对存在者之为存在者都理解为最高价值了。虚无主义被尼采理解为最高价值的废黜,而强力意志被思考为根据一种最高价值的重新设定对一切价值的重估的原则。在这里,价值思想被提升为原则高度了,而这恰恰是作为对超感性领域的存在者的致命打击,因为正如海德格尔一贯指出的,整个西方思想思考的始终是存在者之为存在者,而没有思及存在本身。因此,尼采仍然没有摆脱西方传统形而上学的命运——虚无主义。

那么,虚无主义的本质到底是什么? 尼采把虚无主义的本质理解为"最高价值的废黜",而海德格尔认为尼采并没有真正认识到虚无主义的本质。海德格尔明确指出:虚无主义的本质和发生领域乃是形而上学本身。这里的形而上学不是指一种学说,也不仅仅是哲学的一门学科,而是存在者整体的基本结构,是就存在者整体被区分为感性世界和超感性世界并且感性世界总是被超感性世界所包含和规定而言来考虑的。形而上学是这样一个历史空间,"在其中命定要发生的事情是:超感性世界,即观念、上帝、道德法则、理性权威、进步、最大多数人的幸福、文化、文明必然丧失其构造力量而且成为虚无的。我们把超感性领域的这种本质性崩塌称为超感性领域的腐烂"②。

海德格尔进一步指出:"超感性世界没有作用了。它没有生命力了。形而上学终结了,对尼采来说,就是被理解为柏拉图主义的西方哲学终结了。尼采把他自己的哲学看成对形而上学的反动,就他言,也就是对柏拉图主义的反动。""然而,作为单纯的反动,尼采的哲学必然如同所有的'反'(Anti-)一样,还拘执于他所反对的东西的本质之中。作为对形而上学的单纯颠倒,尼采对于形而上学的反动绝望地陷入形而上学中了,而且情形是,这种形而上学实际上并没有自绝于它的本质,并且作为形而上学,它从来就不能思考自己的

---

①　参见海德格尔:《尼采》下卷,商务印书馆 2004 年版,第 905 页。

②　孙周兴选编:《海德格尔选集》下卷,上海三联书店 1996 年版,第 775 页。

本质。"①

那么,问题接着又来了:形而上学的本质又是什么呢? 虚无主义与形而上学究竟是怎样的关系?

海德格尔从区分存在(Sein)和存在者(Seiende)出发,认为形而上学是关于存在者之为存在者的真理,而不关注存在之为存在的真理即存在本身。自柏拉图以降的整个传统西方哲学是"存在之被遗忘状态"的历史,是形而上学的存在历史。"在形而上学中,存在本身本质上必然地还是未被思考的。形而上学是这样一种历史,在其中存在本身本质上是一无所有的:形而上学作为形而上学是本真的虚无主义。"②可见,本真的虚无主义的基础既不是柏拉图哲学,也不是强力意志的形而上学,而是作为西方思想和历史命运的形而上学本身。"如果虚无主义的本质根植于历史中,以至于存在者之为存在者整体的显现中存在之真理是缺席的,并因此而没有发生存在本身及其真理,那么,作为存在者之为存在者真理的历史,形而上学就是虚无主义。"③

结论是,海德格尔把尼采的形而上学定性为本真的虚无主义:"尼采的虚无主义不仅没有克服虚无主义,而且也决不能克服虚无主义。因为恰恰在尼采自以为要克服虚无主义的地方,也即在根据强力意志对新价值的设定中,才昭示出本真的虚无主义:现在已经成为价值的存在本身是一无所有的。……存在本身作为存在原则上是不被允许的。"④根据虚无主义的本质来思考,尼采的克服只不过是虚无主义的完成。在其中,虚无主义的完全本质比在其他任何形而上学基本立场那里都更清晰地向我们昭示出来。虚无主义的完全本质真正固有的东西乃是存在本身被遗忘。

四、从历史性到存在的历史

海德格尔认为:既然虚无主义的本质是形而上学、是存在的遗忘,那么,克服虚无主义的方式就应该恢复对"存在"之思;而有关真理、价值、意义等问题也必须与"存在"关联在一起来思。即:真理、价值与意义的来源既不能归结为超感性的存在者(上帝),也不能归结为感性的生命存在者(权力意志),而

---

① 孙周兴选编:《海德格尔选集》下卷,上海三联书店 1996 年版,第 771 页。
② 海德格尔:《尼采》下卷,商务印书馆 2004 年版,第 980 页。
③ 孙周兴选编:《海德格尔选集》下卷,上海三联书店 1996 年版,第 816 页。
④ 海德格尔:《尼采》下卷,商务印书馆 2004 年版,第 970 页。

应归属于存在者自我显现的发生(Ereignis)。对海德格尔来说,克服虚无主义
的关键不是把形而上学颠倒过来就行了,而是要彻底摆脱形而上学的轨道,走
上"存在历史"之"天命"。

众所周知,海德格尔思想以一贯之的主题是存在问题。与以往的历史哲
学不同,他把历史纳入了对存在问题的追询之中,尤其是在后期他从"历史
性"转向为"存在史"的思想。在第二章中我们侧重讨论了海德格尔的"历史
性"思想,主要是针对历史主义的危机提出来的,由此他的这种思想也被称作
"第二层次的历史主义"、"激进的历史主义"等。到了后期,他不再讨论"此在
的历史性",而是直接论述存在的历史。为了克服他早期思想中的人类中心
主义倾向和整个传统形而上学的弊病;更确切地说,为了克服虚无主义,他把
历史理解为存在本身的历史。

在海德格尔看来,历史不是一个因果关系的系列,不是人的自由的展开,
也不是生产方式的辩证发展,而是存在本身的命运。存在之被遗忘就是存在
与存在者之差异的被遗忘。存在之历史始于存在之被遗忘状态,而"存在之
命运始于差异之被遗忘状态"。海德格尔把存在的历史就叫作"存在的天
命"。①

天命(Geschick)在海德格尔早期指的是此在在与他物的共在(共同体、民
族)中的演历。到了海德格尔后期,他从 Schicken(派送、遗赠)来领会天命。
海德格尔进一步把派送规定为一种给予,这种给予隐而不露地给出其赠品。
给予就是遗赠。存在在其遗赠中让存在者存在,而存在本身则在遗赠之际抽
身而去。Schicken 的集合名词 Geschick 被解作"天命"。命运被理解为存在
的遗赠——天命。存在有所遗赠而供人思。思就是思存在。"存在遗赠思。
存在作为思的天命而存在。这种天命本身是历史性的。天命之历史已然在思
想家们的道说中达乎语言了。"②可见,把存在作为天命来思就是存在的历史。

海德格尔论述存在的历史而非人的历史,但是存在的天命是在思中形成
历史。在这里,存在是需要人的,人是存在的看护者。人和存在的相属,存在
在天命的遗赠中退隐,天命在语言中成思,这一切都以 Ereignis 提示出来。海
德格尔的 Ereignis 之思旨在"更原始地追踪希腊思想"。"存在之历史的本质

---

① 参见孙周兴选编:《海德格尔选集》上卷,上海三联书店 1996 年版,第 578、670 页。
② 海德格尔:《路标》,商务印书馆 2000 年版,第 428 页。

即是 Ereignis，在其中存在本身也被克服。"①

海德格尔的"存在史"中的"存在"到底意指什么呢？先来看看他对存在所做的词源学考察。存在(sein)有三个来源：

（1）最古老的词根是 es，梵文的 asus，意思是生命、生物、自出自驻自行自息者。与此相应的希腊文是 esmi 和 einai。

（2）另一个词根是 bhu，bheu，与此相关的希腊文是 phuo，表示浮现、起作用、自出自驻。Bhu 迄今一直按照通用的外形的看法用 physis 来解释为"自然"。

（3）则来自德文词 sein 的变位形式 wes、wesan，指居住、延留。②

通过考察海德格尔对"存在"的分析，我们得知，古希腊的"存在"一词就与上面提到的第二个词源密切相关。简言之，海德格尔认为存在的原始意义集中体现于古希腊语中的 physis。对存在者整体本身的发问真正肇端于希腊人，那时人们称存在者为 physis。这个希腊语通常被译作"自然"。后来拉丁语用 natura 来翻译 physis，其真正的含义为"出生"、"诞生"。而拉丁语的翻译已经减损了 physis 这个希腊词的原初内容。

如前所述，海德格尔认为形而上学史就是一部存在之遗忘的历史。"遗忘"即是一种"遮蔽"。他在《形而上学导论》中明确指出：作为存在的存在对形而上学来说始终是遮蔽的。为了克服这种遮蔽状态，他主张回到早期古希腊思想中存在的"无蔽"状态，从而理解原初意义上的 physis："存在乃是自行遮蔽着的解蔽——这就是原初意义上的 physis。"③

行文至此，我们需讨论海德格尔晚期的存在与古希腊的"自然"概念的勾连了。他指出，physis 这个词的意思说的是"自身绽开，说的是揭开自身的开展，说的是在如此开展中进入现象，保持并停留于现象中。简略地说，physis 就是既绽开又持留的强力"④。需要指出的是，古希腊中的"自然"绝不是今天的"自然"之意。古希腊人并不是通过自然过程而获知什么是 physis 的，而是基于对"存在"的诗——思的基本经验才向他们展示出来的。因此，对海德格尔来说，巴门尼德、赫拉克利特等前苏格拉底的思想家更为源始地表达了存

① 陈嘉映：《海德格尔哲学概论》，生活·读书·新知三联书店 1995 年版，第 393 页。
② 参见海德格尔：《形而上学导论》，商务印书馆 1996 年版，第 70—71 页。
③ 海德格尔：《路标》，商务印书馆 2000 年版，第 351 页。
④ 海德格尔：《形而上学导论》，商务印书馆 1996 年版，第 16 页。

在的意蕴,其本质上是以"诗化"的方式表达了人在"存在"之呈现前的敬畏与惊异。显然,这与苏格拉底、亚里士多德理解的"自然"(本性)以及列奥·施特劳斯所论述的古希腊对"自然的发现"是有所区别的。与此相照应的是,海德格尔晚期对"存在之思"的追求诉诸于诗人。

海德格尔晚期诉诸于存在的历史、存在的命运,这是一种难以言说和不可论证的神秘事物,难怪有很多人批评他的理论极富神秘主义的色彩。他自己在《关于人道主义的书信》中对"存在"的解说只是提出了一些软弱无力的说法,如"存在就是存在本身"等等。卡尔·洛维特认为评价海德格尔晚期研究方法的困难"在于以下一种方式:它从根本上不赞成论证。不是基于证明和证据的'逻辑'展开,存在的只是神秘的姿态和暗示"①。海德格尔论述的自然仍然是基于他的"存在"。海德格尔晚期论述作为自然的存在,诉诸于存在之思,以其独特的方式表达了一种对技术、政治和社会的反思。但是,作为自然的、神秘的存在并不能真正代替对历史实践问题的思考和解决。对此,洛维特正确地评价道:"假如相对于存在本身的历史符合作为物理的自然,海德格尔的矫揉造作的语言学结构真能解释历史的本质或非本质吗?对海德格尔来说,历史是一个起初就给予关注的话题,假如像自然一样,它是向空洞敞开的无所不在的出场,是从被关闭之物的退却,那么历史将丧失一切确定的可实证的意义。"②洛维特对他的老师的评价可谓独到和精辟。

其实海德格尔对形而上学的批评也是成问题的。他认为从柏拉图开始的思想源头起,西方的形而上学就已经埋下了祸端。试问:如果西方历史真的有机会重来一次的话,会不会避免形而上学的命运呢?可是历史不容假设,而且海德格尔想回到古代的自然亦是不可能的。海德格尔想要跳过西方两千多年的形而上学历史,谈何容易啊!为了更好地理解这个问题,我们不妨来看看恩格斯的一段话,它真是非常精辟!恩格斯说:"唯物主义的自然观不过是对自然界本来面目的朴素的了解,不附加以任何外来的成分,所以它在希腊哲学家中间从一开始就是不言而喻的东西。但是,在古希腊人和我们之间存在着两

---

① Lowith: *Martin Heidegger and European Nihilism*, *Columbia University Press*, 1995, p. 43. 转引自理查德·沃林:《海德格尔的弟子》,江苏教育出版社 2005 年版,第 100 页。

② Lowith: *Martin Heidegger and European Nihilism*, *Columbia University Press*, 1995, pp. 90 - 91. 转引自理查德·沃林:《海德格尔的弟子》,江苏教育出版社 2005 年版,第 101 页。

千多年的本质上是唯心主义的世界观,而在这种情况下,即使要返回到不言而喻的东西上去,也并不是初看起来那样容易。因为问题决不在于简单地抛弃这两千年的全部思想内容。"①

① 《马克思恩格斯选集》第 4 卷,人民出版社 1995 年版,第 306—307 页。

第四章　历史与自然:克服虚无主义之反思

如何克服历史主义的价值危机是整个历史主义思想研究的最为棘手和最大的难题。在当代西方思想界,反抗历史主义的现代历史观,主张回到古代的自然秩序或自然法是一种值得关注和分析的学术话语。其代表人物有卡尔·洛维特和列奥·施特劳斯。问题是:他们以回到自然的方式来克服虚无主义在多大程度上是成功的?为什么在自然与历史之间会有紧张的二元对立关系?如果说以自然秩序为价值尺度的价值秩序追求的是价值的普遍主义和绝对主义,转向"历史观念"(历史主义)就会导致价值的相对主义甚至虚无主义;那么返回到自然秩序中去,又会不会重新导致价值的绝对主义?

第一节　回到"自然"——洛维特与施特劳斯

通过梳理历史主义理论的历史发展脉络,我们发现历史主义最终不可避免地走向了虚无主义。其实,仔细分析一下历史主义理论本身的逻辑结构,就不难得出这种悲剧性的命运。历史主义理论本身是自相矛盾的:如果不超越历史,不把握住某种超历史的东西,我们就无法看到"一切"思想(包括历史主义本身)的历史性。超历史的东西,对于历史主义来说就是神圣的宗教信仰。一旦宗教的神圣性力量被否定,"历史性"就进一步被激化,于是相对主义便泛滥开来,进一步发展为虚无主义:"历史主义的顶峰就是虚无主义。要使得人们在这个世界上有完完全全的家园感的努力,结果却使得人们完完全全无家可归了。"①历史主义本来主张历史过程是一个意义的过程,结果,历史成了无意义的了。

---

① 列奥·施特劳斯:《自然权利与历史》,生活·读书·新知三联书店 2003 年版,第 19 页。

　　历史主义最初是以反对存在于西方两千年之久的关于静止世界秩序的斯多亚—基督教的自然理念(以及以其为理论基础的自然法)为前提的。吊诡的是,一些历史主义的批判者试图通过回到某种类似于自然法的东西来应对历史主义本身的困境和内在危机。他们拥有关于存在着某些从人的本性得来的永恒人类价值的坚定信念。"比'是什么'这一问题更加重要的是'应该是什么以及永远是什么'的问题,那是关于善和正义以及事物永恒的理想形式的古老的柏拉图式问题,持久不变的真理比我们变化不定的命运要重要得多。"①

　　强调重新返回到古希腊的自然理念、自然法来克服历史主义导致的虚无主义,在当代思想家中典型代表人物是卡尔·洛维特和列奥·施特劳斯。他们反对历史主义对历史具有意义的信念的信仰:"历史过程本身就像是由人们的所作所为和所思所想织成的一张毫无意义的网,纯粹由偶然造成——就像是一个白痴讲述的故事。"②"历史过程"是没有意义的,这在本质上是一种古典的观点,古希腊思想家们就持这种观点。他们认为,历史是短暂的、变动不居的,只有宇宙自然的和谐秩序是永恒的、有意义的。古希腊的思想整个来说是一种反历史的形而上学,关于历史的知识在他们看来是不可能,只有永恒的东西(也就是哲学研究的对象)才能成为真正知识的对象。于是,希腊人信奉的是自然、永恒的宇宙秩序,所以,他们并没有要求深究历史的终极意义。

　　洛维特认为近代历史哲学的核心是以历史的进步观取代了古代的自然宇宙秩序观念,而这恰恰造成了西方虚无主义的产生。作为海德格尔的学生和友人,洛维特当然对现代西方思想所面临的虚无主义问题非常熟悉。在他看来,虚无主义的发生与历史主义息息相关。古典历史主义的一个根本特点是相信历史是有意义的。历史意义确切地说是与终极目的联系在一起的,这主要起源于犹太教、基督教的救赎史的终极目的的末世论信仰。历史具有意义的信念是以某种世俗化的形式在进步论观念和历史主义中的残留,它的根基紧紧地扎在基督教征服欧洲以来的整个西方历史之中,并以"历史哲学"这种理论的方式加以表述。从这个角度看,梳理从《圣经》以来直到布克哈特这样

① 吉哈德·克吕格:《当代思想中的历史性》,转引自伊格尔斯:《德国的历史观》,译林出版社2006年版,第338页。
② 列奥·施特劳斯:《自然权利与历史》,生活·读书·新知三联书店2003年版,第19页。

一段历史哲学的思想史无疑是理解虚无主义的必然要求。这就构成了洛维特《世界历史与救赎历史》一书的逻辑线索和主要内容。

洛维特对历史主义的历史意义根基不以为然,他指出,对"历史意义"的追问是大而无当的,"超出了一切认知能力,压得我们喘不过气来;它把我们投入了一种只有希望和信仰才能够填补的真空"①。他强烈质疑以现代性和现代历史主义建构的历史意识取代自然意识的图景,认为历史主义本身不可能克服自身的理论困境。因为现代对历史、对作为"历史"的"世界"的过高评价,是背离了古代自然神学和基督教超自然神学的结果。所以,要克服虚无主义就必须将世界历史的观念从其神学起源中解救出来,并且重新获得关于某种自然的概念(此种概念作为一切自然之物准绳的自然本身,具有永恒性)。于是,他想把现代人带回到斯多亚的自然世界中去。这位身处 20 世纪的思想者像古希腊先哲一样,对自然宇宙图景的自然性作出强有力的辩护,其原因就在于"自然过程是人事绝望无序的状态的反面"②。

如果说海德格尔是从前苏格拉底的"存在"的最高视角来批判现代世界的没落,而洛维特则是从斯多亚式的"宇宙论"立场对现代性作了类似的批判。洛维特提到的"宇宙"带有古希腊斯多亚学派色彩,表示人类及其历史与永恒的浩渺宇宙相比是短暂而低微的。希腊人的世界观包含着一种关于宇宙的朴素理解,他们认为在宇宙(大自然)的有序运动中表现出永恒的东西,较之一切渐进的和根本的变化来说,具有更大的吸引力和更深刻的意义。对于希腊人来说,真正不朽的是永恒轮回的自然或宇宙,因为自然不是被创造出来,它是依赖自身而生长出来的。于是,作为"人为"的历史是被创造出来,简言之,历史是"人造物"。任何人造物或技艺性的东西都低于自然本身,只是对自然的一种"模仿"。可见,古希腊中自然和历史的区别是建立在"自然的"与"人造的"的古老区分之上的。

因此,为了克服由现代历史意识(历史主义)肇始的虚无主义,洛维特主张回到古希腊的自然(宇宙)理念,这显然是斯多亚主义宇宙论的超然立场。"当人们从宇宙论超然角度来观察人类事务的时候,他们将面临不合时宜的

---

① 卡尔·洛维特:《世界历史与救赎历史》,生活·读书·新知三联书店 2002 年版,第 7 页。

② 严平编选:《伽达默尔集》,上海远东出版社 2003 年版,第 417 页。

风险,并且将面临解释复古主义和判断不切题性的风险。"①哈贝马斯在评论洛维特时称之为"历史意识的斯多亚倒退":诉诸于回到自然的原始开端被宣称为超越了历史发展的连续性,并最终经历了一个原古时期而获得合法化。②因此,这种不合时宜的倒退并不能真正解决现代历史带来的虚无主义问题。哈贝马斯对洛维特的批评特意举了一个例子来说明:洛维特在一次有关死刑问题而接受电视台的采访中,他几乎没有区分民族战争带来的死亡和违背法律的谋杀,也没有注意到核技术会给民族国家之间带来毁灭性灾难,而是转向了斯多亚的自杀观念——作为哲学主宰生命的自由标志。可见,他对现实中的死刑没有作出一点有益和积极的工作。

在现代性的发展过程中,对于洛维特来说,他以回到"自然"来克服虚无主义的方案与他的老师海德格尔的方案一样是软弱无力的,尽管他们两人所理解的"自然"有所不同。回到古希腊式的"自然",忽略了现代科学和工业运用于社会的实践后果。现代的"自然"再也不是古代的自然了。在这里,马克思对费尔巴哈的批评同样也适用于洛维特:"他没有看到,他周围的感性世界决不是某种开天辟地以来就直接存在的、始终如一的东西,而是工业和社会状况的产物,是历史的产物,是世世代代活动的结果。"③

我们再来看看列奥·施特劳斯关于历史主义的观点。施特劳斯认为西方现代性给人类带来了一个全新的观念即所谓"历史主义"的发现,这一发现的重大后果就是人类开始用"进步还是倒退"的区别取代了"好与坏"的区别。由于这种"历史观念"已经如此地深入人心,施特劳斯认为现代人常常忘了"好与坏"的标准本应逻辑地先于"进步和倒退"的标准,因为只有先有"好坏"的标准才有可能判断某一历史变革究竟是人类的进步还是人类的后退。在这样一种强劲"历史观念"的推动下,现代性必然地具有一种不断由"青年反对老年"、不断由"今天反对昨天"的品格,从而现代性的本质必然地就是不断地革命。在这样一种万物皆流,一切俱变,事事只问新潮与否,人人标榜与时俱进的世界上,是否还有任何独立于这种流变的"好坏"标准、"对错"标准、"善恶"标准、"是非"标准、"正义"与否的标准? 还是善恶对错、是非好坏的

① 理查德·沃林:《海德格尔的弟子》,江苏教育出版社 2005 年版,第 104 页。
② Cf. Jurgen Habermas, "Karl Löwith: Stoic Retreat from Historical Consciousness", *Philosophical Political Profiles*, the MIT Press, 1983, pp. 79 – 87.
③ 《马克思恩格斯选集》第 1 卷,人民出版社 1995 年版,第 76 页。

标准都是随"历史"的变化永处于流变之中？果真如此,人间是否还有任何弥足珍贵值得世人常存于心,甚至千秋万代为人景仰的永恒之事、永恒之人、永恒之业？这就是施特劳斯的成名作《自然权利与历史》(*Natural Right and History*)所提出的中心问题。①

列奥·施特劳斯所理解的历史主义,指的是历史学派把卢梭等人的思想不断推向激烈化和极端化的结果。历史学派是作为反对法国大革命的理论根基——自然权利论而出现的,在对待传统或既定秩序上,这一学派是声名显赫的保守派。他们清楚地认识到自然权利论的激进革命意义,为了延续传统和保存原有的秩序,历史学派反对自然权利的革命派以普遍的自然秩序去否定"不自然"的或习俗性的东西;而主张属于特定时空的东西比普遍的东西更具有优越性,从而为现存秩序辩护。具有讽刺意味的是,"历史学派一经否定了普遍规范的意义,也就摧毁了所有超越现实的努力的唯一稳固根基。因此,我们可以把历史主义看作是比之 18 世纪法国的激进主义远为极端的现代此岸性的形式"。可见,历史主义拒斥了自然权利,否定了抽象的原则与普遍规范的意义,而认为只有特殊的或历史性的标准才具有意义和价值;但是,历史主义在否定自然权利的同时,也拒绝了能够使人服从其历史性标准的普遍原则和普遍规范。历史的标准失去了普遍的客观规范的支持,也就丧失了原有的确定性和权威性,于是,"历史过程"成为了一张毫无意义的网,人们也成了无家可归者,最终"历史主义的顶峰就是虚无主义"了。②

施特劳斯论证,17 世纪以来西方近代"自然权利"和"天赋权利"学说的危机及其反对者"历史主义"的兴起,导致了西方古典的"自然正确"或"自然法"(Natural Law)的衰亡。这也就是其书《自然权利与历史》(在这里,应译作"自然正当")的含义,即"历史观念"颠覆了"自然正当"或"自然正确"的观念。确切地说,施特劳斯认为,西方现代性及其"历史观念"的发展最终导致"彻底的历史主义"(radical historicism),即彻底的虚无主义,也就是从根本上否认世界上还有可能存在任何"好坏"、"对错"、"善恶"、"是非"的标准,同时

---

① 参见甘阳:《政治哲人施特劳斯:古典保守主义政治哲学的复兴》,载列奥·施特劳斯:《自然权利与历史》,生活·读书·新知三联书店 2003 年版。

② 参见列奥·施特劳斯:《自然权利与历史》,生活·读书·新知三联书店 2003 年版,第14—19 页。

这种"历史主义"导致似乎人间再没有任何永恒之事,因为一切都转瞬即逝,一切都当下消解。这种"历史主义"因此无情地冲刷着人心原有的深度、厚度和浓度,导致人类生活日益平面化、稀释化和空洞化。这就是施特劳斯所谓的"西方文明的危机"和"现代性的危机"。①

现代性的危机的表征乃是相对主义和虚无主义,这是由近代自然权利论的危机所最终导致的,而对于自然权利(正当)的思考从来就是政治哲学的根本问题,从这样的思路出发,无怪乎后来施特劳斯的结论一语惊人:现代性的危机就是政治哲学的危机。因此,《自然权利与历史》一书的根本思路是:克服虚无主义的唯一途径就是回到阐明"自然正当"的古典政治哲学(苏格拉底—柏拉图传统),回到对于合乎自然的最佳政制、最佳生活方式的寻求当中去。

必须指出的是,海德格尔晚期也主张通过回到古希腊前苏格拉底思想来克服虚无主义问题,可以说,尼采、海德格尔、施特劳斯、洛维特等人在克服虚无主义问题上,思路不完全相同,甚至还相对立。但是,在回到西方思想的源头上去寻找解决现代性的虚无主义问题是不约而同的,我们不妨称之为"返乡之路"。

"返乡之路"对于列奥·施特劳斯也好,卡尔·洛维特也好,他们所谓的回到"自然",从价值哲学上看,是诉诸于一种绝对主义的价值体系,以此来避免现代社会中价值的相对主义乃至虚无主义。现在看来,这是一种带有形而上学意味的浪漫主义的做法,现代社会已试图超越绝对主义和相对主义二元对立的怪圈。

其实,按照海德格尔的看法,施特劳斯、洛维特主张的回到"自然"恰恰陷入了他所批评的形而上学。无论是古典"自然法"还是"自然理念"都是以古希腊哲学形态的"自然"为其理论基础的。众所周知,"自然的发现"(作为"本性"的自然)标志着西方哲学的诞生②,这也是西方形而上学诞生的标志

---

① 参见甘阳:《政治哲人施特劳斯:古典保守主义政治哲学的复兴》,载列奥·施特劳斯:《自然权利与历史》,生活·读书·新知三联书店 2003 年版。

② 列奥·施特劳斯的哲学考证是准确的:"发现自然乃是哲学的工作"。哲学是对万物"原则"之追寻,而这首先指的是对万物"起源"或"最初事物"的追寻。在这个意义上,亚里士多德就把最早的哲学家们称作"谈论自然的人们",并将他们与那些早于他们的"谈论诸神"的人们区别开来。此外,我国学者吴国盛一直倡导重建自然哲学,并在反思自然哲学方面做了很多研究,参见吴国盛:《自然的发现》,《北京大学学报》(社会科学版)2008 年第 2 期。

即追问存在者得以存在的"根据"。由于作为"本性"的自然是"不变"的,所以才能成为存在者千变万化的"根据"。古希腊哲学把存在者看做变化的,把存在者之存在领悟成变化之中的不变者,从而把存在者的存在把握为"根据"的做法,依据的是作为"根据"的"自然"(physis)一词之中所蕴涵的原始力量。physis 就是希腊人最早的关于存在之领悟。正如海德格尔所说:"本性"这一义项正是"自然"之原始意义的残留者。"①可见,作为"本性"的自然是作为"存在"的自然跌落的产物。这也可以解释海德格尔为什么认为形而上学是关于存在者之为存在者的原因,而恰恰遗忘了作为原始意义的"存在"本身。

为了克服形而上学遗忘存在的弊病或者说为了克服虚无主义问题,海德格尔晚期诉诸于"存在之思"。一言以蔽之,他为了摆脱形而上学的轨道,找到了"存在历史"之"天命"。于是,有人批评海德格尔神秘主义的倾向。我们认为海德格尔在虚无主义的问题上是找到了病根,但开错了药方。海德格尔诉诸于"存在之思"(存在论的虚无主义)来克服形而上学与虚无主义,不免带有神秘主义的色彩。但是,他对虚无主义的根子还是找准了。我们看到,列奥·施特劳斯等人"回到自然"式的克服虚无主义方案不免重新陷入了价值普遍主义甚至绝对主义的危险,与价值的相对主义、虚无主义是一体两极,仍然局限在传统的形而上学的框架内。就像海德格尔所说的,颠倒了的形而上学仍然是一种形而上学。

既然传统的价值绝对主义和虚无主义的二元对立已经被当代哲学思维所扬弃了,那么回到古希腊"自然"的克服虚无主义的方案就失效了,难怪列奥·施特劳斯被称作新保守主义、卡尔·洛维特被哈贝马斯称为"历史意识的斯多亚倒退"。因此,必须直面价值虚无主义的困境,分析当代社会世界人的生存方式的变换、重建新的价值秩序就成了摆在我们面前的理论课题。笔者认为,要走出价值绝对主义与虚无主义的二元思维模式,西方学者提出的"公共性的价值秩序"的方案即如何在公共领域达成价值共识,为我们提供了一种重建价值秩序的思路。关于在这方面的详细论证,结语部分再重点论述。

前面论述过,西方思想家为了克服历史主义导致的虚无主义不约而同地回到了古希腊的"自然",以此来对抗现代历史意识(历史主义)的强势。为了

① 海德格尔:《路标》,商务印书馆 2000 年版,第 350 页。

叙述的方便,我们把历史主义的思想运动的发展历程(包括起源、兴起、危机及其克服)概括为"自然—历史—自然"的三段论。可见,西方"自然观念的嬗变"就成为理解历史主义及其危机的理论关键了。

第二节　西方自然观念的嬗变

"自然"一词,对于我们来说,再熟悉不过了。然而,哲学意义上的"自然"之观念到底承载着什么意义呢? 恐怕不是三言两语就能说清的。真是应了黑格尔那句伟大的格言:熟知并非真知。

在这里,我们通过考察"自然"一词的观念史的变迁来透视"自然与历史"的复杂关系。注意,我们运用的是观念史的研究方法,正如美国观念史研究的主要代表人物诺夫乔伊所说:"没有关于观念史的知识,要想理解主要领域内的大部分的西方思想运动,是不可能的。"①通过梳理西方思想史,我们认为:在哲学意义上,最初古希腊人的"自然的发现"主要是指通过追寻万物的本原或根据来把握存在者之为存在者。分别表现在自然哲学上,是指通过与"人工物"的区分,开辟出一个被称为"自然物"的存在者领域;在政治哲学上,通过区分自然与习俗,自然法得以形成,从而开辟了古典政治哲学的道路。

一、从"自然"到"自然物"

在现代西语中,"自然"(Nature)一词均有两种基本的含义:第一是指自然物的集合或自然界,通常是指自然科学的研究对象;另一含义则往往被人们所忽视,主要意指"本性"。在哲学文献中,前一种含义占支配地位。饶有趣味的是,Nature 的拉丁语来源 Natura 和希腊文 Φυσις(Physis)也具有两种含义。只不过与现代西语相反,第二种含义(即本性)是一种占主流的用法。对此,英国哲学家柯林武德作了详细而准确的研究。

"在现代欧洲语言中,'自然'一词总的说来是更经常地在集合(collective)的意义上用于自然事物的总和或汇集。当然,这不是这个词常常用于现代语言的唯一意义。还有另一个含义,我们认为是它的原义,严格地说是它的固有含义,即它指的不是一个集合(collection)而是一种原则

① 诺夫乔伊:《存在巨链》,江西教育出版社 2002 年版,第 24 页。

（principle）——就这个词的固有含义，是 principium，αρχη——或本源（source）。

"Φνσις（自然或本性）一词在希腊语中同时有这些方面的运用，并且在希腊语中两种含义的关系同英文中两种含义的关系相同。在我们（拥有的）希腊文献的更早期文本中，Φνσις 总是带有被我们认为是英语单词'Nature'之原始含义的含义。它总是意味着某种在一件事物之内或非常密切地属于它，作为其行为之根源的东西。这是它在早期希腊作者们那里的唯一含义，并且是贯穿整个希腊文献史的标准含义。但非常少见地且相对较晚地，它也具有自然事物的总和或汇集这第二种含义，即它开始或多或少地与 κοσμος（宇宙）'世界'一词同义。"①

西方思想史上，"自然"观念作为希腊人最原始的对存在之领悟，经历了一系列观念的转变，从"生长"，到万物之"本原"，再到自然物之"本性"直到"自然界"（自然物之集合），由此自然科学意义上的"自然"得以真正确立。②

我们简略考察一下自然概念的发展史就可以发现：自然逐渐由"自然"演变为自然物。其实，由"自然"到"自然物"的演变在古希腊亚里士多德那里就已经初见端倪了。亚里士多德在《形而上学》中列出了"自然"一词的六种含义。分别是：（1）生长物的生长；（2）生长物的种子；（3）自然物的运动根源；（4）质料；（5）自然物的本质；（6）任何事物的本质。可以看出，在亚里士多德的时代，"Φνσις"（Physis）一词的基本用法是事物的本性、本质、本原，是事物之所以如此这般的内在原因，而不是指自然物或作为自然物的集合的自然界。

自然之"本性"在于"发现自然"，意味着追寻万物的"本原"、"本质"、"本性"。一言以蔽之，通过追寻"自然"来理解和把握存在者及其存在的方式。这种方式是古希腊人所特有的，也是古希腊科学和哲学得以可能的前提和基础，正如列奥·施特劳斯所说："发现自然乃是哲学的工作"。自然作为"本原"、"本质"、"本性"之含义，标志着哲学的诞生，也是西方形而上学诞生的标志即追问存在者得以存在的"根据"。由于作为"本原"、"本质"、"本性"的自然是"不变"的，所以才能成为存在者千变万化的"根据"。

那么，古希腊哲学把存在者看做变化的，把存在者之存在领悟成变化之中

① 柯林武德：《自然的观念》，北京大学出版社 2006 年版，第 52—53 页。
② 详细的论证参见吴国盛：《自然的退隐》，东北林业大学出版社 1996 年版，第 8—14 页。

的不变者,从而把存在者的存在把握为"根据"的做法,依据的是什么呢?① 按照西方哲学史的看法,希腊文"自然"(physis)一词中所蕴涵的原始力量就是其重要的依据,而"自然"就是古希腊人最早对存在的领悟。正如海德格尔所言,"本性"这一义项正是"自然"之原始意义的残留者:"在希腊哲学的伟大开端和欧洲哲学的第一个开端处,存在被思为 physis,而被亚里士多德带入本质概念中的 physis 本身只可能是开端性的 physis 的一个衍生物。而且,当我们谈论物的'本性'、国家的'本性'和人的'本性',同时又绝不是指自然性的(在物理学、化学和生物学上思考的)'基础',而完全是指存在者之存在和本质这时候,那种开端性地作为存在者之存在而被筹划出来的 physis 的一种十分虚弱的和无法辨认的余音,本身就还为我们保留下来了。"②

可见,作为"本性"的自然是作为"存在"的自然跌落的产物。这也可以解释海德格尔为什么认为形而上学是关于存在者之为存在者的原因,而恰恰遗忘了作为原始意义的"存在"本身(即自然)。③

与"存在"跌落为"存在者"一样,"自然"也跌落为"自然物"。当然,这里的自然物不同于后来自然科学研究对象的"自然物",毕竟自然物作为拥有内在"本性"而与"人工物"不同。"本性"概念区分了"自然物"与"人工物":前者依赖"本性"而自我生长、自我创造;后者无本性而是对"自然"的模仿,是被创造出来的。

"自然物"与"人工物"的区分,是希腊自然哲学的一大重要特征,也是希腊人为人行事所秉持的重要观念。"自然物"较之"人工物"是高级的、神圣的,作为对自然的发现和沉思的理论思辨相应地就高于技艺和实践。这也为后来"自然"与"历史"的区分埋下了伏笔。作为"人为"的历史是被创造出来的,简言之,历史是"人造物"。任何人造物或技艺性的东西都低于自然本身,只是对自然的一种"模仿"。可见,古希腊中自然和历史的区别也是建立在"自然的"与"人造的"的古老区分基础之上的。

希腊的自然观念遭到致命的打击是基督教的产生。基督教"救赎史观"

---

① 本部分的论证参见吴国盛:《自然的发现》,《北京大学学报》2008 年第 2 期。
② 海德格尔:《路标》,商务印书馆 2000 年版,第 350 页。
③ 海德格尔考察了存在的两个希腊文词根,存在就与自然密切相关,参见《形而上学导论》中的详细论述。我国希腊研究专家对此也做了类似的词源学考察,参见汪子嵩等:《希腊哲学史》第 1 卷,人民出版社 1988 年版,第 610 页。

的兴起彻底摧毁了古希腊人对自然和历史的理解。这种历史观从根本上颠倒了"自然"和"创造"的关系。希腊人认为自然高于任何创造，因为创造只是对自然的模仿。而基督教则把希腊的"创造"变成了"创世"，创世并非基于一个自然的原型，而是无中生有的创造；自然不再意味着永恒的秩序，而是拥有绝对的起点和终点，其起点是上帝的创世，终点是末日审判。与之相应，历史也摆脱了循环史观的纠缠并有了时间和未来的向度。在基督教历史观中，古希腊中的自然和历史的区分也就失去了意义，因为二者都是上帝创造出来的。对于自然来说也就失去其背后神圣的光环，"自然"概念陨落了，自然界（自然物的集合）变成了上帝的作品或创造物。

古希腊的自然概念遭到了第二次致命的打击是在近代自然科学产生之后。希腊哲学认为，自然界不仅是一个运动不息从而充满活力的世界，而且是有秩序和有规则运动的世界，因此，自然是一个巨大的有生命的有机体，整个有机体赋有生命。自然的所有运动都是生命运动，并且这些运动是有目的的、受理智的引导。任何一种生物都依照它自身的等级，在灵性上分有世界"灵魂"的生命历程，在理智上分有世界"心灵"的活动。可见，希腊的自然观代表着一种目的论的秩序，然而，到了 17 世纪以后，所有这些都变了。自然科学们发现了一个与希腊人不同的物质世界；一个死物质的世界，范围无限并且到处充满了运动，但全然没有质的区别，而是由普遍而纯粹数量的力所驱动。① 自然变成了作为"物质"的自然物，由此，近代物理科学及其附属品——机械自然观得以形成。

可以说，这种取代古希腊有机目的论自然观的近代机械自然观，进一步打破了"自然物"与"人工物"的二分，由此产生了人制造自然的观念——"上帝之于自然，就如同钟表制造者或水车设计者之于钟表或水车"（柯林武德语），从而使"自然"一词的含义发生了彻底的改变："自然"被彻底"物化"，自然被祛魅了，"自然物"取代了"自然"。既然自然物是人类制造出来的，那么人类就有权力来支配和统治自然界，就像培根所指出的那样。到了启蒙运动以后，这种观念更为广泛地被人们接受和加以推广。人的理性成了裁判一切事物的法庭，人开始为"自然"立法了。因此到了近代，自然不再带有任何内在目的论色彩了，而是沦为一个与人相对立的"外在性"的世界。黑格尔甚至说："自

---

①　参见柯林武德：《自然的观念》，北京大学出版社 2006 年版，第 134—135 页。

然就并非仅仅相对于这种理念(和这种理念的主观存在,即精神)才是外在的,相反的,外在性就构成了自然的规定,在这种规定中自然才作为自然而存在。"①于是,希腊古典意义上的"自然"概念被终结了。

二、从自然法到自然权利

如果说近代自然科学终结了古典意义上的"自然"概念,那么同样,近代自然权利学说也终结了作为自然法之哲学基础的"自然"概念。前面已经论述过,在哲学意义上,希腊人的"自然的发现"主要是指通过追寻万物的本原或根据来把握存在者之为存在者。分别表现在自然哲学上是指通过与"人工物"的区分,开辟出一个被称为"自然物"的存在者领域;在政治哲学上,通过区分自然与习俗(约定),自然法得以形成,从而开辟了古典政治哲学的道路。

我们还是从"自然"概念谈起。如前所述,"自然"(本性)的发现表征着哲学(形而上学)的诞生。发现"自然"之后,在社会生活领域中的"自然"和"习俗"(约定)于是就被区分开来了。正像列奥·施特劳斯所指出的那样:在前哲学时期,"习惯"或"方式"乃是"自然"的对等物。某些事物或某类别的事物的最具特征的行为,被人们看做是它的习惯或方式,如火燃烧、狗吠叫和摇尾、女人排卵、疯子胡言乱语、人会说话等等。但是,"自然"一经被发现,"习惯"将会被一分为二,一方面归入自然,另一方面归入"习俗"或法律。例如:人会说话,这是自然的;而某一特殊的部落说某种特殊的语言则是由于习俗(约定)。这个区别意味着自然先于习俗。自然与习俗之间的这种区别对于古典政治哲学来说是至为重要的,这种重要性从古希腊的自然法与约定法的区分中很容易看到。②

因此,自然法的出现是以自然的发现为前提的。自然法的观念就是在希腊人发现的自然与习俗之间的对立当中产生的,其目的是为了超越特殊人群、地域和时间中的习俗和法律,从而在流变的历史过程中寻求一种普遍有效的,永恒的,超历史、超社会、超道德和超宗教的规范体系和价值标准。

---

① 黑格尔:《自然哲学》,商务印书馆 1980 年版,第 19—20 页;并参见吴国盛:《自然的发现》,《北京大学学报》2008 年第 2 期。

② 参见列奥·施特劳斯:《自然权利与历史》,生活·读书·新知三联书店 2003 年版,第82—83 页;列奥·施特劳斯:《政治哲学史》,河北人民出版社 1998 年版,第 1—3 页。

在古希腊各民族初始时期，法律、道德规范及宗教规范并没有区分开来，都诉诸于一种基于本民族的神圣秩序，因此，各个民族都有自己的神圣法典。"关于存在着形形色色的神圣法典的假定引发了诸多困难，因为不同的法典之间是彼此冲突的。"正是开始意识到不同的法律之间存在差异，人们开始寻求普遍和永恒的自然法。当然，在古希腊"自然法的学说与哲学一样古老。就像亚里士多德所说，好奇是哲学的开端一样，自然法学说的开端也是好奇"①。这种好奇在自然法身上就表现在对"本性上就是好的"（good by nature）的事物的追寻，从而与"出于习俗的好"（good by convention）相区别。这正是反映了哲学对"本性"的探询。对万物之本源的追问，预设了存在着某种持久而永恒的事物，只有这样才能解释变化和相对的事物，即所谓的终极因和目的因。

古希腊的自然法蕴涵着哲学目的论。在亚里士多德式自然观（宇宙观）占据主导地位的古希腊社会中，自然（宇宙）的秩序与人的存在的价值秩序（伦理秩序）息息相通。亚里士多德的自然观以形式因和目的论的理论为基础。万物存在于一个目的论之链中并通过一步步以某种方式被引向更为高级的生命形式——一种更有效、更充满生命力的形式——而自我完成。"整个过程包含着潜能与现实之间的区别，其中潜能是奋争的场所，凭借着奋争，潜能朝着现实的方向进发。"②这个奋争的概念，是作为一个贯穿于整个自然界的因素以及它关于自然过程被导向终极因的目的论而存在的。自然哲学的目的论被应用于伦理学和政治实践当中，其结果便是与自然宇宙当中的秩序一样，人的自然本性就是人的自然构成的等级秩序。而这种目的论的秩序就为古典政治哲学提供了必要条件和基础。就像柏拉图对社会等级（统治者、武士、生产者）的分析，主张每一个人在社会中应该按照其本性、自然禀赋（也就是等级）行事就是正义等明显地体现了这一点。

亚里士多德也是如此，尤其是他主张自然法应关注善及其在城邦中的实现，这也是其伦理学的诉求。在亚里士多德的伦理学中，纯粹的形式是人要实现的目的，人要被塑造成好公民，而这需要在城邦中得以形成。可以说，城邦是所有共同体所达至的目的和完善。人建立城邦就是为了实现自己的"自

---

① 罗门：《自然法的观念史和哲学》，上海三联书店 2007 年版，第 3 页。
② 柯林武德：《自然的观念》，北京大学出版社 2006 年版，第 99 页。

然"和"目的"。因为人在本质上是政治(城邦)的动物,他在自然上也趋向于生活在城邦中,所以人只能在城邦中实现自己的自然(好公民)。当然,主张在共同体(城邦)中实现人的"自然"是与当时古希腊人的生活实践密不可分的。自然法的这一传统一直是苏格拉底—柏拉图—亚里士多德直至斯多亚学派所秉持的。列奥·施特劳斯主张"回到自然"的古典政治哲学,也正是对这种自然法传统的衣钵的继承。

这种自然法的传统主张在共同体中实现善或正义,这显然与古希腊智者所主张的个人主义的自然法不同。与智者追求免于法律的自由不同,"他们(主张古典自然法的哲学家们——引者注)关注的是作为道德领域和所有美德之实现的国家及其秩序,所以他们才全神贯注于国家治理的最佳形态"。可见古典自然法把人的本性(自然)及其实现定格在城邦中寻求最优制度和秩序。因此,既有别于智者追求自由的自然法,又与后来近代资产阶级革命的自然权利学说不同,古典自然法被称之为保守的自然法是有道理的:因为古典自然法传统是以形而上学为基础(自然的发现),它认定并不存在一个在法律之先的神秘状态。相反,"人生活在并且应当生活在法律中——这种自然法,人们宁可称之为保守的,尽管这多少有点不恰当"①。由此我们可以推定,在一些自由主义者的视野内,列奥·施特劳斯的主张被称为新保守主义是不足为怪的。当然还有伦理学中基于美德伦理的共同体主义(如麦金太尔),其理论脉络基本相近,都与自由主义的政治哲学发生了冲突:善优先抑或权利优先?

西方自由主义政治哲学的产生正是以近代自然权利学说为开路先锋的。从理论渊源上讲,自然权利学说是以反对古典自然法为契机开始其理论建构的。正如前面所述,古典自然法是以哲学目的论为理论前提的,而近代政治哲学或自然权利学说的兴起恰恰就是以近代自然科学确切地说以非目的论的自然科学为前提,从而摧毁了古典政治哲学/自然法的坚实的基础。自然已经成为近代自然科学的主题,这时的"自然"当然已不再是代表着神圣秩序来源的具有目的论色彩的自然了,而完全是被祛了魅的被人类知识所把握和支配的自然物了。

不同于古典自然法对"自然"的理解,近代自然权利学说的哲学基石是

---

① 罗门:《自然法的观念史和哲学》,上海三联书店 2007 年版,第 5、12 页。

"自然状态"。作为近代自然权利学说和政治哲学鼻祖的霍布斯改变了对"自然"的理解,其实从笛卡尔之后的整个近代哲学时代都是如此。"自然"成了文明和秩序的对立面。古典自然法理论诉诸于城邦来寻求善和正义在霍布斯看来是行不通的,人生而并非政治的动物,也并非一开始就生活在城邦中,人一开始就处于"自然状态"中。"人最深层次的存在就是自然状态展现出的样子:一只狼、邪恶、只关心自己。因此,在这种状态中,只存在无法无天的个体,在霍布斯那里看不到合群生活的自然倾向;人的生活是孤独的、贫乏的、肮脏的、粗野的、短寿的。"①"自然状态"中的人性主要表现为激情而非理性,人和人的关系表现为"一切人对一切人的战争"。为了避免战争带来的暴死的危险,人的自我保全的本能与权利决定了人们之间订立契约、建立国家的必要性。可见,自然权利学说中的国家首先是建立在承认个体的自然权利基础之上的,于是便与古典自然法的理论完全不同。列奥·施特劳斯就正确地指出了这一点:"在现代和古典政治哲学的相互对勘中,无疑,霍布斯而非其它人,是现代政治哲学之父。因为正是霍布斯以此前此后都无以比拟的明确性使得自然权利,即个人的合理要求成为政治哲学的根基,而用不着再时不时地借助自然法或神法。"②

从更广泛的意义上讲,自然权利与自然法的差异可以用一个简单的方式加以表述:18世纪开始用来指称自然法名称的是"人权"或"自然权利",而传统的名称是"自然法"。这里发生了两种变迁。

首先,"法"被"权利"所取代。古典自然法,通常指种种义务,只是在派生的意义上才指种种权利。而对自然权利学说来说,对自我保全的欲望取代了亚里士多德的目的论,自我保全成为正义和道德的唯一根源。基本的道德事实是基于此种欲望的权利而非义务,义务则是从这一基本的自我保全的权利要求中衍生出来的。没有绝对的、客观的义务,义务有约束力的程度不能危及自我保全的权利要求。只有自我保全的权利才是绝对的和无条件的。

其次,"自然"被"人"取代。在希腊的古典观念中,自然法从属于一个更大的秩序,即从属于"自然"所象征的等级秩序。而在现代的观念中,自然已

---

① 罗门:《自然法的观念史和哲学》,上海三联书店2007年版,第76页。

② Leo Strauss, The Political Philosophy of Hobbes: Its Basis and Genesis, The university of Chicago press, 1963, p. 156.

经被人取代,人自身成了一切,成了他自己所有权利的本原。"人权"这个词就是现代哲学那个著名开端即思想着的我("我思故我在")的道德等价物。①

一言以蔽之,从社会生活以及政治秩序方面来看,近代自然权利学说取代了与神性秩序相关的古典自然法理论。由此在思想上孕育了种种世俗的革命如波澜壮阔的法国大革命。可见,与古典自然法的保守相比,自然权利学说的确是激进和革命的。

近代政治哲学/自然权利学说反对古典自然法的哲学基础——自然,而诉诸于新的哲学基础——自然状态。虽然二者存在着很大的差异,但是从特有的价值取向和哲学诉求来看,二者都属于广义的自然法理论的脉系,因为它们都主张追寻超越时间和空间的普遍有效的规范和价值体系,具有"非历史性"。近代自然权利学说经过启蒙运动的传播而被很多民族和国家所广泛接受,也能说明它在一定程度上的普适性。但是,仔细考察一下,就会发现自然权利学说具有单一标准的价值普遍主义的色彩,以至于被后来的思想家批评为带有文化霸权的倾向。我们在这里不详细论述。单是考察一下自然权利学说的哲学基础——自然状态学说,就能说明问题。质言之,近代自然权利学说的非历史性向度就在于其理论前提和预设——自然状态是"非历史性"的。梅因就曾对此批评道:"自然权利学说都以人类的非历史的、无法证实的自然状态来作为它们的基本假设。"②

三、自然权利与自然法的衰落

如果说以霍布斯、洛克等人为代表的自然权利学说的创始人倾心于建构一种非历史的政治原则,那么18世纪的哲学家们则开始反思自然权利的危机、重新赋予政治原则的历史过程。近代政治哲学的"非历史性"与"历史性"的两个向度——以霍布斯、洛克等为代表的现代自然权利学说和以维柯、赫尔德为代表的浪漫主义(历史主义)历史哲学——最终合而为一。近代政治哲学最终变成了历史哲学,在黑格尔那里为集大成者。③

---

① 参见列奥·施特劳斯:《政治哲学的危机》,载刘小枫编:《苏格拉底问题与现代性——列奥·施特劳斯讲演与论文集》,华夏出版社2008年版,第24页。
② 梅因:《古代法》,商务印书馆1996年版,第66页。
③ 参见吴增定:《有朽者的不朽:现代政治哲学的历史意识》,载渠敬东编:《现代政治与自然》,上海人民出版社2001年版,第243—293页。

历史到底意味着什么呢?"历史"领域在近代哲学中首先是由意大利哲学家维柯所开创的。他的核心观点是:与自然是上帝创造的不同,历史是人所创造的,所以人能够认识历史。这种观点就成为了近代历史哲学所秉持的基本原则。近代历史哲学一方面是为了摆脱"神义论"的历史而开创"人义论"的历史;另一方面随着近代自然科学的兴起,古典意义上的"自然"(本性)终结了,作为自然物的自然成为人认识和改造的对象,人与自然之间的二元对立逐渐开始凸显。受自然科学的影响,"自然"被祛魅,人征服自然的同时也开始创造自己的历史。无论是作为本性的自然,还是作为自然物的自然,都存在着自然的必然性。作为本性的自然,由于外在于人而具有自本自根性和永恒性,人只能顺从,其自然必然性自不必多言。而到了近代主体性哲学,自然物虽然为人们所认识和改造,但是它由于内在的规律性,人们也不得不遵从自然规律,因此也具备自然必然性。自然不仅具有必然性,而且还是目的论的。古典的自然观当然如此,体现的是亚里士多德的内在的目的论。近代自然科学虽然摆脱了这种目的论而诉诸于机械论,但仍然带着一条"最后推动力"的尾巴(不妨称之为外在目的论),牛顿就是例证。目的论蕴涵着人的行为及价值规范。历史是从属于自然领域的,或者说历史与自然在价值上是统一的。

那历史领域呢? 在近代哲学看来,由于历史在创造过程中掺杂着人的意志的因素,于是体现了人的自由的一面。基督教在一定程度上对个体性和自由意志的强调,也为人自由创造历史提供了神圣的源头。近代以来由于人的主体性意识的觉醒,自然逐渐退隐,人们不再认为能从"自然"推出人类的行为规范或价值,自然概念发生了重大转换——从存在论与价值论统一意义上的"自然"到一种纯粹认识论上的"自然"(确切地说是自然物),从而把"自然"变为人们可以支配和改造的对象物,这也就是近代主体形而上学的基本主旨。与主体意识觉醒相伴随的是人类的历史意识的觉醒,人类的历史观念也发生了转换:从古希腊的"反历史的形而上学"到近代的"历史意识"的凯歌行进。人们的价值秩序不再依赖自然的秩序,而是认定"人造秩序",依靠自己创造历史站立起来。

浸有理性主义传统的自然法体系可以说是 18 世纪最具有代表性的创造,然而与此同时却又陷入困境之中。针对自然法,历史哲学家们开始对此提出质疑:人们的政治生活不再受制于给定的自然,各种政体和制度都是历史的产物、是人的创造。相对于自然必然性,历史领域更多的体现了人的自由和创造。其实,18 世纪的启蒙哲学家们并非像浪漫主义指责的那样是"非历史性"的,而是已经开始认识到历史研究的必要性,孟德斯鸠就是个例子。卡西尔在他的《启蒙哲学》中这样评价道:"孟德斯鸠之所以成为他的时代的代表和启蒙运动的天才思想家,原因在于他从对历史的一般原则和动力的认识中寻求在将来有效地控制它们的可能性。人并不简单屈从自然的必然性,他作为自由的动因能够并且应当塑造自己的命运,实现自己注定的和恰当的未来。"①

基于理性主义的近代自然权利和自然法遭到了反对并开始衰落下去。在这个历史过程中,首先攻击近代自然权利、自然法的是英国经验主义者休谟。休谟从经验主义的立场,通过对理性的怀疑以及事实与价值(实然与应然)的严格区分摧毁了永恒不变的自然法体系。他认为政治制度或行为的基础不是理性,而是习俗、习惯、传统。休谟从反面阐述理性的局限性,瓦解了自然法体系,"的确成为卢梭和伯克提出的价值准则的逻辑先决条件:卢梭把价值准则归之于善良情感,伯克则把它归之于不断成长的民族传统"②。卢梭对自然法、现代性的批判开创了浪漫主义的先河,而伯克则开启了保守主义和民族主义的历程,这两者恰恰汇成了历史主义的传统。可见,列奥·施特劳斯把卢梭和伯克列为自然权利的危机的代表人物,真可谓一针见血。

自然权利学说遭到真正质疑和反对的便是德国的历史主义(历史的法学派)的出现。历史主义从两个方面反对自然权利/自然法学说,首先,历史主义反对近代政治哲学/自然权利学说的哲学前提——自然科学。与近代自然科学兴起几乎同步的是历史科学也开始登上人类思想史的舞台,它是以摆脱自然科学方法论权威的面貌出现的,从维柯开始就已经试图脱离自然科学方法的束缚了。维柯在《新科学》中强烈地反对将笛卡尔的自然科学方法运用到历史中去,从而成为历史主义主张自然与历史二分的理论先声,为后来狄尔泰、新康德主义关于自然科学与精神科学(文化科学)的区分埋下了伏笔。这也就是在方法论意义上所说的历史科学的兴起。其次,就是历史意识的觉醒:历史主义是在德国语境中出现的,是德国对于启蒙运动思想模式,尤其是对自然法(自然权利)学说的反动。它否定任何普遍的价值(规范)和抽象的原则,承认所有的价值都是在某一历史环境的背景下产生的,所有的价值都是独特的和历史性的。

① 卡西尔:《启蒙哲学》,山东人民出版社 2007 年版,第 199 页。
② 萨拜因:《政治学说史》下册,商务印书馆 1986 年版,第 668 页。

第三节　自然与自由的区分

自然与历史的区分,是近代历史哲学的重要标志,也是历史主义的重要特征。历史主义主要是考察历史研究的对象是历史世界,有别于自然世界,因而更多是从方法论的角度来定位的。正如前面指出的那样,历史主义强调历史研究方法的独特性和人文性;而这种方法论的基础是建立在历史哲学本体论意义上的自然必然性与历史的自由区分之上的。

一、自然状态与自由

历史哲学中的自然与自由的关系,起初是从近代自然权利和政治哲学中作为问题意识生发出来的。

在霍布斯的自然权利学说中,基于人的自然状态形成了人的最基本的权利——自我保全的权利:每个人都是自身利益的维护者。当然,这种权利也不是任意的、不受约束的,还要受制于自然状态中的自然法,也就是必须"遵从协定"。自然权利学说试图从自然状态中寻找社会的原则与规范,也就是说霍布斯仍然坚持自然状态与社会状态有着某种统一性,因此可以从自然状态中寻找社会状态的基本规范——自然法。简而言之,自然法是可以从自然状态中推演出来的。在这一点上,霍布斯与古典自然法在方法上有着一脉相承的地方,即都主张从"自然"中推出"自然法",尽管二者对自然的理解不尽相同。萨拜因在《政治学说史》中对此作过深刻阐述:"在霍布斯的方法和自然理论的方法之间表面上还多少有如下相似之处:二者都声称它们的基本原则均源自人性(人的自然——引者注),并由此而推断出某些为法律和政府所必须遵循的规则(即自然法——引者注)。可是二者依存于人性的含义却大不相同。就典型的自然法理论而言,这种依存关系从广义上说是亚里士多德派的,这就是说,自然法所陈述的是人道而文明的社会所具有的基本道德条件。因此,这些条件就是要接近的目标,它们对于成文法和人的行为从伦理上施加一种调整性的控制。另一方面,对于霍布斯来说,控制人的生活的并不是结果而是原因,即人这种动物的心理机能。"①虽然二者不同,但毕竟自然权利论与

---

① 萨拜因:《政治学说史》下册,商务印书馆 1986 年版,第 519 页。

古典自然在推理方法上有相同之处,即都是一种"实然"与"应然"的统一。

卢梭则认为自然状态与社会状态是完全对立的,不可能从前者中找出后者的标准和规范:"公民社会不能建立在自然基础之上,自然只支配自我利益。自然太低级不理解公民社会,对自然的研究表明它不能作为标准,至少不能作为社会的标准。"①按照卢梭的看法,这便是他的前辈们(尤其是对于霍布斯来说)所不理解的东西。公民社会需要道德而不是动物式的激情。霍布斯基于每个人的利益之计算只能使社会进一步发展那些激情,而这会不可避免地导致暴政和无政府状态。公民社会需要建立在道德基础之上;道德不是自然的,而是人在历史中的自由创造。

卢梭认为,社会契约的确立和基于公意的公民社会的成立,标志着人从"自然状态"进入到了"社会状态"。在自然状态中,人们过着质朴、简单而又幸福的生活,彼此之间没有任何社会联系,也没有善恶的观念。这与霍布斯笔下的"人性本恶"自然状态有质的差别。卢梭明确指出,在自然状态中,人与动物不同,人有一种可完善性的能力。但是这种能力在产生智慧和幸福的同时,却又产生了种种不幸,尤其是私有制的出现,使人类开始跨入文明社会的门槛。卢梭从文明社会中看到了人类的不平等和社会的堕落。因此,人们把卢梭看成是现代性批判的先声。但是卢梭并不主张完全回到自然状态中去,而是要建立一种公民社会,人于是从"自然人"变成为公民。公民社会要在根本上消除文明社会所导致的不平等,要以道德和法律的平等(即社会契约)来代替自然所造成的人与人之间身体的不平等。卢梭的解决方案是从自然状态到文明社会再到公民社会,有人称之为基督教救赎的三段式。而恩格斯则高度评价了卢梭的三段式,堪称黑格尔、马克思的否定之否定的理论先驱:"在他(指卢梭——引者注)的详细叙述中可以看到和马克思所使用的完全相同的整整一系列辩证的说法:按本性说是对抗的、包含着矛盾的过程,一个极端向它的反面的转化,最后,作为整个过程的核心的否定的否定。"②

这里有必要简单比较一下霍布斯和卢梭的自由观。二者从广义上讲都属于自由主义的理论谱系。霍布斯的自由观是建立在自我保全的自然权利基础

---

① 列奥·施特劳斯、约瑟夫·克罗波西主编:《政治哲学史》,河北人民出版社1993年版,第655页。

② 《马克思恩格斯选集》第3卷,人民出版社1995年版,第483页。

之上的。他明确指出:"每个人按照自己所意愿的方式运用自己的力量保全自己的天性(自然)——也就是保全自己的生命——和自由。"①然而,"在霍布斯的学说中,自由,或者说每个人作为自己的自我保全的手段的唯一裁断者的权利;在自由与自我保全发生冲突时,自我保全具有优先性。而在卢梭看来,自由是比生命更高的善。"②可见,霍布斯眼中的自由是一种作为自我保全的手段,因此带有明显的个人主义和功利主义的色彩。而在卢梭看来,自然状态中的自由还不是真正的自由,只有通过社会中的自由并且上升为道德中的自由才是真正的自由。他明确谈道:"人类由于社会契约而丧失的,乃是他的自然的自由以及对于他所企图的和所能得到的一切东西的那种无限权利;而他所获得的,乃是社会的自由以及对于他所享有的一切东西的所有权。"社会中的自由还不是真正的自由,"惟有道德的自由才使人类真正成为自己的主人,因为仅只有嗜欲的冲动便是奴隶状态,而惟有服从人们自己为自己所规定的法律,才是自由"。③ 自由就是服从于个人为自己的立法,这种自由只有在公民社会状态中才是真实的。个人为自己立法,每个人都认可,卢梭将之诉诸公意。公意其实是一种自由意志。这种自由不是以外部物质强制的压迫使然,而是以每个人的自由意志为基础的。于是,卢梭的自由观是一种积极意义上的自由,与霍布斯的消极意义上的自由区别开来,并为康德的思想开辟了道路。

二、自然必然性与自由

古典意义上的自然即作为"本性"的自然,是永恒不变的,具有神圣秩序的来源,人的实践活动及其历史都要顺从自然。因此,人在自然面前毫无真正的自由可言。当然,古希腊的自由观与今天的自由观,大不相同。亚里士多德所说的自由也只是在城邦中得以实现,这种自由更多地是依照人的本性(自然)而生活。亚里士多德将人的活动一分为三:理论、实践和技艺。理论以不变的事物即自然为思辨对象,而实践(道德、伦理实践)和技艺实践的对象都

---

① 霍布斯:《利维坦》,商务印书馆 1986 年版,第 97 页。
② 列奥·施特劳斯:《自然权利与历史》,生活·读书·新知三联书店 2003 年版,第 284 页。
③ 卢梭:《社会契约论》,商务印书馆 1982 年版,第 29 页。

是可变的事物。道德、伦理实践又与技艺实践不同,前者是自成目的的。虽然古希腊哲学在苏格拉底以后由自然哲学转向了实践哲学(伦理、道德层面),但是二者并没有发生真正的断裂,实践哲学仍然以自然哲学为模本。万物虽然千变万化,但其背后的本性即自然却是永恒不变的,那么伦理实践是否也与自然哲学一样存在着不变的规范和秩序呢? 古希腊哲学家们的回答是肯定的,于是伦理和价值领域出现了自然与习俗的二分,自然法逐渐成为人们生活领域的不变规则和秩序来源。正如前面论述的那样,古希腊的自然以及建立在此基础之上的古典自然法都是目的论的。亚里士多德在道德、伦理实践领域所主张的自成目的性也是依据这种自然概念的,他预设了人是城邦和政治的动物,人的实践活动和一切行为都是趋向善的目的,是善的自我实现。

到了近代,自然的内在目的论被摧毁。近代自然科学意义上的自然观是机械论的,虽然他们在"第一推动力"诉诸于外在的神学目的论。但是除此之外,万物都是按照机械的规律原则来运动和发展。因此,近代的自然科学的目标就是认识和利用自然规律从而改造自然,而人的自由只能是对自然必然性的认识了。这也是斯宾诺莎直至法国机械唯物主义的一贯主张,难怪有的学者将此种自由称之为认识论意义上的自由。

从上面的简单分析中可以看出,无论是古典意义上的带有目的论色彩的自然还是近代科学意义上的机械自然观,都是"非历史性"的。它们都从永恒不变的自然秩序或自然规律(自然必然性)出发,否定了人的真正历史性的自由创造。基督教产生以后,这种情况发生了根本的改变。基督教的历史观开启了历史的新世纪,把自然看做是上帝的创造,于是自然的地位就降低了。其实这种自然观只是人本观的异在之表达,隐藏在深处的是人的主体性精神的张扬,凸显了人的自由意志。这也成为近代政治哲学中"自由"得以呈现的源头。近代自然权利学说提倡并高扬个人主义的自由观,但是这种自由观大多数是消极意义上的,是以捍卫个人的天赋人权并靠外在的物质强制为前提的。只有以卢梭为典型的欧洲大陆哲学家提出了真正的自由是道德的自由,作为人的自由意志之集合的公意成为他政治自由的核心。于是卢梭的政治哲学为康德的自由观开辟了道路,为德国古典哲学解决自然与自由的关系问题开辟了道路。因此,卢梭被康德称为"道德领域的牛顿"。康德试图为政治自由和平等奠定一个无条件的道德基础。他通过划分理论理性和实践理性、自然领域(现象界)与自由领域(本体界),强调实践理性、自由的优先性,从而延续了休谟对理论理性的批判和卢梭对政治自由的道德基础的追寻。①

古希腊的习俗与自然的区分、亚里士多德的道德伦理实践、技术实践与理论思辨的区分都成为康德哲学自由与必然关系的理论渊源。近代哲学主张人与自然的二元对立内在地蕴涵了自由与自然的二元对立。"随着近代哲学的主客二分框架的确立,自然被理解为主体的对象,这种区分也就简化为人与自然的区分、必然与自由的区分。自然既是理论活动的对象,也是技术活动的对象,都是必然性的领域,而道德伦理的对象则是人的意志,因此是自由的领域。"②这在康德的哲学中最为明显,必然与自由的关系问题成为整个康德批判哲学的出发点和关键点。在《纯粹理性批判》中,康德就明确提出了必然与自由的二律背反。

为了解决二律背反的困境,正如区分理论理性与实践理性,康德也为必然领域和自由领域划分了界线。"在纯粹思辨理性的二律背反里面,在世界上事件的因果性的自然必然性与自由之间存在着类似的冲突。这个冲突已由如下的证明消除了:如果人们把种种事件乃至事件在其中发生的世界仅仅视作现象,那么就没有真正的冲突;因为这同一个发生行为的存在者作为现象具有感觉世界之中的因果性,后者在任何时候都是符合自然机械作用的,但是就同一个事件而论,只要发生行为的个人同时视自己为本体,他就能包含那种依照的因果性的决定根据,而后者本身是不受任何自然法则支配的。"③可见,康德敏锐地意识到了人是两重性的存在物。一方面,人是由自己的意志支配的,属于本体界,因而是自由的;另一方面,人的意志的表现即行为却是服从自然(因果规律),属于现象界,因而是必然的。

为了打通这两个领域,康德继纯粹理性批判和实践理性批判之后,又进行了判断力批判。他在《判断力批判》中提出了一种不同于"规定性的判断力"的"反思性的判断力",即不是用已经准备好的知性概念(范畴)去规定经验性直观的特殊材料以形成客观知识,也不是用理性概念(理念)去规定人的意志以产生实在的道德行为,而是为已有经验的特殊杂多表象寻求其无概念的普

① 参见郁建兴:《自由主义批判与自由主义理论的重建——黑格尔政治哲学及其影响》,学林出版社2000年版,第69页。
② 王南湜:《后主体性哲学的视域——马克思唯物主义的当代阐释》,中国人民大学出版社2004年版,第222页。
③ 康德:《实践理性批判》,商务印书馆2005年版,第125页。

遍性,即"主观普遍性"。质言之,"反思的批判力"所寻求的主观普遍性就是"合目的性"原理。可以说,康德在《判断力批判》中提出的"合目的性"的概念,成为沟通理论理性和实践理性、自然与自由之间的桥梁。反思批判力根据对象的不同,划分为审美判断和目的论判断:前者主要是艺术作品,表现为主观的合目的性;而后者主要指的是有机的自然界,表现为自然本身的合目的性。康德特别重视的是"自然合目的性",这种目的论可以说继承了亚里士多德意义上的"内在目的论"思想,指涉的是有机的自然界,表征着有机体是自然的机械性和目的性的统一。但他又指出,自然目的性是一种主观的原则,并且也只是对判断力的一个指导性的思想。对此黑格尔评价说,这只是一种主观上的统一,对于自在的存在并没有说出什么东西。① 因此,康德并没有真正解决必然与自由之二元对立,其目的论思想也为后人诟病。

尽管"自然目的论"是康德哲学令人诟病之处,但它确实是理解康德历史哲学的关节点,因为其历史哲学是从自然的目的论思想引申出来的。② 正如英国历史哲学家柯林武德在《历史的观念》中指出的那样,理解目的论要首先从《判断力批判》中寻求答案。前面已经论述了判断力批判中的目的论思想,下面来看看康德怎样理解历史。他通过引入"自然的意图"(也译作"自然的计划"),把历史看做只不过是大自然的隐秘计划的实施而已。质言之,历史在他看来不外是大自然实现其"最高目的"乃至"终极目的"的过程而已。因此,有人把康德的历史观称作"自然的狡计",以类似于黑格尔的"理性的狡计"。看来,康德的历史哲学亦存在神学目的论的色彩。

其实,"在康德看来,人类是自然界的一个部分,其历史也是自然过程的

---

① 参见黑格尔:《哲学史讲演录》第 4 卷,商务印书馆 1996 年版,第 296—301 页。

② 关于康德的历史哲学的定位问题,学术界有着不同的见解。有的学者把康德有关历史哲学的专著直接称作"康德的第四批判",如何兆武先生认为,"有关历史与政治的理论著作……则在通称的三大批判之外别有其丰富的思想内容,并对后世有着深远的影响,故尔曾有'第四批判'或'历史理性批判'之称。"(见康德:《历史理性批判文集》,商务印书馆 1990 年版,"译序"第 2 页)。何先生指出:这种说法来自新康德主义者恩斯特·卡西尔(E. Cassirer)和孔拍斯托(R. ComPosto)(参见何兆武:《重读康德》,《读书》2003 年第 3 期)。但是有的学者则持不同意见,认为康德的历史哲学只是三大批判的内在逻辑的展开,并不具备单列为第四批判的资格,参见邓晓芒:《康德哲学诸问题》,生活·读书·新知三联书店 2006 年版,以及李秋零:《德国哲人视野中的历史》,中国人民大学出版社 1994 年版。笔者赞同后者的观点。

一个部分"①。康德是以历史隐语的方式来承认历史中的合规律性,从而把历史从属于自然界。柯林武德对此一针见血地指出:"在自然计划(自然意图)和自然规律二者之间的平行(应译作"相似"——引者注)所具有的某些涵义,却透露了康德在历史哲学中一个严重的弱点。"②康德把历史从属于自然界,这显然与传统意义上的历史哲学主张自然与历史的二分相抵牾。因此,康德的哲学也遭到了后来者的批判,尤其是历史主义的批判。历史主义于是以批判的历史哲学的面貌出现,它当然与康德的思辨历史哲学相别,所以狄尔泰要重建历史理性批判是有道理的。因为,康德并没有系统考查和批判人类的历史认识能力,而只是一般地批判了人的理论理性,换言之,人的认识能力是从属于理论理性的。而按照后来历史主义的看法,历史认识和科学认识是分属于不同的知识领域的。

如果说,康德的历史哲学是把历史从属于自然,仍然对自然的目的论存有几分神秘的话,那么黑格尔则相反,把自然纳入历史的逻辑。黑格尔高扬启蒙以来的人类理性,把历史描述为绝对理性或绝对精神在世界中获得具体形式的发展过程,甚至把天意信仰改造成"理性的狡计"(其实"理性的狡计"也就是天意的理性概念)。这样,黑格尔就把理性(精神)与历史结合起来了,把基督教的神圣历史成功地投射到世界历史之上,世界历史是自由的精神的发展和实现的过程。借助于精神的自我实现,黑格尔实际上保持了对基督教的忠诚,并且在尘世的世界历史中展现了上帝之国。在此意义上,洛维特认为,黑格尔"以人的理性和自由的形象"世俗地产生基督教,并把通过基督来实现时间的神学断言纳入了启蒙运动的进步信仰。

可见,无论是康德还是黑格尔都属于传统的思辨历史哲学的谱系。目的论维系了人类历史的意义,我们通常把意义和目的联系在一起,并不是偶然的。正是"目的"确定了"意义"的内涵。卡尔洛维特深刻地指出:"历史哲学的事实及其对一种终极意义的追问,乃是起源于对一种救赎史的终极目的末世论信仰。"③

---

① 李秋零:《德国哲人视野中的历史》,中国人民大学出版社 1994 年版,第 100 页。
② 柯林武德:《历史的观念》,商务印书馆 1997 年版,第 150 页。
③ 卡尔·洛维特:《世界历史与救赎历史》,生活·读书·新知三联书店 2002 年版,第 8 页。

第四节　自然与历史的二分

自然与历史的关系是康德以来的近代历史哲学的重大课题。古典历史主义和新康德主义学派的思路是从方法论上进一步厘清自然科学与文化科学（历史科学、社会科学）的研究方法的离殊。而从存在论上廓清自然与历史的关系则是由思辨的历史哲学的传统所开辟的，其理论渊源仍然要从古希腊的"自然"概念说起。

一、自然与历史的存在论二分

古希腊关于作为"本性"的自然的思维方式，是将自然作为与人相独立自存的存在者而对待的。"自然物"与"人工物"的二分更是充分说明了自然是独立于人而存在的。以这种思维方式去探讨自然事物，必然就是探求事物内在的、永恒的性质，探求某种事物真正所是的东西，这也就是亚里士多德所谓的形而上学。可见，自然的确是在本体论意义上被看待和思考的，自然物是真正体现了自然的内在的本质。只不过，这恰恰说明了自然被理解为根本的、主要的和永恒的实体。"既然自然被理解为永恒不变的实体，那么它必然是外在于人类生活的。这并不是说，人类生活中没有自然或者在人类生活中不能谈论自然。"①事实上，古希腊所谓的"自然物"不能等同于现在所说的"自然界"，人的生活及其活动也可以说是自然的，即是有"本性"的。在古希腊哲学家看来，人及其各种活动（如创制活动、伦理实践）甚至人的灵魂和心灵的本性（自然）都与自然界一样都属于自然物。亚里士多德认为人在自然上是城邦的动物，就明确说明了这一点。可见，这里的自然物的外延要大于经过近代化的"自然界"。

虽然古希腊的"自然"概念超出了自然界的范围，只要是"本于自然"（by nature）的事物都是自然物。但是这种自然物是作为绝对的逻辑上的优先性而存在的，是人类所不得不接受的领域，人在自然面前无所谓自觉的自我意识可言。因此，这种自然是本体论意义上的，人只能静观之、深思之。由此，古希

---

① 参见王南湜：《后主体性哲学的视域——马克思唯物主义的当代阐释》，中国人民大学出版社 2004 年版，第 203—204 页。

腊的思辨理论活动统摄并凌驾于人类的其他活动之上。因为理论所探究的对象是永恒不变的自然。这也就是亚里士多德所说的理论活动高于创制活动和伦理实践。而同时作为人类活动的"历史"也是低于自然的,因为它是人为的、短暂易逝的。与之相应的知识形态是:真正的知识是以研究自然为对象的形而上学,历史学只是作为意见而存在。

在古希腊,由于人的主体性意识处于萌芽状态,人只能以自然为其立法者,人类敬畏自然、崇尚自然。人类的历史意识根本就没有觉醒,面对苍茫、浩渺的宇宙,古希腊的历史观是以自然宇宙的和谐秩序以及生生灭灭的宇宙规律为解释范本的。历史是短暂的、变动不居的,只有宇宙自然的和谐秩序是永恒的有意义的,而且永恒的自然(宇宙)是不朽的。这就意味着希腊人把历史纳入自然的视野。

到了近代,由于人的主体性意识的觉醒,自然与历史的关系发生了根本的改变。自然与历史开始处于紧张的二元对立。自然与历史的二分是由近代主体性哲学的典型思维模式所造成的。近代哲学从对实体性的客体的研究转向了对主体的研究——从意识出发构造对象,即通常所谓的"认识论的转向"。笛卡尔的"我思故我在"是个典型的例子,康德的"人为自然立法"更是集大成者。

首先,是关于自然的概念发生的裂变。较之古代的作为"本性"的自然已经完全沦为自然界(即自然物的总和)了,自然成为人(主体)认识和改造的对象。培根的征服和控制自然的观点就集中代表了近代的思想倾向。这种倾向背后隐含着深层的观念基础,即"人为自然立法"。对自然的征服和控制与把自然理解为主体思维构造的产物是相一致的,因为只有把自然看做是思维构造的对象才能控制自然。

"人为自然立法"集中代表了近代笛卡尔开创的"我思故我在"的致思之路。"自然"与"精神"(思维)开始区分开来,"自然"成为"精神"(思维)的构造之物。近代哲学家都把自然看做是精神(心灵)的"作品",这与古代的自我生长的目的论的自然观显然不同。康德就曾明确指出:"自然就是物的存在","自然的本质,在这种比较狭窄的意义上说,就是经验的一切对象的合乎法则性,而就其是先天地被认识了来说,它又是经验的一切对象的必然的合乎法则性"。[①] 简言之,康德把自然(物质世界)看做是现象界,是由纯粹知性造

---

① 康德:《未来形而上学导论》,商务印书馆1997年版,第60—61页。

就的,而作为物自体则外在于人,不为人的知性所知。因此,柯林武德评价道:"它(知性——引者注)内在于所有的人类思维中,并且尽管它造就自然,但不创造自然。"①可见康德是把自然看成是人类知性和必然的产物,自然与物理学等近代科学眼中的物质世界一样,都是自然物,是人类的知性可以认识的。

其次,近代哲学不再把自然世界视为独立于认识主体而产生的,而将其把握为思维的产物。这最初不是源自康德的观点,而是来自意大利哲学家维柯,尽管他的思想到了后来才为人所尽知。当然,维柯提出的相似的思想是在历史观方面。他认为,既然自然是由上帝创造的,人类不能最终认识自然世界。但是,人类能够认识历史,是因为人类自己创造了历史。所以说,历史的认识主体与创造的主体是合一的。马克思也曾经引用维柯的话:"人类史同自然史的区别在于,人类史是我们自己所创造的,而自然史不是我们自己创造的。"②

如同自然物是人制造的一样,人类可以认识它。从认识论上看,自然与历史又有一致之处,因为近代的哲学认识论前提是:认识的对象是由我们自己创造出来的,因此它是能够被我们认识的。这种近代世界观与古代是不同的,"在古代,认识总是制造的前提条件,而现在,制造成了认识的前提条件——即使可能仅仅是想象中的制造"③。

如前所述,古代的哲学是作为"反历史的形而上学"的面目出现的。这种哲学的根本特征是在千变万化的现象背后寻找统一、永恒不变的本性(即自然),而历史作为变化、暂时的现象显然不能成为哲学研究的对象,只能作为自然的附属物,或者说自然把历史纳入自己的视野。到了近代,历史开始进入哲学的领域,历史哲学开始兴起。秉承基督教的历史观念,历史学逐渐获得了知识形态,而历史本体论和历史认识论相互统一,这在维柯的"人只能认识他所创造的东西"原则性主张中可见一斑。

哲学中引入历史的原则,表明传统的形而上学开始展现出新的面貌。然而,历史哲学终究是思辨的,历史还是被强大的形而上学引力场所吸附,变成了理性的历史、绝对理念的历史。这在黑格尔那里表现得淋漓尽致。同样,历

①　柯林武德:《自然的观念》,北京大学出版社 2006 年版,第 141 页。
②　《马克思恩格斯全集》第 44 卷,人民出版社 2001 年版,第 429 页。
③　格鲁内尔:《历史哲学——批判的论文》,广西师范大学出版社 2003 年版,第 132 页。

史在卢卡奇(本身带有黑格尔哲学的倾向)那里也具有哲学本体论意义,他通过考察以康德为代表的近代哲学的矛盾——主体和客体、思维与存在、自由和必然等的对立,认为要克服这些对立,就必须寻求一种类似斯宾诺莎的实体。这个实体"应是哲学基础的事物的秩序和联系,那就是历史"①。同时,在卢卡奇那里,哲学本体视域中的历史则是与辩证法具体的生成性规定相一致的。"只有在历史的生成中,在性质上新的东西不断形成中,而且只有在这一切中,发现那个事物的典型的秩序和联系。"也只有在历史的生成中才能真正消除事物和事物概念的——真实的——独立性及因此而造成的僵硬性。于是历史的生成消除了这种独立性。恰恰是由于历史的生成迫使想与这些因素相符合的认识把概念结构建立在内容之上,建立在现象的独一无二的和新的性质上。因此它同时就迫使这种认识不让这种因素坚持其纯粹具体的独特性,而是把它们放到历史世界的具体的总体,放到具体的总的历史过程本身之中,只有这样,认识才成为可能。② 也就是说,生成性消除了主体和客体、思维与存在、自由和必然等的对立。

　　近代哲学的一大特色将历史作为形而上学中"一"与"多"、普遍性与特殊性的中介。哈贝马斯深刻地指出:"黑格尔之前,形而上学思想一直是以宇宙论为中心的;一切存在者与自然之间都是统一关系。如今,历史领域要被整合为这种存在的总体性。"黑格尔的绝对精神通过历史这个中介来完成综合性的工作,和历史一起,偶然性和不决定性也被纳入了同一性的理性的循环封闭结构。黑格尔的做法遭到了哈贝马斯的批评:"利用历史意识,黑格尔建立起了一种权威,其颠覆力量使他自己的结构也摇摇欲坠。历史把自然和精神的教化过程都吸收了过来,它必须遵循这种精神的自我解释的逻辑形式;历史经过升华,成了历史的反面。"③究其竟,历史之所以走向了反历史,是因为黑格尔的历史哲学将历史主义的原则扬弃在绝对精神里面,避免了历史主义的相对主义,由此也付出了绝对主义的代价。历史学派反对黑格尔的思辨历史哲学由此得以引发。

　　综上所述,古代和近代的对待自然与历史的哲学思维模式都是同一性的

---

① 卢卡奇:《历史与阶级意识》,商务印书馆 1995 年版,第 220 页。
② 参见卢卡奇:《历史与阶级意识》,商务印书馆 1995 年版,第 222—223 页。
③ 参见哈贝马斯:《后形而上学思想》,译林出版社 2001 年版,第 152—153 页。

绝对,要么历史被归于自然,要么自然被皈依了历史。

二、自然与历史的价值论二分

为了更好地理解自然与历史二者之间的关系,我们还要从哲学上厘清自然观念、历史观念所蕴涵的存在论与价值论的关系。在思想史上,人类最初的自然观念体现的是存在论与价值论的统一,历史观念的出现,使人们开始区分存在与价值(应然与实然、事实与价值)。

以往把自然理解为实体性的自然,其实这是近代化了的自然即自然界。在古希腊那里,自然本身是实然与应然的统一,自然法的出现是以形而上学的开端——自然的发现为前提的。自然法集中体现了价值意义上的自然概念,自然是存在论和价值论相统一的。因为自然本身就是标准,代表了一种秩序。自然在希腊人的思想中是事物的严格秩序,因而它比传统中约定形成的法律更为重要:古希腊的自然与习俗二分,且自然要高于习俗。更为重要的是,自然是隐匿的,赫拉克利特有名言曰:"自然喜欢隐藏自己",意思是指事物的本性是看不见的,只有靠思想(理论)才能发现它:"思想是最大的优点,智慧就在于说出真理,并且按照自然行事,听自然的话。"① 可见,自然本身已经是做人行事的标准了。

自然之所以能成为标准是因为事物的"本性"使然。在古希腊社会中,哲学在根除了权威之后,才真正认识到"自然"乃是标准。起初人们追寻初始事物和做事的正确方式是靠权威来确定的,这种权威是祖传的、约定俗成的。然而,"好的"与"祖传的"并不完全等同。渐渐地人们发现,对于正确方式或初始事物的追寻,乃是追寻不同于祖传之物的"好的"事物,即开始追寻本然就是"好的"事物。"自然的发现"恰恰就是成为"本然就是好"的内在依据。所以,列奥·施特劳斯评价道,只有权威被根除后,自然才能被发现,哲学也就出现了,自然法才真正成为不变和永恒的了。因此,自然法开始成为超历史、超社会、超道德、超宗教的了。② 可见,自然不仅是价值的来源,而且也成了一种

---

① 北京大学哲学系外国哲学教研室编:《西方哲学原著选读》,商务印书馆 1981 年版,第25—26 页。

② 参见列奥·施特劳斯:《自然权利与历史》,生活·读书·新知三联书店 2003 年版,第89—90 页。

绝对主义、普遍主义的价值理念。

古希腊的"自然"所蕴涵的绝对、普遍的价值秩序,与人类所追求的本体性安全息息相关。人类刚从大自然的襁褓中挣脱出来,面对浩渺的自然与宇宙,不禁喟叹人类的渺小和无助。于是从自然(宇宙)中寻找秩序,寻找安身立命之本。他们的价值秩序来自于自然,自然本身就是一种规范,所以说,自然是一种形而上学框架中的实然与应然的统一。到了近代,随着主体意识的觉醒,自然逐渐退隐,人们不再认为能从"自然"推出人类的行为规范或价值,自然概念发生了重大转换:从存在论与价值论统一意义上的"自然"到一种纯粹认识论上的"自然"(确切地说是自然物),从而把"自然"变为人们可以支配和改造的对象物,这也就是近代主体形而上学的基本主旨。与主体意识觉醒相伴随的是人类的历史意识的觉醒,人类的历史观念也发生了转换:从古希腊的"反历史的形而上学"到近代的"历史意识"的凯歌行进。人们的价值秩序不再依赖自然的秩序,而是认定"人造秩序",依靠自己创造历史站立起来。同时,休谟、康德以来的近代哲学家反对从"事实"推出"价值",主张事实与价值的二分,这也是近代价值哲学兴起的重要标志。①

按照文德尔班的观点,希腊哲学从智者学派开始,经历了从宇宙论时期到人类学时期的转变。人类的目光从探寻苍茫的宇宙(自然哲学)转移到实践生活领域(伦理学),基于习俗的法律成为人类社会生活中的秩序和规范。在智者学派之前,人们对于法律的合法性并没有质疑,因为浸染了传统的法律就是各个城邦人们行事的权威。但是随着人们交往的扩大,不同城邦之间的法律难免出现冲突。这时,"关于是否存在普遍有效的东西的这个问题就成为希腊哲学或者说希腊启蒙运动的人类学时期的问题"。由此,自然与习俗的问题开始凸显出来。文德尔班精辟地分析道:"在某些经验面前就提出了这样的问题:是否存在任何时间任何地点都有效的东西,是否存在不分民族、国家、时代,因而对一切都有权威的法律。希腊伦理学就是这样以一个完全与物理学的第一个问题相似的问题而开始了。万物的本质始终不变,经过千变万

---

① 与之相印证的是,列奥·施特劳斯认为,社会科学拒斥自然权利是出于两个互不相同但又在很大程度上搅和在一起的理由——历史的名义、事实与价值分野的名义,这是很有见地的。参见列奥·施特劳斯:《自然权利与历史》,生活·读书·新知三联书店2003年版,第9页。

化仍在存在,此本质第一时期的哲学家称为自然。"①那么现在的问题是,是否也存在一种由永恒不变的自然所决定的法律(即自然法)与人为的、习俗的法律相对立?熟知哲学史的人都知道,自苏格拉底、柏拉图哲学始,希腊哲学承认有一种自然法且自然法高于习惯法、习俗法以自然法为基础。因此,自然与习俗的对立是古希腊哲学主要的特征之一。"自然与习俗或法令之间的这种矛盾是希腊启蒙哲学最有代表性的概念结构。这种矛盾支配了这个时期的整个哲学。从一开始它就不仅具有解释事物起源的原则意义,而且具有价值估计的规范意义或标准意义。"②

古典自然法以苏格拉底为其先驱,与智者学派重视感情和冲动相反,苏格拉底诉诸于人类理性,认为"知识就是美德"。自然法的出现就代表着普遍有效的人类理性,因此,文德尔班称苏格拉底"最深刻地理解了启蒙运动的原则"。

从事实与价值的关系来看,智者学派宣扬的"自然与习俗"的二分是最早的"事实与价值的二分"。当代批判理性主义的代表人物卡尔·波普尔通过考察哲学史后指出:"在希腊哲学的发展当中,这种关于事实与规范的二元论本身是以自然与社会约定二者之间的对立来表述的。"③以科学精神探究社会现象的"智者学派",最早把人类环境区分为自然环境和社会环境,由此发展为后来的空间概念的"自然"和"社会"、时间概念的"自然"和"历史"的二分。波普尔认为"自然"(自然界)与"习俗"(社会历史领域)二者遵循不同的法则。前者通行的是自然法则或自然规律,它是严格的、不能变更的、在自然状态下实际有效的法则。它超越了人类的控制之外,不能被打破,也不能被强制施行,尽管人类可以掌握它并运用于技术。而适用于社会历史领域的规范性法则无论是一项依法制定的法律,或者是某项道德戒律,都能够由人强制执行,是能够改变的。它还可被描述为好的或坏的、正确的或错误的、可接受的或不可接受的;但是只有在某种比喻的意义上,才能称为正确的或错误的,因为它并不描述事实,而是规定我们行为的方向。④

---

① 文德尔班:《哲学史教程》上卷,商务印书馆 1987 年版,第 97 页。
② 文德尔班:《哲学史教程》上卷,商务印书馆 1987 年版,第 104 页。
③ 卡尔·波普尔:《开放社会及其敌人》第一卷,中国社会科学出版社 1999 年版,第 120 页。
④ 参见卡尔·波普尔:《开放社会及其敌人》第一卷,中国社会科学出版社 1999 年版,第 120—124 页。

这种自然与习俗(规范)的二分,在波普尔看来就是近代价值哲学的"事实"与"价值"的二分的雏形。这种二元论主张,规范与规范性法则是由人来判定并改变,特别是由遵守它们或者变更它们的社会约定来判定并改变,并且人正是因此在道德上对它们负有责任。这些规范不会在自然中被发现:"自然是由事实和规律性构成的,而且就其本身来说既不是道德的也不是不道德的。……我们是自然的产物,但是自然既创造出我们,同时又赋予我们以改造世界的力量、预见和规划未来的力量,以及作出我们在道德上为之负有责任的广泛而影响深远的使命的力量。"[①]而自然法的出现则彻底摧毁了这种二元论,从自然可以推出"规范",自然本身就是规范或标准。这显然是一元论的。而且自然法假定人的起源(自然)蕴涵了人的一切形式和目的。举例来说,在《理想国》中,苏格拉底把正义还原为一个城邦的起源和最终获得存在的问题,人或城邦的起源(事实)已经蕴涵着人或城邦的规范(价值)。而卢梭、休谟、康德等现代哲学家,严格区分事实与价值、实然与应然,认为从人之起源的事实中推不出任何关于人的规范。

这种二元论正是近代以来由休谟开创的著名的"事实"与"价值"二分的逻辑的发展和延伸。历史真是惊人的相似。与智者学派的情感论相似,休谟开始的"事实与价值的二分",恰恰是反对理性的自然法。他最早发现了事实判断与价值判断即"是"与"应当"的逻辑鸿沟:"在我所遇到的每一个道德学体系中,……不再是命题中通常的'是'与'不是'等连系词,而是没有一个命题不是由一个'应该'或一个'不应该'联系起来的。……这个应该或不应该既然表示一种新的关系或肯定,所以就必需加以论述和说明。"[②]他进一步否定了自然法所宣扬的普遍理性法则,认为理性的作用在于发现真与伪,真与伪在于对观念的实在关系即观念与事实是否相符合;而情感、意志和行为没有这种符合关系。"因此道德上的善恶区别并不是理性的产物。理性是完全不活动的,永不能成为像良心或道德感那样,一个活动原则的源泉。"[③]一言以蔽之,休谟用"感情的逻辑"代替了"理性的逻辑",从而否定了天赋人权或自明

---

① 卡尔·波普尔:《开放社会及其敌人》第一卷,中国社会科学出版社1999年版,第125页。
② 休谟:《人性论》下册,商务印书馆1980年版,第509—510页。
③ 休谟:《人性论》下册,商务印书馆1980年版,第498页。

真理以及永恒不变的自然法等一套理性哲学。

休谟基于理性、事实和价值的区分,后来引起了这样的理论效应:"形成了对'感情'的新的学术评价,形成了浪漫主义的拟中古精神,引起民间诗歌的复兴和对民族文化历史根源的新的兴趣,并且造成一种观念,认为法律和体制表现在内在的'民族精神'。"①而这正是孕育了后来的浪漫主义和历史法学派(历史主义)。

实际上,历史主义在看待事实和价值的关系上,并没有像韦伯那样完全陷入了事实与价值的完全二分的境地。"根据历史主义的观点,事实与价值的区分最终是站不住脚的,因为理论性理解的诸最高原则(即通常所说的'范畴')与实践的诸最高原则(即一般所说的'价值')不可分离,还因为那种由种种范畴和价值构成的'体系'是历史性的或可变的;没有惟一正确的范畴和价值体系。"②也就是说,历史主义并没有对事实判断与价值判断作出截然二分。在对人类文化和历史的考察中,事实判断势必与价值判断融合在一起,其途径便是价值关联的概念,即把某个现象与一个或更多的文化价值联系在一起。③ 这就是韦伯所倡导的事实与价值二分的前提与基础。

关于韦伯与历史主义的关系,我们需要多说几句。韦伯虽然自己承认是历史学派的门徒,但是他与历史主义并不合拍。历史学派拒斥绝对的自然规范,但是又确立起仍然普遍的、客观的历史性标准。换句话说,历史学派在历史的面具下仍然保留自然权利。"历史学派坚持认为所有的权利都有其民族性,它把所有的权利都追溯到独一无二的民族精神,与此同时它又认定人类历史乃是一个有意义的进程或者说是由人类理智所能了解的必然性所主宰的进程,历史学派就借此赋予了自然权利以历史性。"④韦伯则拒绝了历史主义关于民族精神的形而上学假定,否定自然权利的历史性和民族性,认为现实总是个别的,意义总是主观的。韦伯坚持事实与价值的绝对异质性,而主张社会科学只能回答事实及其原因的问题,而对于价值问题则无法回答。韦伯否认对于价值问题有什么真正的知识,"真实的价值体系并不存在,存在的只是一系列不分高下的价值

---

① 萨拜因:《政治学说史》下册,商务印书馆1986年版,第679页。
② 列奥·施特劳斯:《政治哲学的危机》,载刘小枫:《苏格拉底问题与现代性——施特劳斯讲演与论文集:卷二》,华夏出版社2008年版,第17页。
③ 参见布赖恩·特纳编:《Blackwell社会理论指南》,上海人民出版社2003年版,第76页。
④ 列奥·施特劳斯:《自然权利与历史》,生活·读书·新知三联书店2003年版,第39页。

观,它们的需求彼此之间相互冲突,而此种冲突又非人类理性所能解决"①。

列奥·施特劳斯认为韦伯的关于价值之间的冲突不是人类理性所能解决的,会导致虚无主义。② 在"拒斥历史的终极意义"这个层面上讲,此话是有道理的,因为韦伯已经远离了历史学派的最重要的根基,他"抵达了与另一个人文主义者、走在通往非理性之路上的尼采所抵达的并非不同的一点上。上帝死了。历史不再是一个有意义的过程,并且成为了无法解决的价值冲突的领地"③。

我们知道,古典历史主义最初之所以没有陷入相对主义和虚无主义,就是因为它坚信历史的意义。须知,历史的意义仍然是目的论的。列奥·施特劳斯一针见血地指出:"历史主义不过用一种目的论代替了另一种目的论,它最终相信人的所有回答在本质上、在根本上是'历史的'。"④一言以蔽之,历史主义并没有完全放弃历史的意义,所以说它对于事实与价值的鸿沟没有完全意识到。由于韦伯意识到历史的意义的不可能性⑤,或者说意识到了关于终极意义的不可能性,因此才旗帜鲜明地主张事实与价值的二分,由此导致的社会科学方法论使得科学主义广泛流行。在这一点上,列奥·施特劳斯把韦伯的"事实和价值的分野"视为导致虚无主义的原因是有道理的。

从价值学的角度看,"自然"本身是目的论的,是形而上学的,是一种实然与应然的统一。而历史观念的出现,替代了自然的观念。"用后卢梭的语言来说,人之人性并不归因于自然,而是归于历史,归于历史过程,这个独一无二的过程并不是目的论的:这过程的目的或顶峰并未被预见也不能被预见,但一旦接近了充分实现人的理性或人性之可能,那么这个目的或顶峰也就在望了。"⑥人的历史性取代人的自然结果是:一方面,一切政治秩序和社会制度都

① 列奥·施特劳斯:《自然权利与历史》,生活·读书·新知三联书店 2003 年版,第 44 页。
② 参见列奥·施特劳斯:《自然权利与历史》,生活·读书·新知三联书店 2003 年版,第 45 页。
③ 伊格尔斯:《德国的历史观》,译林出版社 2006 年版,第 223 页。
④ 列奥·施特劳斯:《政治哲学与历史》,载丁耘等主编:《思想史研究——思想史的元问题》,广西师范大学出版社 2005 年版,第 192 页。
⑤ 伊格尔斯也一针见血地指出:对于历史具有意义的信念,是所有在世纪之交进行方法论探讨的历史主义著作家们所持有的信念——狄尔泰、文德尔班和李凯尔特,以及梅尼克和特洛尔奇。看起来,只有马克斯·韦伯察觉到了价值与事实之间的深刻鸿沟。参见伊格尔斯:《德国的历史观》,译林出版社 2006 年版,第 168 页。
⑥ 列奥·施特劳斯:《现代性的三次浪潮》,载贺照田主编:《西方现代性的曲折与展开》,吉林人民出版社 2002 年版,第 94 页。

并非出自人的自然,而是历史过程的产物;另一方面,政治哲学不再追求符合自然的政治秩序,而是转向探究所谓的历史秩序或历史规律。而且更为重要的是,在近代历史主义的兴起下,古典政治哲学遭到了质疑。人们不再追问政治事务之自然或永恒的基础,而是关注具体的事务:具体的团体、具体的人、具体的功业、具体的文明,某一起源迄今的文明进程。列奥·施特劳斯把二者的关系概括为"政治哲学与历史"。

政治哲学与历史的关系,其实是深层次上的价值普遍主义和特殊主义的关系。正如前面所述,历史主义是作为反对启蒙运动的普遍主义的自然权利哲学而登上历史舞台的。让我们回顾一下早期历史主义对政治哲学的攻击,而后者为法国大革命铺平了道路。18世纪的一些产生了广泛影响的哲学家,勾画了正当的政治秩序,或者说勾画了理性的政治秩序,这一秩序无需考虑特殊的时空条件,应该且能够在任何时空中被建立起来。而历史主义(历史学派)不同意这种做法,认为"历史"方法是研究政治事务的唯一正当的方法:"要理解既定国家的制度,而制度是过去的产物。正当的政治行动必须基于这种历史理解,他们以此区别于1789年的或其他的'抽象原则',他们反对这种'抽象原则'"①。简言之,历史主义主张用"历史性"原则反对政治哲学的"非历史性原则"。

历史性原则由于历史主义坚信历史的意义并没有贯彻到底。历史主义最初较好地解决了普遍性与特殊性的关系,即并没有陷入相对主义与虚无主义的深渊。使得他们与极端的相对主义分别开来的,"是他们坚定不移地相信,规范和体制的丰富多彩的变化并不是一个混沌的宇宙的反映;毋宁说,这些显露出来的,是一个在历史中展开它自身的最为根本而富有意义的统一体的许许多多的方面"②。对历史具有意义的信念是早期历史主义者们的共同特征。

可见,区分事实与价值正是在否定历史的意义或目的论的前提下才得以呈现出来。除了韦伯,还有当代著名的持"事实与价值二元论"的波普尔也否定历史本身具有意义:"我主张历史没有意义"。但是,"尽管历史没有目的,但我们能够把我们的目的赋予其上,而且尽管历史没有意义,但我们能够给予

---

① 列奥·施特劳斯:《政治哲学与历史》,载丁耘等主编:《思想史研究——思想史的元问题》,广西师范大学出版社2005年版,第182—183页。
② 伊格尔斯:《德国的历史观》,译林出版社2006年版,第168页。

它以意义。""无论是自然还是历史都不能告诉我们应该做什么,无论是自然的或历史的事实都不能为我们作出决定,它们不能决定我们将要选择的各种目的。正是我们把目的和意义赋予自然和历史。"①

历史的意义本身就规定了人的价值,同样在目的论上事实与价值也能统一起来。但是,历史的目的论毕竟不同于自然的目的论,后者把事实与价值统一起来没有任何纰漏,而历史的意义就那么简单了。因为历史的意义毕竟关涉着、渗透着人的活动。

---

① 波普尔:《开放社会及其敌人》下卷,中国社会科学出版社 1999 年版,第417 页。

第五章　历史唯物主义与历史主义问题

　　马克思的历史唯物主义理论是其一生中重大的发现之一,也是人类思想史的一次"壮丽日出"。从历史哲学上,马克思与历史主义的关系问题是研究历史唯物主义思想史来源的主要路径。历史主义是西方历史哲学发展的枢纽,其坚信"历史的意义"的世界观上承思辨的历史哲学,其力主"历史科学"的方法论则下接批判的历史哲学。马克思正是在通过对历史主义的世界观和方法论的批判和超越,实现了历史唯物主义的哲学变革。

第一节　历史的意义与"有限的目的论"

　　历史的意义问题,在批判的历史哲学那里是被忽视的。批判的历史哲学是靠反对思辨的、目的论的历史哲学起家的。众所周知,批判的历史哲学仅限于考察历史的认识论的条件,拒绝承认历史本身的意义问题。但是,批判的历史哲学在当代已经被许多评论家所质疑,认为其犯了"上演丹麦王子而没有哈姆雷特"的错误;而主张历史是本体论和认识论的统一,不存在离开本体论的历史认识论。换言之,不论思辨的历史哲学和批判的历史哲学争论如何激烈,历史的本体论问题即历史的意义问题是历史哲学研究不可回避的理论基础和内核。

一、历史哲学与历史的意义

　　当代历史哲学发展的趋势是淡化思辨的历史哲学,甚至发生了从历史认识论到历史哲学的"语言学"转向。当然,这是在历史叙事领域发生的,传统的历史真实性问题已经溢出人们的视野,到处充斥着"戏说历史"的图景。历史好像又回到古希腊,克里奥女神似乎又重新焕发出迷人的微笑。只不过,后现代主义的历史哲学更注重文学式的修辞,历史事实充其量不过是历史学家们演绎历史的素材。于是,历史真实性问题被解构了,历史学俨然成为了一门艺术。这显然与历史主义追求历史知识的真实性、客观性的宗旨相违背。其实,这是现代哲学发生的"语言学转向"在历史学领域的回光返照。新历史主义的文学批评、后结构主义等思潮更是推波助澜了这种转向。

虽然历史认识论、历史语言论风靡当代史学界,历史本体论可以"存而不论"却不能取消之。尽管汤因比之后,再也没有人提出历史的思辨问题,但是这一问题似乎并没有得以解决。历史的意义问题在今天看来仍然有必要予以重视和理解。

历史的意义问题关乎思辨的历史哲学,对历史的意义的整体性追问乃是思辨历史哲学之任务所在。当人们思考历史的意义时,通常是从目的、价值和历史模式等方面来寻找答案的。[1]"意义概念与意图和目的性紧密地联系在一起,而这种目的性则将人类的行动作为一个能进行思维和反思的主体的活动凸显出来。因此,'意义'具有一种目的论内涵。"[2]在这里面,核心问题就是目的论问题。洛维特说得好:"通常正是目的确定了'意义'的内涵。一切并非天然地是其所是,而是由上帝或者人所意愿和创造出来的事物,其意义都是由其所为或者目的来规定的。"[3]对于历史哲学来说,追问历史的意义更多是带有神学(基督教)色彩的,是神学目的论的。与古希腊的循环往复的永恒历史观相对照,对基督教来说,历史首先意味着救赎历史。由此,基督教认为历史的意义就在于以耶稣基督的降临这一独特历史事件的出现为基础,而独特的历史事件是以一种终极目的(意义)即救赎历史的信仰为预设前提的。只有确定了历史事件的终极目的,历史的意义才是可能的。

历史的意义因思辨的历史哲学的式微而走向寿终正寝。洛维特看到了这其中的奥秘:"认真地追究历史的终极意义,超出了一切认识能力,压得我们喘不过气来;它把我们投入了一种只有希望和信仰才能够填补的真空。"[4]在现代,追问整体历史意义也许会被讥笑为无稽之谈,但人类最初对它的追寻却

---

① 详细的论述请参见格鲁内尔:《历史哲学——批判的论文》,广西师范大学出版社 2003 年版,第 6 页。
② 约恩·吕森:《历史思考的新途径》,上海世纪出版集团 2005 年版,第 30 页。
③ 洛维特:《世界历史与救赎历史》,生活·读书·新知三联书店 2002 年版,第 9 页。
④ 洛维特:《世界历史与救赎历史》,生活·读书·新知三联书店 2002 年版,第 7 页。

是真实的。它反映了人类最初的生存境遇——有限的存在与无限追求之间的矛盾,就像马克思所说的宗教一样,是"无情世界的心境"。诚如斯特恩所说,"在大多数情况下,历史哲学是病痛型"的①,人类这种痛苦的抉择反应在哲学家身上造就了诸多历史哲学的模式。所以,人们经常说"历史哲学是个悖论"。

尽管如此,思辨的历史哲学追问历史的意义问题不会因为分析、批判的历史哲学的兴起而被取消;只不过是历史的意义的神学前提已经被人们所诟病。洛维特就是最为典型的代表,其名作《世界历史与救赎历史——历史哲学的神学前提》试图把历史哲学从神学中解放出来,从而回到古希腊中的"自然理念"中去。我们已看到,这种方案已被视为"历史意识的斯多亚倒退"。我们再来看看以批评历史哲学(历史的意义)而著称的卡尔·波普尔。他比批判的历史哲学更加激烈地反对思辨的历史哲学和历史的意义问题,将其斥为"神谕哲学"。但是他毕竟提出了问题,"我主张历史没有意义。尽管历史没有目的,但我们能够把我们的目的赋予其上,而且尽管历史没有意义,但我们能够给予它以意义"②。可见,他把人们从历史认识论问题拉回到对历史本体论的思考上来。尤其是他对马克思主义的批评,让我们重新思考马克思的历史哲学。

二、历史意义的"有限目的论"

考察马克思的历史哲学,首先来看看马克思是怎样理解历史的意义的。以往我们对马克思历史哲学的理解忽视了其与历史意义问题的关联。德国法兰克福学派第二代代表人物施密特则给出了富有启示意义的关注和把握。按照他的观点,马克思对于历史意义的理解,既不同于叔本华的所谓历史是杂乱无章的事实的堆砌,也没有像黑格尔那样把历史看成是绝对精神和理性的自我实现。因为"马克思并未从泛神论角度赋予历史以独立性。当他像黑格尔那样也指出史前史中的支配与恐怖的不可避免的必然性时,他的思想仍易于带有一种为唯心主义辩解的色彩。确实,相互间有规律地更迭的社会形态使

---

① 斯特恩:《历史哲学——起源与目的》,载格鲁内尔:《历史哲学——批判的论文》,广西师范大学出版社 2003 年版,第 147 页。

② 波普尔:《开放社会及其敌人》下卷,中国社会科学出版社 1999 年版,第 417 页。

某种似乎包纳一切的结构进入了人类历史,然而,这决不意味着一种目的论在贯穿着总体"①。简言之,马克思并没有把作为总体的世界看成是从属于赋予它意义的统一的绝对理念。

马克思那里唯一存在的就是黑格尔称作"有限目的论的观点",即人类现实中的一切实践的目标和目的都是有限的,都是受时间、空间所限制的,都可以追溯到适应环境变化而采取行动的人,离开了人就不会有任何意义。在物质的自然界里,除了人所规定的各种有限的目的之外,不存在任何所谓普遍的、绝对的、泛神论的,甚至是上帝的目的与意志。马克思、恩格斯认为:"历史什么事情也没有做,它'并不拥有任何无穷尽的丰富性',它并'没有在任何战斗中作战'!创造这一切、拥有这一切并为这一切而斗争的,不是'历史',而正是人,现实的、活生生的人。'历史'并不是把人当做达到自己目的的工具来利用的某种特殊的人格。历史不过是追求着自己目的的人的活动而已。"②马克思、恩格斯后来又指出:"历史不外是各个世代的依次交替。每一代都利用以前各代遗留下来的材料、资金和生产力;由于这个缘故,每一代一方面在完全改变了的环境下继续从事所继承的活动,另一方面又通过完全改变了的活动来变更旧的环境。然而,事情被思辨地扭曲成这样:好像后期历史是前期历史的目的,……其实,前期历史的'使命'、'目的'、'萌芽'、'观念'等词所表示的东西,终究不过是从后期历史中得出的抽象,不过是从前期历史对后期历史发生的积极影响中得出的抽象。"③因此,历史的意义无非就是人通过调节各种生活条件而达到自己的目的。当然,人的目的的实现要受制于既定的历史条件如生产力状况等。

马克思不仅否定了黑格尔式的"绝对目的论",也否定了历史的神学目的论,而诉诸于人自身的存在与目的,人是靠自己的双脚坚实地站在大地上。人类当前只有首先从理论上把自己作为自身的原因来看待,才能达到其本质和实存的现实的统一。马克思在《1844年经济学哲学手稿》中特别详尽地阐发了这个观点;他说:"任何一个存在物只有当它用自己的双脚站立的时候,才

---

① 施密特:《马克思的自然概念》,商务印书馆1988年版,第26页。
② 《马克思恩格斯全集》第2卷,人民出版社1957年版,第118—119页。
③ 《马克思恩格斯选集》第1卷,人民出版社1995年版,第88页。

认为自己是独立的,而且只有当它依靠自己而存在的时候,它才是用自己的双脚站立的。"①因此,马克思把基于本体论所提出的最初的人和自然的创造者问题斥为一种"抽象的产物"。"请你问一下自己,你是怎样想到这个问题的;请你问一下自己,你的问题是不是来自一个因为荒谬而使我无法回答的观点;请你问一下自己,那个无限的过程本身对理性的思维来说是否存在。既然你提出自然界和人的创造问题,你也就把人和自然界抽象掉了。你设定它们是不存在的,你却希望我向你证明它们是存在的。那我就对你说:放弃你的抽象,你也就会放弃你的问题,或者你想坚持自己的抽象,你就要贯彻到底,如果你设想人和自然界是不存在的,那么你就要设想你自己也是不存在的,因为你自己就是自然界和人。不要那样想,也不要那样向我提问,因为一旦你那样想,那样提问,你把自然界的和人的存在抽象掉,这就没有任何意义了。"②

所以马克思关心的主要问题不是抽象的"人和自然的创造者"的问题,也不是先于人类社会的自然的存在的问题。关于人和自然的生成与存在,不是本体论的问题,而是历史的和社会的产物。一言以蔽之,"整个所谓世界历史不外是人通过人的劳动而诞生的过程,是自然界对人来说的生成过程,所以关于他通过自身而诞生、关于他的形成过程,他有直观的、无可辩驳的证明。因为人和自然界的实在性,即人对人来说作为自然界的存在以及自然界对人类来说作为人的存在,已经成为实际的、可以通过感觉直观的,所以关于某种异己的存在物、关于凌驾于自然界和人之上的存在物的问题,即包含着对自然界的和人的非实在性的承认的问题,实际上已经成为不可能的了"③。

马克思所反对的神学目的论恰恰也是以兰克为代表的历史主义所坚守的。虽然兰克在历史观上反对黑格尔的思辨历史哲学,但是他最终还是把上帝请回来了:"历史的每一时代都直接通往上帝。"他虽然否定了黑格尔那种把上帝和历史过程直接等同的泛神论,认为上帝是潜藏在一切历史的背后,这就带有基督教的超泛神论色彩:上帝超越于世界万物但又在其中无所不能。可见,兰克相信历史是一个有意义的进程是建立在对基督教泛神论式的信仰基础之上的。他明确地指出:"一切历史中都有上帝居住,生活,让人可看见。

---

① 马克思:《1844 年经济学哲学手稿》,人民出版社 2000 年版,第 91 页。
② 马克思:《1844 年经济学哲学手稿》,人民出版社 2000 年版,第 91—92 页。
③ 马克思:《1844 年经济学哲学手稿》,人民出版社 2000 年版,第 92 页。

每件行为都证明有上帝,每时每刻都宣扬上帝的名字,但在我看来,最能证明上帝存在的就是历史的连续性。"①可以说,历史主义的根基就是历史意义问题,而马克思关于历史的意义问题,最终诉诸于人类的感性活动来解决的,这既不同于黑格尔的绝对目的论哲学,也克服了历史主义不得不"假手于上帝"的困境。

三、感性活动及其历史维度

我们着重来看看马克思是怎样论述感性活动的。感性首先是说人是感性的存在物,感性存在物也就是自然存在物,"一个存在物如果在自身之外没有自己的自然界,就不是自然存在物,就不能参加自然界的生活。一个存在物如果在自身之外没有对象,就不是对象性的存在物。"②也可以说,人是自然的存在物即是对象性存在物。人最初是以自然界为对象的存在物。自然界是人的"无机的身体"。同样,人也是自然界的对象。可见,人和自然界是互为对象性的存在。此外,人也和其他人是互为对象存在关系。"一个存在物如果本身不是第三存在物的对象,就没有任何存在物作为自己的对象,就是说,它没有对象性的关系,它的存在就不是对象性的存在。"③"非对象性的存在物,是一种非现实的、非感性的、只是思想上的即是想象出来的存在物,是抽象的东西。"由此可见,人是感性的、现实的,就是说,他是感性的对象性存在。"说一个东西是感性的,是说它是受动的。"④感性即是受动的,因为人是对象性的存在物,人通过对象化的现实的运动确证着自己的本质性的力量。"对象性的存在物进行对象性活动,如果它的本质规定中不包含对象性的东西,它就不进行对象性活动。它所以只创造或设定对象,因为它是被对象设定的,因为它本来就是自然界。"⑤同样,人作为有生命的自然存在物,他同动物一样,是受动的、受到限制的存在物。如果离开了自然界,人什么也不能创造。说感性是受动的,在这里就是:人受到自然界的限制和制约。自然界是人生命和创造性活动的前提和基础,从这个意义上讲,自然界对人类有优先的地位。"说人是肉

---

① 汤普森:《历史著作史》下卷(第三分册),商务印书馆1992年版,第232页。
② 马克思:《1844年经济学哲学手稿》,人民出版社2000年版,第106页。
③ 马克思:《1844年经济学哲学手稿》,人民出版社2000年版,第106页。
④ 马克思:《1844年经济学哲学手稿》,人民出版社2000年版,第107页
⑤ 马克思:《1844年经济学哲学手稿》,人民出版社2000年版,第105页。

体的、有自然力的、有生命的、现实的、感性的、对象性的存在物,这就等于说,人有现实的、感性的对象作为自己本质的即自己生命表现的对象;或者说,人只有凭借现实的、感性的对象才能表现自己的生命。"①

因此,人作为对象性的感性的存在物,是一个受动的存在物。正因为他感到自己是受动的,所以是一个有激情的存在物。"激情、热情是人强烈追求自己的对象的本质力量。"马克思进一步论述道:"因此,对象性的本质在我身上的统治、我的本质活动的感性爆发,是激情,从而激情在这里就成了我的本质的活动。"②由此可见,感性就成了活动,在马克思的眼里,感性和活动在此相遇了,感性即活动。也就是说,感性本身成了能动性。于是,我们看到感性已经开始逸出了传统的认识论的视野,正式走进了存在论的境遇。在这里人的主体性开始张扬,也就是说,人不仅是自然存在物,而且是自为地存在着的类存在物,主体性、能动性就同时随着感性和受动性凸显出来。如果从主体方面来看,对象便只能是人的一种本质力量的确证。也就是说,对象"只能像我的本质力量作为一种主体能力自为地存在着那样才对我而存在,因为任何一个对象对我的意义(它只是对那个与它相适应的感觉来说才有意义)恰好都以我的感觉所及的程度为限"③。

感觉作为感性活动的产物,同时人的感觉又是一种主观感性,所以这种主观感性同时具有一种证明和肯定客观世界的主体能动性,因而"感觉在自己的实践中直接成为理论家"④。人通过感性活动不仅成为理论家,而且成为活动家。"五官感觉的形成是迄今为止全部世界历史的产物",而"整个所谓世界历史不外是人通过人的劳动而诞生的过程,是自然界对人来说的生成过程,所以关于他通过自身而诞生、关于他的形成过程,他有直观的、无可辩驳的证明"⑤。正因为感性活动所证实的这个客观世界、自然界是由人的感性活动所证实的,所以它反过来也就带上了人的感性的性质、人化的性质。因此,"在人类历史中即在人类社会的形成过程中生成的自然界,是人的现实的自然界;

---

① 马克思:《1844 年经济学哲学手稿》,人民出版社 2000 年版,第 105—106 页。
② 马克思:《1844 年经济学哲学手稿》,人民出版社 2000 年版,第 90 页。
③ 马克思:《1844 年经济学哲学手稿》,人民出版社 2000 年版,第 87 页。
④ 马克思:《1844 年经济学哲学手稿》,人民出版社 2000 年版,第 86 页。
⑤ 马克思:《1844 年经济学哲学手稿》,人民出版社 2000 年版,第 92 页。

因此,通过工业——尽管以异化的形式——形成的自然界,是真正的、人本学的自然界"。① 也可以说,历史本身是自然史的即自然界生成为人的过程的一个现实部分。因此,马克思这样总结道:"被抽象的理解的,自为的,被确定为与人分隔开来的自然界,对人来说也是无。"②

人作为感性的存在物,从事对象性的活动,在这种活动中,人是一种对象性关系的存在。一方面人是有对象的存在物,另一方面又是"对象性的"(即作为其他存在物的意向对象的)存在物。换言之,"他的对象同样是一个具有自己意向对象的存在物,是一个人化的自然物或一个对象化了的人,是另一个人(或人—自然)。所以,说人是感性的,也就等于说人是社会性的"③。既然人是社会性的感性存在物,所以人的感性活动本质上也是社会的。"社会性质是整个运动的普遍性质;正像社会本身生产作为人的人一样,社会也是由人生产的。活动和享受,无论就其内容或就其存在方式来说,都是社会的活动和社会的享受。"④这种社会不是抽象的虚幻的共同体,而是所有单个人真实的关系中的存在。这种关系只有对人来讲才是真实的存在,动物不对什么东西发生关系而且根本没有关系。也就是说,只有人才会有(社会)关系。人与人的社会关系不一定是采取直接的共同体的形式,但只要社会中的人,"即使不采取共同的、同他人一起完成的生命表现这种直接形式,也是社会生活的表现和确证。"⑤所以在感性的对象性关系中,个体是社会存在物,单个人的感性活动一开始就是社会性的活动。一个个体不仅是一个现实的、单个的社会存在物,"同样,他也是总体,观念的总体,被思考和被感知的社会的自为的主体存在,正如他在现实中既作为对社会的直观和现实享受而存在,又作为人的生命表现的总体而存在一样"⑥。由此推之,由单个人感性活动所产生的感觉也可以被他人所感知、所拥有。于是在感性的社会活动中,单个人的感觉就成为以社会形式存在的社会器官。进一步,只有在社会中,人的感觉才成为全面的、丰富的感觉,人才以一种全面的方式作为一个总体的人占有自己全面的本质。

---

① 马克思:《1844 年经济学哲学手稿》,人民出版社 2000 年版,第 89 页。
② 马克思:《1844 年经济学哲学手稿》,人民出版社 2000 年版,第 116 页。
③ 参见邓晓芒:《人学现象学》,《江海学刊》1996 年第 3 期。
④ 马克思:《1844 年经济学哲学手稿》,人民出版社 2000 年版,第 83 页。
⑤ 马克思:《1844 年经济学哲学手稿》,人民出版社 2000 年版,第 84 页。
⑥ 马克思:《1844 年经济学哲学手稿》,人民出版社 2000 年版,第 84 页。

（人对全面的丰富的感觉的全部拥有就是人的本质的深刻表征。）于是，人通过自己在社会中的感性活动，"创造着具有人的本质的这种全部丰富性的人，创造着具有丰富的、全面而深刻的感觉的人作为这个社会的恒久的现实。""我们看到，主观主义和客观主义，唯灵主义和唯物主义，活动和受动，只是在社会状态中才失去它们彼此间的对立"①。由此可见，通过人的社会的感性的活动人的主体性和对象性，能动性和受动性，自然性和社会性便统一起来了。因此，"社会是人同自然界的完成了的本质的统一，是自然界的真正复活，是人实现了的自然主义和自然界的实现了的人道主义"②。

人的感性（活动）是能动与受动的统一，只有在社会中才能实现。"社会"这个概念在手稿中不是纯粹的与自然相对的社会学意义上的概念。"社会"在这里具有本体论规定的内涵，相应地，"感性活动"也具有了本体论的规定，但是马克思并没有简单地停留在关于感性活动的本体论证明上。马克思的存在论本体论是以"巨大的历史感"为坚实的基础的。马克思的本体论证明不是封闭的、逻辑的、思辨的体系，而是有着巨大的历史感。马克思的历史唯物主义不同于黑格尔的历史哲学，历史在黑格尔那里是绝对精神自身的发展和演变史，虽然他的思想有巨大的历史感作基础，但毕竟历史在黑格尔那里成为抽象的、空洞的、没有现实的感性活动作为载体的、唯灵的存在。马克思的历史唯物主义比黑格尔的历史哲学优越的地方，就在于马克思的存在论进入到了具体的历史性的境遇。感性活动也由此获得了深厚的历史感的基础。马克思的历史唯物主义的考察方式的前提是"有血有肉的"、"从事实际活动的人"，"是处在现实的、可以通过经验观察到的、在一定条件下进行的发展过程中的人。只要描绘出这个能动的生活过程，历史就不再像那些本身还是抽象的经验论者所认为的那样，是一些僵死的事实的汇集，也不再像唯心主义者所认为的那样，是想象的主体的想象活动"。③于是历史性就蕴涵在具体的现实地感性活动中，马克思则把历史性看做人的能动感性活动的本质规定，认为人"把自己和动物区别开来的第一个历史行动不在于他们有思想，而在于他们

---

① 马克思：《1844年经济学哲学手稿》，人民出版社2000年版，第88页。
② 马克思：《1844年经济学哲学手稿》，人民出版社2000年版，第83页。
③ 《马克思恩格斯选集》第1卷，人民出版社1995年版，第73页。

开始生产自己的生活资料"①。接着马克思说："第一个历史活动就是生产满足这些需要的资料,即生产物质生活本身,而且这是这样的历史活动,一切历史的一种基本条件,人们单是为了能够生活就必须每日每时去完成它,现在和几千年前都是这样。即使感性在圣布鲁诺那里被归结为像一根棍子那样微不足道的东西,它仍然必须以生产这根棍子的活动为前提。"②可见马克思历史唯物主义的立足点始终是人的现实的感性活动。后来,马克思总结这种历史观道:"这种历史观和唯心主义历史观不同,它不是在每个时代中寻找某种范畴,而是始终站在现实历史的基础上。不是从观念出发来解释实践,而是从物质实践出发来解释观念的形成。"③

第二节　历史唯物主义与历史科学

马克思所创立的历史唯物主义经常被人们理解为一种历史科学。可是,这种历史科学与德国历史主义传统意义上的历史科学是何种关系?人们并没有给予充分而细致的研究。进而言之,我们需要辨析马克思与德国历史主义的思想史关系,探究马克思对历史主义(特别是以兰克为代表的历史学派)的批判和真正超越之处。这是理解历史唯物主义理论的一条新路径。

一、自然与历史的有限统一

以兰克为代表的德国历史主义反对启蒙运动假定的抽象人性和普遍人权的非历史的伦理预设,而是坚持一种历史实在论的历史观,即人没有本性,而只有历史。历史学家只需对历史作"如实直书"。但是,"此种对于在这一传统中为历史学家们所实践的道德中立的吁求,却包含着一种深刻的矛盾。它认定现存的权威体制代表着道德力量。构成渗透社会方方面面的伦理秩序的核心制度,乃奠基于权力之上的国家"④。兰克与黑格尔一样,把国家视为伦

---

① 《马克思恩格斯选集》第 1 卷,人民出版社 1995 年版,第 67 页注①。
② 《马克思恩格斯选集》第 1 卷,人民出版社 1995 年版,第 79 页。
③ 《马克思恩格斯选集》第 1 卷,人民出版社 1995 年版,第 92 页。
④ 伊格尔斯:《德国的历史观》,译林出版社 2006 年版,第 3 页。

理上善的事物①，而且他主要从政治、军事和外交方面关注大国之间的关系，历史研究主要利用外交档案。简言之，兰克等人的历史观主要集中在政治史，而忽略了经济史、社会史。马克思正是敏锐地洞察到了这一点，他批评兰克等人所谓的"客观的历史编纂学"轻视"现实关系而局限于言过其实的重大政治事件的历史观是何等荒谬"。② 马克思发现了人类历史的真正前提是物质生产本身，人类的生活和历史必须以此为前提。"任何历史观的第一件事情就是必须注意上述事实的全部意义和全部范围，并给予应有的重视。"众所周知，兰克的历史学派虽然不同于德国的观念论哲学、思辨哲学，但是由于其忽略了历史的"现实基础"，都陷入了马克思所批评的"他们从来没有为历史提供世俗基础，因而也没有过一个历史学家"。③ 而英法等国家的历史学家首次写出了市民社会史、商业史和工业史，为历史编纂学提供了唯物主义基础的初步尝试。

在批判德国"没有历史学家"的国度，马克思第一次明确提出了历史观的唯物主义基础。他在《德意志意识形态》中用了我们现在都非常熟悉的一段话来表述之，那就是"这种历史观就在于：从直接生活的物质生产出发阐述现实的生产过程，把同这种生产方式相联系的、它所产生的交往形式即各个不同阶段上的市民社会理解为整个历史的基础，从市民社会作为国家的活动描述市民社会，同时从市民社会出发阐明意识的所有各种不同理论的产物和形式，如宗教、哲学、道德等等，而且追溯它们产生的过程"④。马克思紧接着对兰克等人的历史观作了釜底抽薪式的批判，"迄今为止的一切历史观不是完全忽

---

① 黑格尔在《法哲学原理》中指出："国家是伦理理念的现实——是作为显示出来的、自知的实体性意志的伦理精神，这种伦理精神思考自身和知道自身，并完成一切它所知道的，而且只是完成它所知道的。"参见黑格尔：《法哲学原理》，商务印书馆 1961 年版，第253 页。黑格尔的自由主义国家观汲取了浪漫主义的成分，但是不完全等同于浪漫主义。黑格尔的国家理论是其自由主义政治哲学的重要组成部分。马克思的国家观与黑格尔的关系，参见郁建兴的相关论述。

② 《马克思恩格斯选集》第 1 卷，人民出版社 1995 年版，第 88 页。

③ 《马克思恩格斯选集》第 1 卷，人民出版社 1995 年版，第 79 页。同样，马克思在《1857—1858 年经济学手稿》的"导言"中批评了历来的观念论的历史叙述总是与现实的历史叙述相分离，只局限在所谓的文化史即全部宗教史和政治史。这里的"政治史"，马克思依然指的是兰克的历史学派。可见，马克思把历史学派的历史观归为一种观念论的历史叙述而脱离了现实的历史。参见《马克思恩格斯选集》第 2 卷，人民出版社 1995 年版，第 27 页。

④ 《马克思恩格斯选集》第 1 卷，人民出版社 1995 年版，第 92 页。

视了历史的这一现实基础,就是把它仅仅看成与历史过程没有任何联系的附带因素。因此,历史总是遵照在它之外的某种尺度来编写的;现实的生活生产被看成是某种非历史的东西,而历史的东西则被看成是某种脱离日常生活的东西,某种处于世界之外和超乎世界之上的东西。这样,就把人对自然界的关系从历史中排除出去了,因而造成了自然界和历史之间的对立。因此,这种历史观只能在历史上看到政治历史事件,看到宗教的和一般理论的斗争,而且在每次描述某一历史时代的时候,它都不得不赞同这一时代的幻想"①。

　　我们知道,德国历史主义虽然在方法论上反对黑格尔的思辨哲学,但是在历史观上仍然属于德国思辨的、唯心的历史哲学。因此,马克思在《德意志意识形态》中不仅批评了青年黑格尔派、老年黑格尔派,而且批评了兰克的历史观,从而旗帜鲜明地提出了历史的现实基础问题,开辟了历史唯物主义道路,与德国历史主义划清了界限。马克思还提出要建立自己的历史科学。需要指出的是,马克思所要创立的历史科学,显然不同于历史主义所说的"历史科学"。历史主义的"历史科学"主要是一种历史方法论,其核心便是自然与历史的二分。尤其是自狄尔泰的历史主义和新康德主义的西南学派以来,德国哲学界对于自然科学与历史科学的方法论的对立已成定局。狄尔泰把历史科学所特有的直观理解方法,与自然科学的因果解释方法区别开来。而文德尔班和李凯尔特更是激烈地把科学的研究领域截然二分:他们把自然理解为规律支配下的事物的存在,与之相应的就是自然科学的"合规律性";历史则由受价值支配的"个体性"的事实集合而成,历史科学只能采用"个体描述法"。

　　马克思认为不存在自然与历史的绝对分离,因而在自然科学与历史科学之间也不存在根本的方法论的差异。他在《1844 年经济学哲学手稿》中早就论证过在未来的共产主义中自然与历史的和解与统一,更期待着自然科学和被他称为人的科学的历史科学在那里合为一体:"历史本身是自然史的即自然界生成为人这一过程的一个现实部分。自然科学往后将包括关于人的科学,正像关于人的科学包括自然科学一样:这将是一门科学。"②

　　马克思在《德意志意识形态》中更是从存在论上阐明自然与历史的相互关系。"我们仅仅知道一门唯一的科学,即历史科学。历史可以从两方面来

　　①　《马克思恩格斯选集》第 1 卷,人民出版社 1995 年版,第 93 页。
　　②　马克思:《1844 年经济学哲学手稿》,人民出版社 2000 年版,第 90 页。

考察,可以把它划分为自然史和人类史。但这两方面是不可分割的;只要有人存在,自然史和人类史就彼此相互制约。"①自然与历史的对立,只不过是意识形态家们制造出来的。马克思认为自然与历史统一于人类实践活动,或者说实践活动是自然与历史的中介。他论证人与自然的统一并不是在创世的意义上的"高深莫测的创造物"的问题,而是"在工业中向来就有那个很著名的人和自然的统一,而且这种统一在每一个时代都随着工业或快或慢的发展而不断改变"②。自然是经过"人化的自然",不是开天辟地就已经存在的、始终如一的东西,而是社会状况的产物,是历史的产物,是人类世世代代活动的结果。由此,马克思明确反对历史主义(客观的历史编纂学)脱离人类的实践活动来考察历史关系。③

马克思在对待自然与历史的关系上,反对在把自然与历史相互消融还是把二者的差异绝对化的问题上采取非此即彼的态度。就像不能把自然消融到黑格尔式的绝对精神中去一样,同样也不能把自然完全消融到历史、社会中去。秉承着黑格尔主义的卢卡奇就把自然完全消融到社会、历史中去了:"自然是一个社会的范畴。这就是说,在社会发展的一定阶段上什么被看作是自然,这种自然同人的关系是怎样的,而且人对自然的阐明又是以何种形式进行的,因此自然按照形式和内容、范围和对象性应意味着什么,这一切都是受社会制约的。"④这样,卢卡奇与黑格尔殊途同归,都陷入了"抽象的自然"中了。把自然纳入了历史的逻辑中,只不过是一种自然与历史的虚假的统一罢了。马克思对此批评道:"正像自然界曾经被思维者禁锢于他的这种对他本身来说也是隐秘的和不可思议的形式即绝对观念、思想物中一样,现在,当他把自然界从自身释放出去时,他实际上从自身释放出去的只是这个抽象的自然界。"⑤

相对于黑格尔、卢卡奇的抽象自然,马克思也并没有简单地将历史完全归结为自然。事实上,马克思在批判费尔巴哈的时候,虽然强调历史、社会对自然的"中介"作用,但马克思并不否认外部自然界的存在,"外部自然界的优先地位仍然会保持着"。更为重要的是,人的现实历史中已先在地融入了自然

---

① 《马克思恩格斯选集》第 1 卷,人民出版社 1995 年版,第 66 页编者注。
② 《马克思恩格斯选集》第 1 卷,人民出版社 1995 年版,第 76 页。
③ 参见《马克思恩格斯选集》第 1 卷,人民出版社 1995 年版,第 94 页。
④ 卢卡奇:《历史与阶级意识》,商务印书馆 1995 年版,第 318—319 页。
⑤ 马克思:《1844 年经济学哲学手稿》,人民出版社 2000 年版,第 116—117 页。

的要素,或者用施密特的话说,自然(物质)已经成为人类实践活动的要素,虽然自然领域越来越处于人的控制之下,但是自然物质不是完全消融到"它进行理论的和实践的加工方式中去"①。而且,物质生产过程中存在永恒的自然必然性,同样,社会的自然规律作为一种自然必然性也是不能够被任意超越的。"一个社会即使探索到了本身运动的自然规律……它还是既不能跳过也不能用法令取消自然的发展阶段。但是它能缩短和减轻分娩的痛苦。"②在认识到这种自然必然性的不可完全被超越性后,马克思在论述自由与必然的关系时,仍然坚持不能彻底抛弃自然必然性。"自由王国不只是代替必然王国。同时它又是把必然王国作为不可抹杀的要素保存在自己里面。"③而且马克思强调在现实的社会组织中,联合起来的生产者,将合理地调节人们和自然的物质变换,在自然必然性王国里最大限度地实现人类的自由。当然这种自由只是有限的自由,然而却是通达作为必然王国彼岸的自由的唯一的、现实的途径。承认人类社会有限的、具体的自由,正是马克思的理论贡献。④

马克思对待自然与历史的关系,是有限的统一。在处理自然与历史的关系上,既没有把历史完全归结为自然,也没有把自然完全归为历史。而马克思给出的答案是自然与历史的"有限的统一"。为此,马克思反对回到"自然"的浪漫主义态度中去,在这方面法兰克福学派继承了马克思的思想,他们也把自己与那些怀旧的、渴望理想化的"自然状态"的反启蒙的浪漫主义者区分开来。同时他们又承认,"自然对象的独立整体不得不被保护,尽管这并不忽视它和人类主体相互作用。马克思曾称之为'人的自然化'和'自然的人化'是必须的,但不能以取消它们之间的不同为代价"⑤。可见,这是对马克思"自然与历史"思想的深化和发展。

二、结构与历史的辩证统一

历史主义出现困境以后,历史学在寻找新的出路、探索新的概念和方法。

---

① 施密特:《马克思的自然概念》,商务印书馆1988年版,第146页。
② 马克思:《资本论》第1卷,人民出版社2004年版,第9—10页。
③ 施密特:《马克思的自然概念》,商务印书馆1988年版,第144页。
④ 值得注意的是,人们以前往往重视马克思哲学中主体性的一面,而忽视了主体性的限度。俞吾金教授已经指出了这一点。参见俞吾金:《"自然历史过程"与主体性的界限》,《吉林大学社会科学学报》2005年第4期。
⑤ 马丁·杰伊:《法兰克福学派史》,广东人民出版社1996年版,第305页。

20 世纪史学新发展的最明显的趋势就是历史学与社会科学(主要是社会学)的结合。以前,历史学与社会学相颉颃的作用是有目共睹的。"社会学可定义为对单数的人类社会的研究,侧重对其结构和发展的归纳;历史学则不妨定义为对复数的人类社会的研究,侧重研究它们之间的差别和各个社会内部基于时间的变化。这两种研究方法有时被看成是相互矛盾的,但如果将它们看成是相互补充的,其实更为可取。"①这时,历史学已经开始突破兰克的政治史的叙事模式,逐渐开始借鉴社会学中社会结构的研究方法。"这种变化意味着社会取代了传统政治史的研究中心——国家,意味着历史学家已经认识到政治单位的突出作用只限于一个相对短暂的历史阶段内,同时还意味着社会生活的有效实体可以超越或跨越政治界限。"②其实,历史学研究以国家为中心的政治史只是德国当时民族主义的写照,而正如马克思所说的那样,当时的英国、法国等经济相对发达的国家则开始写出了市民社会史、商业史等。众所周知,社会学作为一门独立的学科而出现是 19 世纪以后的时期。在西方思想史上,作为人的现实生活领域出现的"社会"自古希腊城邦时期以来就一直存在着。只不过,在黑格尔之前,国家和社会都没有区分开来,或者说社会附属于政治国家,关于社会的论述最终都必须被置于建构某种政治制度的目的之下。无论是亚里士多德还是柏拉图,都探讨过家庭和国家问题,更重要的如何建立一个理想的政体——城邦的问题。关于人性的目的论是其政治哲学的前提和预设,从古希腊一直到近代的霍布斯论述国家时都是采取这种模式,唯一有差异的是"亚里士多德的本质先于存在论的社会性却被自私自利的、利己的、个人主义的个性所取代"③。在法国大革命和工业社会以后,国家和社会领域已经分化开来,"市民社会"作为第三领域在国家和家庭之外兴起了。社会学也正是从这时起作为一门真正的学科登上了历史舞台。19 世纪的早期社会学思想就着重于研究市民社会与政治国家的分离,而且在解释社会现象时,把社会看做一个复杂结构。社会结构也同样成为历史学家分析社会现实的模式或模型。"把结构当作历史研究新重点的进一步结果是动摇了历史研

---

① 伯克:《历史学与社会理论》,上海人民出版社 2001 年版,第 2 页。
② 巴勒克拉夫:《当代史学主要趋势》,北京大学出版社 2006 年版,第 68 页。
③ 斯温杰伍德:《社会学思想简史》,社会科学文献出版社 1988 年版,第 5 页。

究迄今为止将政治史放在优先地位的几乎视为当然的信念。"①

针对历史主义侧重政治史,有人把马克思的历史唯物主义概括为偏重社会学史,这也是有道理的。当代英国历史学家巴勒克拉夫还进一步指认,马克思主义克服了历史主义的困境。他认为马克思主义作为哲学和总体观,从五个主要方面对历史学家的思想产生了影响。第一,它既反映又促进了历史学研究方向的转变,从描述孤立的——主要是政治的——事件转向对社会和经济的复杂而长期的过程的研究。第二,马克思主义使历史学家认识到需要研究人们生活的物质条件,把工业关系当做整体的而不是孤立的现象,并且在这个背景下研究技术和经济发展的历史。第三,马克思促进了对人民群众历史作用的研究,尤其是他们在社会和政治动荡时期的作用。第四,马克思的社会阶级结构观念以及他对阶级斗争的研究不仅对历史研究产生了广泛影响,而且特别引起了人们对研究西方早期资产阶级社会中阶级形成过程的注意,也引起了对研究其他社会制度——尤其是奴隶制社会、农奴制社会和封建制社会——中出现类似过程的注意。第五,马克思主义的重要性在于它重新唤起了对历史研究的理论前提的兴趣以及对整个历史学理论的兴趣。因此,他总结道:"在史学史语境下,马克思主义的重要性首先在于,当历史主义(就其唯心主义和相对主义的词义上说)困于本身的内部问题而丧失早期的生命力时,马克思主义为取代历史主义而提供了有说服力的体系。"②

马克思在《〈政治经济学批判〉序言》中提出了被后人尊为唯物史观的经典的阐述。这种阐释当然绝不能看成"一成不变的社会学模式"。正如马克思和恩格斯从未忘记加以强调的,"马克思的整个世界观不是教义,而是方法。它提供的不是现成的教条,而是进一步研究的出发点和供这种研究使用的方法"③。他们不赞成庸俗的唯物主义,正如恩格斯所指出:"经济因素"虽然是"最终的""决定性因素",却"不是唯一的决定性因素"。政治观念、法律、宗教和哲学在适应于某种经济状况下一旦形成,便会演化出自己的逻辑,而且对经济基础发生反作用。因此,马克思主义从未把历史学降低到抽象的社会学的地位,也从未夸大过社会学概念的作用。④ 需要指出的是,过分强调

① 巴勒克拉夫:《当代史学主要趋势》,北京大学出版社 2006 年版,第 69 页。
② 巴勒克拉夫:《当代史学主要趋势》,北京大学出版社 2006 年版,第 21 页。
③ 《马克思恩格斯选集》第 4 卷,人民出版社 1995 年版,第 742 页。
④ 参见巴勒克拉夫:《当代史学主要趋势》,北京大学出版社 2006 年版,第 23—24 页。

马克思主义的社会学概念,忽视马克思主义的哲学理论,"为马克思主义与社会学的形形色色的合流打下了基础,而这种合流一度成为哲学上含糊其辞的'社会理论'的主流"①。

马克思研究社会结构、生产方式的出发点是找到资本主义社会自我矛盾或自我分裂的突破口。马克思正是靠这种方法来揭示现代资本主义社会的经济运动规律,分析资本主义社会的自我矛盾与自我分裂,从中找出从资本主义到社会主义过渡的现实的途径。最终找到了生产力和生产关系的矛盾运动,揭示了资本主义这种异化及自我扬弃的内在机制,从根源处挖掘出资本主义社会运转的秘密,最终发现了资本主义必然灭亡的历史规律。有不少人把马克思的生产力与生产关系的矛盾运动,简单地看成经济决定论,从而认为马克思是经济决定论者,并指责马克思忽视人的自由与全面发展。这实在是对马克思的误解。正如马歇尔·伯曼所说:"即使马克思真的崇拜某种东西,这种东西也不是工作和生产,而毋宁说是远为复杂和全面的发展思想。"②这正好印证了马克思哲学的落脚点是人的自由与全面发展。

马克思主义克服历史主义的危机,从历史学研究的侧重点看,确实是因为马克思注重对社会结构(社会关系)的研究。马克思主义主张历史研究的方向应当是探索长期的或反复出现的历史发展的特征和模式。于是,生产方式或生产模式就成为马克思主义的历史理论的关节点。阿尔都塞等人就特别强调马克思主义的生产方式概念、社会结构,依此来指认马克思主义是一种反历史主义。他否定了黑格尔式的同质的连续性时间概念(注意:本雅明也是在这个意义上反对历史主义的"时间概念"),诉诸于马克思的"历史性时间"。阿尔都塞说,马克思的"历史时间概念"只能建立在属于一定生产方式的社会形态所构成的社会整体的起主导作用并具有不同联系的复杂结构的基础之

---

① 彼得·奥斯本:《时间与政治——现代性与先锋》,商务印书馆 2004 年版,第 55 页。值得注意的是,在马克思主义哲学研究中,对马克思主义的性质一直存有争议。马克思的理论究竟是哲学,还是一种科学?人们莫衷一是,也就是人们常说的"柯尔施难题"。参见邓晓芒:《"柯尔施问题"的现象学解》,《哲学研究》2005 年第 2 期。本书倾向于马克思主义首先是一种批判的哲学,所谓的社会理论也是在批判意义上才能成立,社会理论不同于社会学理论。在这种意义上,指认马克思是古典社会理论的三大代表之一是有道理的。

② 马歇尔·伯曼:《一切坚固都烟消云散了——现代性体验》,商务印书馆 2003 年版,第 163 页。

上。历史只是"建立在不同的生产方式的特殊结构基础上的历史性的特殊结构。这些历史性的特殊结构只是作为各个整体互相联系起来的各个特定社会形态的存在,因此只有从这些整体的本质,也就是说,从它们固有的复杂性的本质出来才是有意义的"①。可以说,阿尔都塞完全制造了历史主义与结构主义的对立,德国法兰克福学派第二代代表人物阿尔弗雷德·施密特就曾经深刻地指出了这一点:"他致力于一种社会结构的转变过程的理论,在这种理论中,给予同时性高于历时性的方法论上的优先地位。"②

詹姆逊也认为"生产模式"是马克思主义克服历史主义困境的出路。他指出:"马克思主义阐释学比今天其他理论阐释模式要更具有语义的优先权。"③在对社会历史的理解中,有各种各样的解释模式,如结构主义解释模式、历史主义解释模式、符号学解释模式等,它们都有自己的主导性阐释方法,"马克思主义也提出一个主导符码,但是这个主导符码并不像人们有时所认为的那样是经济学或者是狭义上的生产论,或者是作为局部事态/事件的阶级斗争。马克思主义的主导符码是一个十分不同的范畴,即'生产模式'本身。生产模式的概念,制定出一个完整的共时结构,上述的各种方法论的具体现象隶属于这个结构。也就是说,当今明智的马克思主义不会希望排斥或抛弃任何别的主题,这些主题以不同的方式标明了破碎的当代生活中客观存在的区域。因此,马克思主义对上述阐释模式的'超越',并不是废除或解除这些模式的研究对象,而是要使这些自称完整和自给自足的阐释系统的各种框架变得非神秘化"④。他批评了阿尔都塞等人的结构主义对马克思的误读,认为生产模式是一个既是相同又是差异的模式,是一种结构历史主义,或者说是历史与结构的统一。

那么,到底如何看待马克思哲学中结构与历史的关系呢?马克思本人的确对二者都作过论述,似乎每一方都能从马克思的著作中找出有利于己方的论证来。但是,必须明确的是:马克思研究社会结构是一种范畴,也是一种叙

① 阿尔都塞:《读〈资本论〉》,中央编译出版社 2001 年版,第 121—122 页。
② 施密特:《历史和结构》,重庆出版社 1993 年版,第 6 页。
③ 詹姆逊:《晚期资本主义的文化逻辑》,生活·读书·新知三联书店 1997 年版,第 146 页。
④ 詹姆逊:《晚期资本主义的文化逻辑》,生活·读书·新知三联书店 1997 年版,第 147 页。

述方法。马克思在《资本论》中论述自己的研究方法时,特意提醒读者们注意研究方法与叙述方法之间的区别和联系。"叙述方法"是建立在"研究方法"基础之上的,但是在形式上二者毕竟不同。"在形式上,叙述方法必须与研究方法不同。研究必须充分地占有材料,分析它的各种发展形式,探寻这些形式的内在联系。只有这项工作完成以后,现实的运动才能适当地叙述出来。这点一旦做到,材料的生命一旦观念地反映出来,呈现在我们面前的就好像是一个先验的结构了。"①可见,在研究中从事实出发,遵循对象的发展线索;在叙述中,则可以从事物内在的结构出发来安排范畴体系的逻辑顺序,而不大考虑历史编纂学意义上的年代学上的先后次序。施密特就正确地指出了这一点:"成年马克思把资本的历史置于科学基础之上,是在抽象理论的层次上而不是在历史编纂学的层次上进行的。"②

马克思本人在研究历史理论(历史社会学)时,已经扬弃了历史编纂学的叙述方法,是以逻辑(范畴)的方式来叙述资本主义的历史性质的:"把经济范畴按它们在历史上起决定作用的先后次序来排列是不行的,错误的。它们的次序倒是由它们在现代资产阶级社会中的相互关系决定的,这种关系同表现出来的它们的自然次序或者符合历史发展的次序恰好相反。问题不在于各种经济关系在不同社会形式的相继更替的序列中在历史上占有什么地位,更不在于它们在'观念上'(蒲鲁东)(在关于历史运动的一个模糊的表象中)的顺序。而在于它们在现代资产阶级社会内部的结构。"③这说明了逻辑的东西对历史的东西只是在认识论上具有优先性,但是并不代表马克思放弃了历史的方法。就像恩格斯在他的《卡尔·马克思〈政治经济学批判〉》书评提出的"逻辑与历史的统一"的著名命题那样,逻辑方法要以历史方法为基础:"逻辑的方式……无非是历史的方式,不过摆脱了历史的形式以及起扰乱作用的偶然性而已。历史从哪里开始,思想进程也应当从哪里开始,而思想进程的进一步发展不过是历史过程在抽象的、理论上前后一贯的形式上的反映;这种反映是经过修正的,然而是按照现实的历史过程本身的规律修正的,这时,每一个要

---

① 《马克思恩格斯选集》第2卷,人民出版社1995年版,第111页。
② 施密特:《历史和结构》,重庆出版社1993年版,第33页。
③ 《马克思恩格斯选集》第2卷,人民出版社1995年版,第25页。

素可以在它完全成熟而具有典型型的发展点上加以考察"。① 也就是说,逻辑的方法应该符合历史,只不过摆脱了历史发展的一些偶然性因素和次要部分,但是仍然要以历史的发展为前提和基础。

阿尔弗雷德·施密特也正是在这一意义上一针见血地指出:"对马克思来说,在方法论上研究完成的结构对研究它们的具体发展过程的既定的优先性,并不意味着历史过程的连续性对理论的建构是不相关的。"②其实,马克思在研究资本主义的社会结构时,并没有停留于此而忽视了这种生产方式的起源和发展。比如,他在《哲学的贫困》中就针对蒲鲁东等人将资产阶级的生产关系说成是固定不变的、永恒的范畴,批评道:"经济学家们向我们解释了生产怎样在上述关系下进行,但是没有说明这些关系是怎样产生的,也就是说,没有说明产生这些关系的历史运动。"③马克思恰恰是要说明这些"范畴的形成情况和来历":"为什么该原理出现在 11 世纪或者 18 世纪,而不出现在其他某一世纪,我们就必然要仔细研究一下:11 世纪的人们是怎样的,18 世纪的人们是怎样的,他们各自的需要、他们的生产力、生产方式以及生产中使用的原料是怎样的;最后,由这一切生存条件所产生的人与人之间的关系是怎样的。难道探讨这一切问题不就是研究每个世纪中人们的现实的、世俗的历史,不就是把这些人既当成他们本身的历史剧的剧作者又当成剧中人物吗? 但是,只要你们把人们当成他们本身历史的剧中的人物和剧作者,你们就是迂回曲折地回到真正的出发点,因为你们抛弃了最初作为出发点的永恒的原理。"④此外,马克思注重逻辑的叙述方法,往往被理解为一种超越历史阶段的历史哲学的思维方式。为了避免这种误解,马克思特别捍卫他在《资本论》中的"关于西欧资本主义起源的历史概述",假如谁"一定要把我关于西欧资本主义起源的历史概述彻底变成一般发展道路的历史哲学理论,一切民族,不管它们所处的历史环境如何。都注定要走这条道路……但是我要请他原谅。他这样做,会给我过多的荣誉,同时也会给我过多的侮辱"⑤。

马克思的方法应该是结构与历史的辩证统一。正如英国马克思主义历史

---

① 《马克思恩格斯选集》第 2 卷,人民出版社 1995 年版,第 43 页。
② 施密特:《历史和结构》,重庆出版社 1993 年版,第 120 页。
③ 《马克思恩格斯选集》第 1 卷,人民出版社 1995 年版,第 137 页。
④ 《马克思恩格斯选集》第 1 卷,人民出版社 1995 年版,第 146—147 页。
⑤ 《马克思恩格斯选集》第 3 卷,人民出版社 1995 年版,第 341—342 页。

学家霍布斯鲍姆所说的那样:"马克思主义强大的生命力在于,它既始终坚持社会结构的实际存在,又坚持社会结构的历史性,亦即重视社会变迁的内在动力。今天,当人们已经普遍接受了社会体系的存在,但也为之付出了与历史无关这样的代价——如果他们的逻辑分析不是反历史的话——因此,作为一个基本范畴,马克思所强调的历史在今天比以往任何时候都更加重要。"①

这种统一表现为马克思辩证法的内核,或者说结构主义和历史主义的方法都是辩证法的内在因素。因此,他在论述自己的研究方法与叙述方法之后,开始正面转向对辩证法的有力阐释:"辩证法在对现存事物的肯定的理解中同时包含对现存事物的否定的理解,即对现存事物的必然灭亡的理解;辩证法对每一种既成的形式都是从不断的运动中,因而也是从它的暂时性方面去理解;辩证法不崇拜任何东西,按其本质来说,它是批判的和革命的。"②

可见,不像资产阶级认为的社会结构是永恒的那样,马克思不仅指出了资本主义社会的暂时性和历史性,而且更为深刻地指出了历史性的重要性。"对作为沉积的和仍在形成历史的现代的关心,构成为科学的马克思主义思想。"③马克思指出:只有对现代的正确理解,才能够为正确的理解过去提供一把钥匙。对于现代的正确理解不是无条件地认同它,而是对现代的自我认识与自我批判。或者说,"历史性"只有在自我批判的前提下,才不至于流于虚无。马克思的历史唯物主义可是资本主义社会关系的自我批判。"基督教只有在它的自我批判在一定程度上,可说是在可能范围内完成时,才有助于对早期神话作客观的理解。同样,资产阶级经济学只有在资产阶级社会的自我批判已经开始时,才能理解封建的、古代的和东方的经济。"④

因此,马克思的解释学原则可以概括为:只有正确地理解现在,才能理解过去。这与传统的历史主义的解释原则"应该比过去更好地理解过去"以及反历史主义(列奥·施特劳斯)的"像过去那样理解过去"都不同。马克思立足于对现代资本主义社会的理解与批判,这显然与历史主义(历史学派)诉诸于"起源的解释"方法论不同。所谓的"起源的解释"是指以时间为先后顺序

① 霍布斯鲍姆:《史学家——历史神话的终结者》,上海人民出版社 2002 年版,第 170—171 页。
② 《马克思恩格斯选集》第 2 卷,人民出版社 1995 年版,第 112 页。
③ 施密特:《历史和结构》,重庆出版社 1993 年版,第 29 页。
④ 《马克思恩格斯选集》第 2 卷,人民出版社 1995 年版,第 24 页。

的事件因果论的解释模式,只能以在先的历史事件来解释后来的相关历史现象。其实,马克思早在青年时期就对此进行了批判,"历史学派已把研究起源变成了自己的口号,它把自己对起源的爱好发展到了极端,以致要求船夫不在江河的干流上航行,而在江河的源头上航行"①。而马克思的研究以及叙述方法则侧重"从后思索法",他有一个著名的命题:"人体解剖是猴体解剖的钥匙"。

　　从上面的论述中可以看出,马克思的生产方式依赖于对现代(资本主义社会)的正确理解即自我认识与自我批判,但是也必须清醒地意识到现在与过去的差别,不能完全抹杀这种历史差别,用现在的理论任意裁剪过去的历史。因此,马克思告诫我们:"决不是像那些抹杀一切历史差别、把一切社会形式都看成资产阶级社会形式的经济学家所理解的那样。人们认识了地租,就能理解代役租、什一税等等。但是不应当把它们等同起来。"②因此,必须立足于对现代社会的自我理解与自我批判,才能正确地理解过去,而不是简单地"以今释古"。③

三、方法论与存在论的统一

　　在近几年的马克思主义哲学研究中,有一种倾向认为马克思主义哲学是

---

①　《马克思恩格斯全集》第1卷,人民出版社2004年版,第229页。
②　《马克思恩格斯选集》第2卷,人民出版社1995年版,第23页。
③　如同整个历史唯物主义理论一样,马克思的意识形态理论是资本主义社会的自我认识。马克思的历史唯物主义坚持认为,社会发展规律在前资本主义社会是不可能被认识的,只有随着资本主义社会关系的充分发展,人们才能真正认识它。正如马克思在《资本论》中提到,亚里士多德不可能在希腊城邦社会真正发现并认识价值规律,只有在理解资本主义社会的自我认识的基础上,才能理解前资本主义社会。"因此,不言而喻的是,只有当历史唯物主义把人的所有社会关系的物化不仅理解为资本主义的产物,而且同时也理解为暂时的、历史的现象时,认识没有物化结构的前资本主义社会的途径才找到了。(把对原始社会的科学研究同马克思主义联系起来,决不是偶然的。)因为只有现在,在重新获得没有物化的人与人之间、人与自然之间的联系的前景展现出来时,才有了可能在原始的、前资本主义的形态中发现那些其中已有这些形式——尽管在完全不同的功能联系中——的因素,并使从现在起才能按自身的本质和存在来理解它们,而使它们没有由于资本主义社会的各种范畴的机械运用而被歪曲。"(卢卡奇:《历史与阶级意识》,商务印书馆1992年版,第323页)可见,只有将意识形态理解为资本主义社会的自我认识与批判即揭露物与物之间关系掩盖下的人与人之间的真实关系,自由的精神生产所反映的人与自然的联系才能得到正确的理解与阐明。

科学的、革命的方法论并以此来拒斥对马克思主义哲学进行存在论(本体论)意义上的研究,而另外一些学者则从马克思哲学的存在论基础出发来阐释马克思主义哲学的当代意义。由此引发了关于马克思主义哲学的方法论与存在论的讨论。

关于马克思主义哲学是科学的方法论的论述,这并不是最近几年才出现的新提法。包括马克思本人以及马克思主义的后继者,都十分重视马克思主义哲学的方法论地位。恩格斯晚年就明确指出:"马克思的整个世界观不是教义,而是方法。它提供的不是现成的教条,而是进一步研究的出发点和供这种研究使用的方法。"①连西方马克思主义的开山鼻祖卢卡奇也指认马克思主义的正统就是一种方法,从而对后来的整个西方马克思主义的发展都产生了一定的影响。我们需要指出的是,马克思主义哲学当然是一种科学的方法论,但是问题的关键是,仅仅把马克思主义哲学归结为一种方法论,甚至是一种认识的工具,这就会把马克思主义哲学庸俗化、教条化。卢卡奇本人就对这种倾向进行了深刻的批评:"对无产阶级来说,如果在认识到历史唯物主义的科学性止步不前,把历史唯物主义仅仅看作是一种认识工具,这同样是自杀。"②我们以前就犯过这样的错误,把马克思主义哲学纯粹看成是认识世界和改造世界的工具,对马克思主义哲学进行抽象化和教条化。不但在实践上给我们的社会生活造成了不可挽回的损失和后果,而且在理论上给马克思主义哲学的声誉带来了很多不良的影响。

于是,如何看待马克思主义哲学的科学方法论就成了我们要考辨的对象。只有从马克思本人的哲学思想史上来考查关于马克思主义哲学的方法论问题,我们才能得到比较清晰的理论架构。

在马克思的哲学方法论中,存在着由对意识形态的批判到对政治经济学的批判的转向。马克思对意识形态的批判最早是通过对宗教的批判来完成的,因为对宗教的批判是其他一切批判的基本前提。对宗教的批判结束后,马克思就开始了对现实生活世界的批判。"因此,真理的彼岸世界消逝以后,历史的任务就是确立此岸世界的真理。人的自我异化的神圣形象被揭穿以后,揭露具有非神圣形象的自我异化,就成了为历史服务的哲学的迫切任务。对

---

① 《马克思恩格斯选集》第 4 卷,人民出版社 1995 年版,第 742 页。
② 卢卡奇:《历史与阶级意识》,商务印书馆 1992 年版,第 307 页。

天国的批判变成对尘世的批判,对宗教的批判变成对法的批判,对神学的批判变成对政治的批判。"①再到《〈政治经济学批判〉序言》中马克思所概括的,对政治的批判应当到市民社会中去寻求根源,而对市民社会的探求最终诉诸于对政治经济学的研究和批判。卡尔·洛维特这样总结马克思哲学研究方法的转变:"哲学则由于马克思而变成世俗的,变成政治经济学,变成马克思主义"②,可谓一针见血。可以说,马克思在中后期就是通过对资本主义的典型形态进行政治经济学的批判性研究,试图分析"世俗基础"的自我矛盾与自我分裂(即资本主义社会的自我矛盾与自我分裂),从而对宗教的批判在新的理论层次上展现出来。从这个角度看,马克思早期对费尔巴哈的批判是深刻而到位的。因为费尔巴哈仅仅把宗教归结为世俗基础。而"事实上,通过分析找出宗教幻想的世俗核心,比反过来从当时的现实生活关系中引出它的天国形式要容易得多。后面这种方法是惟一的唯物主义的方法,因而也是惟一科学的方法"③。

马克思正是靠这种方法来揭示现代资本主义社会的经济运动规律,分析资本主义社会的自我矛盾与自我分裂,从中找到从资本主义到社会主义过渡的现实途径。当然,这种经济运动规律作为一种自然必然性是不能够被任意超越的。"一个社会即使探索到了本身运动的自然规律……它还是既不能跳过也不能用法令取消自然的发展阶段。但是它能缩短和减轻分娩的痛苦。"④在认识到这种自然必然性的不可完全被超越后,马克思在论述自由与必然的关系时,仍然坚持不能彻底扬弃自然必然性。"自由王国不只是代替必然王国。同时它又是把必然王国作为不可抹杀的要素保存在自己里面。"⑤而且马克思强调在现实的社会组织中,联合起来的生产者,将合理地调节人们和自然的物质变换,在自然必然性王国里最大限度地实现人类的自由。当然这种自由只是有限的自由,然而却是通达作为必然王国彼岸的自由的唯一的现实的途径。

---

① 《马克思恩格斯选集》第 1 卷,人民出版社 1995 年版,第 2 页。
② 卡尔·洛维特:《世界历史与救赎历史》,生活·读书·新知三联书店 2002 年版,第 41 页。
③ 《马克思恩格斯全集》第 44 卷,人民出版社 2001 年版,第 429 页注释(89)。
④ 《马克思恩格斯全集》第 44 卷,人民出版社 2001 年版,第 8—9 页。
⑤ 施密特:《马克思的自然概念》,商务印书馆 1988 年版,第 145 页。

　　自由王国是马克思心目中的共产主义。值得注意的是,马克思对共产主义的解释是以对现实资本主义经济运动规律的分析为基础的,因为马克思是以历史的、暂时性的视角来看待资本主义社会的,同样他也不是用永恒的、绝对的原则来描绘共产主义的社会状态的。"共产主义是人的解放和复原的一个现实的、对下一段历史发展来说是必然的环节。"①总之,马克思把历史看做是为实现社会生活的自由即共产主义而创造条件的过程。马克思不是简单地把共产主义假定为一种理想,而是旨在详细说明这一理想得以实现的机制。马克思在成熟时期通过批判的实证和实证的批判研究,透过感性的、具体的历史活动,探讨了资本运动的规律,揭示了资本主义这种异化及自我扬弃的内在机制,从根源处挖掘出资本主义社会运转的秘密,最终发现了资本主义必然灭亡的历史规律。

　　马克思正是通过分析资本主义的运动规律得出资本主义必然灭亡和社会主义必然胜利的结论的。同时,马克思强调共产主义是一种现实的运动,其核心是追求人的自由解放的道路,这种解放必须建立在历史的现实的基础之上。"共产主义对我们来说不是应当确立的状况,不是现实应当与之相适应的理想。我们所称为共产主义的是那种消灭现存状况的现实的运动。"②马克思发现和创立历史唯物主义就是为现实的革命运动提供一种方法论的指导。当然,"历史唯物主义的首要功能肯定不会是纯粹的科学认识,而是行动。历史唯物主义不是目的本身,它的存在是为了使无产阶级自己看清形势。为了使它在这种明确认识到的形势中能够根据自己的阶级地位去正确地行动。"③波普尔把这种马克思对待行动的态度称为行动主义,在马克思的许多论述中都表达了同样"行动主义"倾向,"尤其是那些把社会主义说成是'自由王国'的话,人在其中将成为他自身的社会环境的主人的王国。马克思把社会主义设想为这样一个时期,在这个时期中,我们基本上摆脱了现在决定我们生活的那些不合理的力量。根据马克思的一般道德和情感来判断,如果面对这样一个选择,即'我们是做自己命运的创造者呢? 还是满足做一个命运的预言家?'

----

① 马克思:《1844 年经济学哲学手稿》,人民出版社 2000 年版,第 93 页。
② 《马克思恩格斯选集》第 1 卷,人民出版社 1995 年版,第 87 页。
③ 卢卡奇:《历史与阶级意识》,商务印书馆 1992 年版,第 307 页。

我相信他会做一个创造者，而不只是一个预言家。"①

波普尔在这里得出的关于这个问题的答案，我们暂且不作评论。但是，他提出的问题本身却值得我们思考：马克思关于共产主义的阐释究竟是一种纯粹的科学方法还是一种理想性的预言（信仰）？

我们知道，马克思虽然对宗教进行过深刻的批判，但是并不代表马克思丝毫没有一点宗教情结。如果我们指认马克思主义哲学是一种科学的方法论，那么他的这种方法论的前提和依据是什么？这是我们不得不进一步思考的问题。而不少西方学者是从马克思的"弥塞亚主义"的情结来论述的："在这种观念背后的现实的推动力是显而易见的弥塞亚主义，它不自觉地植根于马克思自己的存在之中，植根于他的种族之中。即使他是19世纪的自由的犹太人，是坚决反宗教的，甚至是反犹太主义的，他还是一个受《旧约》局限的犹太人。从手工业到大工业的两千年之久的经济史都无法改变的古老的弥塞亚主义和先知主义，以及犹太人对无条件正义的坚持，都说明了历史唯物主义的理想主义基础。《共产党宣言》以科学预言的相反形式坚持着信仰的特征，坚持着对人们希望的东西的某种信赖。"②

如果说以前我们强调的是对共产主义的现实基础（从资本主义作为一个矛盾和分裂的社会形态的内部逐步孕育出通向更高的完善的共产主义的现实条件）的科学论证，那么现在我们就不得不面对关于共产主义（历史唯物主义）的理想主义基础的问题。这种理想主义基础其实也就是一种价值判断。在一定意义上讲，我们对共产主义（社会主义）的解释更多的是依赖于"进步"这一概念，因为我们承认共产主义（社会主义）是一种更高级的社会形态。于是，有学者对此提出了质疑："马克思主义在这样做时，一种掩盖起来的道德因素就被引入了。据说，在把社会主义的发展看作历史进步，把社会主义设想为更高阶段时，价值判断就溜了进来。即使马克思的历史分析和预测是正确的，这并不必然意味着社会主义更有吸引力，更值得向往的社会形态。因为这些都是价值判断，而从任何纯粹的事实的历史理论中并不能推导出这些价值判断。这样，马克思的方法被指责混淆了事实判断与价值判断，犯了自然主义

---

① 波普尔：《开放社会及其敌人》第2卷，中国社会科学出版社1999年版，第312页。
② 卡尔·洛维特：《世界历史与救赎历史》，生活·读书·新知三联书店2002年版，第53页。

的错误。"①从本质上说,指责马克思犯了"自然主义"的错误强调的是从事实推不出价值,与指认马克思主义是一种乌托邦(包括弥塞亚主义)的观点如出一辙。"这样一种对经验的评价,事实上仍可能是纯主观的,是一种'价值判断',一种意愿,一种乌托邦。但尽管乌托邦的意愿采取的是哲学上较为客观的、较为精致的'应该'的形式。但这种愿望决没有超越对经验的接受,并因而同时决没有超越哲学上更精致的、旨在变化的主观主义。"②按照卢卡奇的理解,只有在生成的历史中通过中介性的辩证法才能消除事实与价值的对立。"中介的范畴作为克服经验的纯直接性的方法论杠杆不是什么从外部(主观)被放到客体里去的东西,不是价值判断,或和他们的存在相对立的应该,而是它们自己的客观具体的结构本身的显现。"③在这里,我们仿佛又看到了黑格尔的幽灵在卢卡奇身上显现:"辩证法不是主观思维外部活动,而是内容固有的灵魂,它有机地长出它的枝叶和果实来。理念的这种发展是它的理性的特有的活力,作为主观东西的思维只是袖手旁观,它不加上任何东西。"④当然,我们也必须指出,卢卡奇看到了马克思和黑格尔辩证法一致的地方,即马克思的辩证法和黑格尔的辩证法都是以巨大的历史感作为基础的,但是马克思"从黑格尔逻辑学中把包含着黑格尔在这方面的真正发现的内核剥出来,使辩证方法摆脱它的唯心主义的外壳并把辩证方法在使它成为唯一正确的思想发展形式的简单形态上建立起来"⑤。这也就是恩格斯指出的"历史和逻辑相统一的方法"。马克思关于共产主义(社会主义)的学说论证就是建立在这个方法的基础之上的。马克思主义使共产主义(社会主义)学说的基础离开了从先入为主的价值观念得到的推论,从而也摆脱了任意的幻想,而把它奠定在现实主义的历史观的坚实的基础上。

由此而引发的问题是:马克思主义是否是一种"价值无涉"的社会学的实证科学呢? 其实,任何一种社会理论都是以一定的价值预设为前提的,只不过马克思把这种价值预设建立在坚实的具体的历史的大地上的。"马克思主义不仅是一种社会理论,而且实质上是社会主义的一种形式。它是一种政治见

---

① 罗伯特·韦尔等编:《分析马克思主义新论》,中国人民大学出版社2002年版,第76页。
② 卢卡奇:《历史与阶级意识》,商务印书馆1992年版,第242页。
③ 卢卡奇:《历史与阶级意识》,商务印书馆1992年版,第245页。
④ 黑格尔:《法哲学原理》,商务印书馆1961年版,第38—39页。
⑤ 《马克思恩格斯选集》第2卷,人民出版社1995年版,第43页。

解,实践和道德信念在其中起着举足轻重的作用。不仅如此,它还力图把这两个方面包含在一体化的理论见解中:不是把两者看作各自独立,互不相关的两种因素,而是看作统一体中两个同等重要的组成部分。"①可见,马克思的科学理论(包括方法论)与其价值判断(预设)根本不相抵触,因此这就为人们提供了一种得以具体、实践和现实的方式思考上述两个方面因素的基础。从这个意义上说,马丁的见解不无道理:"马克思使关于社会主义的宣告成为一种科学论证,他想以此证明新秩序的必然到来。这种证明的前提条件是对这种本身具有'乌托邦'性质的科学的信仰。这种思考方式把实证主义的态度与无意识的想象结合起来了。"②因此,马克思主义的价值维度和科学维度是统一体中两个不可分割的部分。由此可见,批评马克思主义是充当"黑夜里的先知"的弥赛亚主义和指责马克思犯了自然主义错误的做法都是片面的。马克思主义是以科学与价值的有机统一为特征的,它把价值理想与现实基础很好地结合起来了。这种价值理想诉求在一定程度上就成为马克思主义的存在论依据。马克思主义的方法论也是以它的存在论为基础的。这种存在论就是基于人的价值理想的诉求而展开的人的实践活动的自我创造与发展。离开了存在论的根基,马克思主义哲学作为方法论就成为无根的浮萍。

因此,"马克思主义哲学是科学的革命的方法论"也应该在这种语境中重新得到审视。过去,我们注重马克思主义(历史唯物主义)作为一种纯粹的科学方法论功能,从中抽离了存在论的根基很容易滑向教条和僵化的泥潭。尤其在当今,马克思主义作为一种信仰,在某种程度上出现了危机,恐怕与这种存在论根基的缺失不无关系。马克思主义是基于事实与价值统一基础上的科学方法论与存在论的统一。片面强调任何一方面,在理论上和实践上都是有害的。

第三节　马克思与虚无主义问题

历史主义是作为反对形而上学的面目而出现的,这与马克思对西方传统的形而上学的批判有一定的契合之处。历史主义作为一种世界观,和马克思

---

① 罗伯特·韦尔等编:《分析马克思主义新论》,中国人民大学出版社 2002 年版,第 68 页。
② 刘小枫选编:《施米特与政治法学》,上海三联书店 2002 年版,第 87 页。

的世界观哲学又有什么关系呢？这里不仅牵扯到对马克思哲学本身的理解，而且更为重要的是，马克思是否超越了历史主义或者说是否拯救了历史主义的虚无主义危机呢？

一、历史唯物主义与形而上学

马克思是西方传统形而上学（哲学）的终结者，这在学术界已是共识。问题是，马克思终结了传统的哲学之后，马克思的理论将如何定位？学术界存有争议，学者们对此莫衷一是。一般认为马克思哲学是一种科学的世界观，这也是很多教科书的观点。据我国学者俞吾金考证，我国的哲学教科书基本上都受到艾思奇主编的《辩证唯物主义　历史唯物主义》的影响，不加思索地把哲学等同于世界观。① 把马克思主义哲学理解为世界观，其实是肇始于恩格斯。恩格斯在《反杜林论》中正面阐述自己关于现代唯物主义的主张时，指出："这已经根本不再是哲学，而只是世界观，它不应当在某种特殊的科学的科学中，而应当在各种现实的科学中得到证实和表现出来。"②而世界观的内容包括自然界、社会和人类思维。于是，哲学（按照恩格斯的说法，作为"科学的科学"即哲学终结之后就只剩下辩证法了）便是关于自然界、社会和人类思维的运动和发展的普遍规律的科学。

以恩格斯对哲学内涵的理解为基础的马克思主义哲学的传统教科书模式在中国长期流行，这不能不值得我们深思。通过研究我们发现，在比较哲学的视域中，其实中国学者对哲学的理解与西方学者对哲学的理解存在着很大的差异。中国人很容易把哲学理解成世界观、人生观和方法论，而西方主流的观点就是把哲学理解为形而上学，本体论或存在论就是其理论内核。可以看出，西方哲学在中国的传播与被接受，的确与西方哲学本身的精神有一定的偏差。但这本身表明了哲学解释学有很大的理论说服力，中国人对哲学的理解与中国特有的传统文化背景不无关系。这也从另外一个侧面说明，马克思主义作为一种外来文化并在中国大地上生根、开花和结果，而且马克思主义哲学作为

---

① 俞吾金对此提出了质疑和批评，反对把哲学等同于世界观。尤其在以往的马克思主义哲学研究中热衷于认识论和方法论而遗忘了本体论；另一方面，在完全缺乏本体论反思的情况下，却陷入了物质本体论的尴尬境地。参见俞吾金：《问题域的转换——对马克思和黑格尔关系的当代解读》，人民出版社 2007 年版，第 144—162 页。

② 《马克思恩格斯选集》第 3 卷，人民出版社 1995 年版，第 481 页。

一种世界观能被广泛地接受和认同,在很大程度上适应了中国传统的思想文化的土壤。从这个角度讲,中国人把马克思主义哲学理解为一种世界观是有道理的,加之中国思想文化缺乏西方传统本体论(BEING)思维,竟与世界观理论对西方传统本体论哲学的拒斥不谋而合。

从西方哲学史的发展与嬗变来看,世界观是与哲学(特别是形而上学)截然不同甚至相对立的一个范畴。据西方学者考证,"在有思想的德国人心目中,世界观与哲学具有同样重要的意义,二者是一对并列的概念。换言之,这个词在19世纪已经成为有文化的德国人的一个普通单词。它与哲学具有同样的地位,用K.凯伯斯的话说,'哲学有了一个特殊的近邻,即世界观,我们很难对它进行分类,德语的用法尤其如此'"[1]。我们知道,作为哲学概念,世界观是18世纪才出现的。一般认为,世界观指的是人们看待生活于其中的世界的一种总的观点。哲学意义上的世界观概念最早是德国哲学家康德提出来的,意指人们对世界的感性知觉。到了19世纪,世界观概念逐渐在欧洲各个学科领域开花结果。更为重要的是,19世纪以来,世界观往往与历史主义勾连在一起,作为一种世界观的历史主义杀死了传统的形而上学或本体论哲学。"最常见的反形而上学,即历史相对主义意义上的历史主义,比谈论一般的反形而上学,更适当些。"[2]由此,造成的后果便是历史主义本身的困境即相对主义。为了解决这种困境,狄尔泰提出了自己的克服方案——世界观理论:"世界观理论的任务是,分析宗教、诗歌、形而上学与相对性进行斗争的历史进程,系统地阐释人类心灵与世界之谜、生命之谜的关系。"[3]

尽管如此,狄尔泰的世界观理论还是经常被视为相对主义的代表。胡塞尔就曾经对此提出了批评。但是,无论怎么说,作为人对生活于其中的世界的总体观点的世界观打上了人类主体主义的烙印。海德格尔说得好:"世界解释越来越根植于人类学之中这一过程始于18世纪末。它在下述事实中获得了表述:人对存在者整体的基本态度被规定为世界观。自那个时代起,'世界观'这个词就进入语言用法中。一旦世界成为图像,人的地位就被把捉为一

---

① 大卫·K.诺格尔:《世界观的历史》,北京大学出版社2006年版,第68页。
② 格鲁内尔:《历史哲学——批判的论文》,广西师范大学出版社2003年版,第131页。
③ 狄尔泰:《哲学的本质》,转引自诺格尔:《世界观的历史》,北京大学出版社2006年版,第94页。

种世界观(Weltanschauung)。"①换句话说,把世界理解为一种图像、一种客体,把自我理解为一种主体的做法,必将导致世界观思想的出现。

海德格尔继承了他的老师胡塞尔的思想,也主张将世界观与哲学区分开来。胡塞尔在《哲学作为严格的科学》中批判过"世界观哲学",海德格尔更是明确区分以存在为论题的哲学和以存在者为论题的世界观;只有存在才是哲学真正的、唯一的论题。② 胡塞尔和海德格尔批判世界观的共同点在于指出世界观与哲学之间的基本差异:世界观是基于生活经验之基础上的看法,始终是有限的世界图景,而哲学则意味着对意识的真理或存在真理活的把握;世界观仅仅体现历史过程本身的一个业已结束的阶段,它通常通过哲学体系的方式体现出来,而哲学则致力于通过向历史的最初起源和开端的回溯,来不断提出问题。③ 因此,海德格尔通过回到古希腊前苏格拉底的"存在"来克服西方哲学的危机。

尽管海德格尔等人抨击世界观理论的相对性,要重建作为"存在"的哲学,但是世界观思想的出现是后形而上学时代的一种明显的理论症候,因为世界观理论本身就是对传统形而上学独断论的一种反驳和纠正。马克思的世界观理论也是对传统哲学特别是形而上学的批判。众所周知,很多黑格尔之后的哲学家都以反形而上学起家。历史意识的出现直接宣布了形而上学的虚假性,或者说传统的"哲学"越来越遭遇到"历史"的挑战。转向"历史"的的确确是黑格尔之后德国整个思想界的征兆,兰克的历史主义、马克思的历史唯物主义、狄尔泰的生命哲学、海德格尔的存在主义以及伽达默尔的解释学构成了一条明晰的线索。

马克思所创立的历史唯物主义属于世界观理论的谱系④,具有知识社会学的基本特征,宣告了传统形而上学的破产。确切地讲,马克思在终结传统形

---

① 孙周兴选编:《海德格尔选集》(下),生活·读书·新知三联书店1996年版,第903页。

② 参见海德格尔:《现象学之基本问题》,上海译文出版社2008年版,"导论"。

③ 参见倪梁康:《关于马克思主义哲学与现代西方哲学关系问题的几点想法》,载复旦大学当代国外马克思主义研究中心编:《当代国外马克思主义研究评论》第三辑,复旦大学出版社2002年版,第56页。

④ 2005年来我国哲学界再度掀起了历史唯物主义研究的热潮,追问"马克思的历史唯物主义究竟是什么"成为人们关注的首要问题。笔者通过考察世界观和本体论的关系及其在西方哲学史上的嬗变,我们可以认定历史唯物主义是一种终结了传统形而上学的世界观理论而不是本体论哲学。

而上学方面,主要是针对黑格尔哲学及其思想余流青年黑格尔派、老年黑格尔派等观念论哲学或意识形态理论的批判而发起的。在当时的德国哲学界,那些意识形态理论家们(尤其是青年黑格尔派)坚信人类的真正问题出在错误的宗教思想,只要通过批判宗教就可以解决问题了,从施特劳斯到施蒂纳的整个德国哲学界都局限于对宗教观念的批判。青年黑格尔派认为要打的真正战役是观念的战役,认为对所接受的观念采取批判的态度就可以改变现实。可是,青年黑格尔派高估了观念在历史上和社会生活中的价值和作用。"既然这些青年黑格尔派认为,观念、思想、概念,总之,被他们变为某种独立东西的意识的一切产物,是人们的真正枷锁,那么不言而喻,青年黑格尔派只要同意识的这些幻想进行斗争就行了。……不过他们忘记了:他们只是用词句来反对这些词句;既然他们仅仅反对这个世界的词句,那么他们就绝对不是反对现实的现存世界。"①因此,马克思在《德意志意识形态》中使用意识形态一词就是对青年黑格尔派观念论的批判,他们之所以发生这种观念的颠倒,就是因为他们从人类意识出发,而不是从物质现实出发来研究观念论。"这些观念都是他们的现实关系和活动,他们的生产、他们的交往、他们的社会组织和政治组织有意识的表现,而不管这种表现是现实的还是虚幻的。……如果他们在自己的观念中把自己的现实颠倒过来,那么这又是由他们狭隘的物质活动方式以及由此而来的他们狭隘的社会关系造成的。"②可见,马克思批评错误的宗教和观念论并非仅仅是认识论意义上的谬误,这些颠倒的观念在真实的社会世界有其现实的存在论基础:狭隘的物质活动方式以及与其相应的社会关系。于是马克思用形象的比喻加以说明:"如果在全部意识形态中,人们和他们的关系就像在照相机中一样是倒立呈像的,那么这种现象也是从人们生活的历史过程中产生的,正如物体在视网膜上的倒影是直接从人们生活的生理过程中产生的一样。"③

接下来,马克思将自己的哲学理路与传统形而上学区别开来:"德国哲学从天国降到人间;和它完全相反,这里我们是从人间升到天国。"④马克思一方

①　《马克思恩格斯选集》第1卷,人民出版社1995年版,第65—66页。
②　《马克思恩格斯选集》第1卷,人民出版社1995年版,第72页注释。
③　《马克思恩格斯选集》第1卷,人民出版社1995年版,第72页。
④　《马克思恩格斯选集》第1卷,人民出版社1995年版,第73页。

面是受到费尔巴哈的影响,将形而上学看成超感性的世界,这其实就是一种颠倒了的意识形态。随着现实的物质实践的感性世界的发现,"道德、宗教、形而上学和其他意识形态,以及与它们相适应的意识形式便不再保留独立性的外观了。"①但是,将思辨的哲学归结为世俗的现实世界是否就可以一劳永逸地解决问题呢?

把形而上学等意识形态归结为现实生活的基础或者说感性世界(或者说存在决定意识,而人们的存在就是人们的生活过程),这只是马克思克服形而上学的第一步。只要不对感性世界本身进行批判性反思,形而上学就仍然会面临复辟的危险,就像法国唯物主义那样。他们以清醒的唯物主义对抗醉醺醺的思辨哲学,而"趋向尘世的享乐和尘世的利益,趋向尘世的世界"。但是唯物主义在以后的发展中变得"片面了"、"敌视人了",或者说,法国唯物主义只是把超感性世界归结为感性世界甚至单纯的感觉,以至于"感性失去了它的鲜明的色彩而变成了几何学家的抽象的感性"。所以导致了黑格尔"胜利的和富有内容的复辟"。可见,从法国唯物主义的实际发展看来,它诉诸于抽象的物质(这是作为抽象理性的对象而言的,而不是"完整而现实的事物"②),仍然陷入了形而上学的原则,所以才导致了形而上学的复辟。这也正好印证了马克思的观点:抽象的物质与唯心主义在其实质上并无二致。

黑格尔哲学是传统形而上学的集大成者。"黑格尔的体系在德国的富有哲学味道的气氛中曾发生了多么巨大的影响。这是一次胜利进军,它延续了几十年,而且决没有随着黑格尔的逝世而停止。"③黑格尔之后的德国哲学(尤其是老年黑格尔派、青年黑格尔派)一直笼罩在黑格尔的哲学体系的魔法之中。"只有费尔巴哈才是从黑格尔的观点出发而结束和批判了黑格尔。费尔巴哈把形而上学的绝对精神归结为'以自然为基础的现实的人',从而完成了对宗教的批判,同时也巧妙地拟定了对黑格尔的思辨以及对全部形而上学的批判的基本要点。"④可以说,费尔巴哈有效地批判了形而上学,并且使得"唯物主义重新登上了王座"。尽管马克思在《神圣家族》中宣称黑格尔式的"形

① 《马克思恩格斯选集》第 1 卷,人民出版社 1995 年版,第 73 页。
② 《费尔巴哈哲学著作选集》下卷,商务印书馆 1984 年版,第 13 页。
③ 《马克思恩格斯选集》第 4 卷,人民出版社 1995 年版,第 220 页。
④ 《列宁全集》第 55 卷,人民出版社 1990 年版,第 29 页。

而上学将永远屈服于现在为思辨本身的活动所完善化并和人道主义相吻合的唯物主义",但是,这只是1844年时期的马克思,他带着赞许的口吻描述费尔巴哈的功绩。到了1945年马克思已经超越了费尔巴哈。这同时说明,马克思克服形而上学并不是一蹴而就的或者说一开始就能胜任了的。我们还是不厌其烦地引用马克思在著名的《关于费尔巴哈的提纲》中的第一条:"从前的一切唯物主义(包括费尔巴哈的唯物主义)的主要缺点是:对对象、现实、感性,只是从客体的或者直观的形式去理解,而不是把它们当作感性的人的活动,当作实践去理解……没有把人的活动本身理解为对象性的活动。"①

费尔巴哈的唯物主义的确成为力克黑格尔的思辨哲学及一切形而上学的中枢,但是正如马克思恩格斯在《德意志意识形态》中中肯地指出的那样:"诚然,费尔巴哈比'纯粹的'唯物主义者有很大的优点:他承认人也是'感性对象'。但是,他把人只看作是'感性对象',而不是'感性活动'。"②或者说,他从来没有把感性世界理解为构成这一世界的个人的全部活生生的感性活动。

其实,黑格尔已经先行找到了活动的原则,只不过是抽象地发展了其能动性的一面。而费尔巴哈忽视了德国古典哲学这一重大理论洞见,于是他不能从人的活动出发去把握人与周围世界的对象性关系,而只能诉诸于人的感性直观,并在感性直观的基础上确认人的主体性,如他所说:"只有感觉,只有直观,才给我以一种作为主体的东西。"③对此,马克思批评道:"费尔巴哈不满意抽象的思维而诉诸于感性的直观;但是他把感性不是看作实践的、人类感性的活动。"④正是由于这一点,费尔巴哈虽然力图使"唯物主义重新登上王座",但在理论的深层上却表现为"半截子唯物主义",即"当费尔巴哈是一个唯物主义者的时候,历史在他的视野之外;当他去探讨历史的时候,他不是一个唯物主义者"⑤。这也正是马克思受费尔巴哈启发但又很快超越费尔巴哈的关键之处。这说明了,只有把人的感性活动理解为感性世界的基础,才能真正建立起将自然观和历史观统一起来的真正的唯物主义;只有把人的感性活动理解为感性世界的深刻基础,才能真正地"按照事物的本来面目及其产生情况

① 《马克思恩格斯选集》第1卷,人民出版社1995年版,第54页。
② 《马克思恩格斯选集》第1卷,人民出版社1995年版,第77页。
③ 《费尔巴哈哲学著作选集》上卷,商务印书馆1984年版,第156页。
④ 《马克思恩格斯选集》第1卷,人民出版社1995年版,第56页。
⑤ 《马克思恩格斯选集》第1卷,人民出版社1995年版,第78页。

来理解事物"。可见感性世界、感性直观都不足以克服作为超感性世界的形而上学,而必须直面感性活动本身。

在这里,不能不提到马克思与费尔巴哈的原则性区别。可以说,费尔巴哈最早把超感性世界归结为感性世界,问题是,海德格尔说得太精辟了:把形而上学的命题颠倒过来之后仍然是一个形而上学命题。所以马克思批评费尔巴哈只注意到了感性世界,没有把感性世界把握为人的感性对象性活动。其实,早在《1844年经济学哲学手稿》中,马克思就已经试图走出形而上学的"意识的内在性":"当现实的、肉体的、站在坚实的呈圆形的地球上呼出和吸入一切自然力的人通过自己的外化把自己现实的、对象性的本质力量设定为异己的对象时,设定并不是主体;它是对象性的本质力量的主体性,因此这些本质力量的活动也必须是对象性的活动。"①

感性活动是否就是唯一的出路?感性活动本身就是自明的吗?马克思是否就此超越了形而上学或者说找到了形而上学的真正秘密?形而上学是一个矛盾结构,必须找到感性世界的内在的矛盾和自我分裂的机制。这里,海德格尔对"马克思达到了虚无主义的极致"的批评为我们提供了重新认识马克思与形而上学及虚无主义关系的契机。

二、历史唯物主义与虚无主义

前面已论述,海德格尔敏锐地捕捉到了虚无主义的本质根植于形而上学,二者是一体同构的。他认为尼采之所以仍然陷入虚无主义之中,是因为尼采只不过颠倒了形而上学——把感性世界看成真实的而超感性世界不真,颠倒过来的形而上学结构实质上仍然是形而上学;这种做法完完全全陷在形而上学本身之中。海德格尔明确地指出:"形而上学就是柏拉图主义。尼采把他自己的哲学标示为颠倒了的柏拉图主义。随着这一已经由卡尔·马克思完成了的对形而上学的颠倒,哲学达到了最极端的可能性,哲学进入其终结阶段了。"②海德格尔在对尼采进行评论的时候提到了马克思,认为马克思是"最后一位形而上学家"。那问题紧接而至,按照海德格尔的逻辑推论,马克思也是虚无主义者了。在"晚期讨论班"上,海德格尔解释说:全部马克思主义以之

---

① 马克思:《1844年经济学哲学手稿》,人民出版社2000年版,第105页。
② 孙周兴选编:《海德格尔选集》下卷,上海三联书店1996年版,第1244页。

作为依据的命题——所谓彻底，就是抓住事物的根本，而人的根本就是人本身——乃是一个形而上学的命题。把它"放到费尔巴哈所做的对黑格尔形而上学的颠倒这个境域中，就可以把这个命题看得很清楚"①。正是在这个意义上，海德格尔明确地指出：马克思达到了虚无主义的极致。

我们如何理解海德格尔对马克思的批评？为了回应海德格尔的批评，最直接的办法应该指出：海德格尔批评的"形而上学命题"，是马克思的早年著作《黑格尔法哲学批判导言》中的思想，这是一个费尔巴哈人本主义式的命题。我们知道，马克思在以后的著作中已经明确地批判了费尔巴哈，超越了费尔巴哈的人本主义，走向了历史唯物主义。

但是，我们不能这么直接回答就了事了。因为深层次的问题依然没有解决②，那就是：马克思和形而上学的关系问题，马克思究竟有没有克服（超越）形而上学、虚无主义？

再来看看海德格尔是怎样理解形而上学的。他着重考察了存在者之为存在者的基本特征——超越，以此为切入点来理解形而上学。"'超越'一词一方面是指存在者向它作为存在者在其什么性中所是的东西的超逾。这种向本质的超逾乃是作为先验之物的超越。……另一方面，超越也意味着超验之物，后者在作为实存者的存在者的第一实存根据意义上超逾存在者，……存在学把超越表象为先验之物，而神学把超越表象为超验之物。"③在这里，海德格尔解说了形而上学的"超越"一词的两义性，即：先验之物意义上的"超越"与超验之物意义上的"超越"。④ 由此，海德格尔认为"超越"所命名的东西的统一的两义根植于本质和实存的区分，这种统一的两义性反映了形而上学的存在——神学的本质。海德格尔还通过考察哲学史指出：本质和实存的区分在

---

① 丁耘编译：《晚期海德格尔的三天讨论班纪要》，《哲学译丛》2001 年第 3 期。
② 尽管海德格尔在《关于人道主义的书信》中以赞许的口吻说："马克思在体会到异化的时候深入到历史的本质性的一度中去了，所以马克思主义关于历史的观点比其余的历史学优越，……在此一度中才有资格和马克思主义交谈"，但是海德格尔还是认为马克思在认识到的异化的东西，和它的根子一起又复归为新时代的人的无家可归状态了。也就是说，马克思仍然没有走出虚无主义的宿命。参见《海德格尔选集》上卷，上海三联书店 1996 年版，第 383 页。
③ 海德格尔：《尼采》下卷，商务印书馆 2004 年版，第 980 页。
④ 参见孙周兴：《超越·先验·超验——海德格尔与形而上学问题》，载孙周兴、陈家琪主编：《德意志思想评论》第一卷，同济大学出版社 2003 年版。

柏拉图那里就已经准备好了,而亚里士多德则对此首次进行了概念表达。①后来,到了黑格尔那里,形而上学则形成了三位一体:存在——神——逻辑学。

通过梳理海德格尔对形而上学的理解,我们可以进一步指认:形而上学就是构造一种超感性世界和感性世界的二元对立结构,而且超验性世界统治、主宰感性世界。当然,这个超感性世界不仅是上帝,也可以是其他诸如道德法则、理性权威、进步、最大多数人的幸福、文化、文明等等。西方哲学史自柏拉图到黑格尔以来,就生活在这样一种二重化的世界里。前面所论说的自然与历史的二元及结构本身就是人的存在的两重性的表征。"自然本身是一种从微观世界到宏观世界的存在巨链中的连续统一体。只有人创造出二元性:精神和物质、自然和历史、神圣和世俗。"②

马克思认为,这种世界的二重化根源于人的生存方式——作为感性对象性活动的实践的二重性:"动物和自己的生命活动是直接同一的。……人则使自己的生命活动本身变成自己意志的和自己意识的对象。③ 劳动的对象是人的类生活的对象化:人不仅像在意识中那样在精神上使自己二重化,而且能动地、现实地使自己二重化,从而在他所创造的世界中直观自身。"④实践活动本身具有二重性,即矛盾性:精神与肉体、理性与感性、能动性和受动性、社会属性和自然属性,等等。从一定意义上说,马克思毕生所从事的就是从人的生存的矛盾中发现它如何走向分裂又如何扬弃分裂的历史运动之道。⑤ 而马克思的历史唯物主义后来通过诉诸于具体的作为感性对象性活动的物质生产的二重性,找到了克服虚无主义"历史之谜"问题的答案。

马克思强调了以物质生产为典型特征的感性活动在社会中的重要性和基础性,这和马克思当时所处的时代精神状况有着密切的关系。当时的社会正在经历一个"世俗化"、"理性化"的过程,传统占主导地位的观念性文化(如宗教、道德等等)逐渐被边缘化,马克思首先要在思想上进入到那个时代,从而批判地理解这个社会。他在对超感性世界的批判方面主要做了两个工作。

---

① 参见海德格尔:《尼采》下卷,商务印书馆 2004 年版,第 1037 页。
② 丹尼尔·贝尔:《资本主义文化矛盾》,生活·读书·新知三联书店 1992 年版,第 206 页。
③ 马克思:《1844 年经济学哲学手稿》,人民出版社 2000 年版,第 57 页。
④ 马克思:《1844 年经济学哲学手稿》,人民出版社 2000 年版,第 58 页。
⑤ 参见张曙光:《个体生命与现代历史》,山东人民出版社 2007 年版,第 387—436 页。

　　第一，相对于过去的历史唯心主义的缺陷（同时也包括找到旧唯物主义何以失足的原因），马克思要把握人类社会历史的真正的"根据"，为此就要做一个从天国到人间的还原式的归结，把一切观念性文化归结为世俗的物质生产。当然特别值得注意的是，马克思的归结是有"限度"的，他并没有把历史简单地还原到人的肉体需要、生理结构或自然基础，"我们在这里既不能深入研究人们自身的生理特性，也不能深入研究人们所处的各种自然条件。……任何历史记载都应当从这些自然基础以及它们在历史进程中由于人们的活动而发生的变更出发"①。由此，马克思找到了人类历史的世俗基础是人自己的活动——这种活动把人和动物既相联系又区分开来——人们生产自己的生活资料并间接生产自己的物质生活本身。

　　第二，正是因为有了这种归结——现实的感性活动，才有可能从人间到天国的提升和超越，从而发现人类自由发展的向度。在认识到物质生产的自然必然性的不可完全被克服后，马克思在论述自由与必然的关系时，仍然坚持不能彻底抛弃自然必然性。"自由王国不只是代替必然王国。同时它又是把必然王国作为不可抹杀的要素保存在自己里面。"②而且马克思强调在现实的社会组织中，联合起来的生产者，将合理地调节人们和自然的物质变换，在自然必然性王国里最大限度地实现人类的自由。当然这种自由只是有限的自由，然而却是通达作为必然王国彼岸的自由的唯一的现实的途径。承认人类有限的自由，正是马克思的理论贡献。马克思接着说，真正的自由王国在彼岸，那是超感性世界。如果一味地追求自由王国，就会重新陷入形而上学的窠臼，就逃脱不出虚无主义的命运。所以，马克思话锋一转，最后说："但是，这个自由王国只有建立在必然王国的基础上，才能繁荣起来。工作日的缩短是根本条件。"③

　　因此，历史唯物主义谈论人的自由的超越性不是无条件的、虚幻的，而是建立在物质生产和社会交往极大发展的基础之上的，从而人的全面自由的发展也就不再完全是一句空洞的口号了。马克思承认人的物质生产领域的此岸和彼岸的"二重性"，这种二重性是基于人的存在的一个"永恒"的事实：人一

---

①　《马克思恩格斯选集》第 1 卷，人民出版社 1995 年版，第 67 页。
②　施密特：《马克思的自然概念》，商务印书馆 1988 年版，第 145 页。
③　马克思：《资本论》第 3 卷，人民出版社 2004 年版，第 929 页。

方面要维持内在的生命活动而不得不进行生产劳动,另一方面人又希望摆脱外在的"自然必然性"而使自由发展成为目的。这无疑是一个具有存在论二重性的矛盾,但正是这个矛盾推动着人类不断地从"必然王国"走向"自由王国"。可见,感性活动作为感性世界和超感性世界的中介,起了"上通下达"的作用,表征着人的生存方式的二重性和矛盾性。而作为世界观理论的历史唯物主义正是通过具体的现实的感性活动在感性世界和超感性世界之间保持了必要的张力,才避免了形而上学与虚无主义的厄运。

到这里,问题开始明朗起来,要想回答马克思哲学和虚无主义的关系,就要试图找出马克思哲学和形而上学的关系,即马克思哲学和"感性世界—超感性世界"二元对立的关系问题。"理论的对立本身的解决,只有通过实践方式,只有借助于人的实践力量,才是可能的。"①马克思正是通过分析人的生存方式的两重性和诉诸于现实的感性活动来克服人类虚无主义困境的。而具体到现实的生活和生产方式当中去,他又是深入到资本主义的生产方式的内部即分析它的内在矛盾和内在分裂来探寻感性世界或世俗世界的矛盾结构的。马克思不只是把超感性世界颠倒、归结为感性世界(世俗基础),而是更进一步分析感性世界(世俗基础)的内在矛盾和自我分裂,并通过实践使之革命化。

简言之,在马克思的对形而上学与虚无主义克服(超越)的过程中,存在着由对超感性世界的知识社会学分析(把它归结为世俗基础)到对超感性世界的政治经济学批判(对资本主义生产方式的内在矛盾的分析与批判)的转向。可见,马克思哲学对虚无主义的克服绝不仅仅是把超感性世界归结为世俗基础,如若止步于此,马克思只不过是颠倒了形而上学,仍然在二元对立的框架中,仍然会陷入虚无主义。这也是海德格尔把马克思哲学看做虚无主义的原因之所在。可是,海德格尔只看到了马克思哲学的一个面相。马克思成熟时期的政治经济学批判确实是克服虚无主义的关键一步,这是所有学院哲学家难以望其项背的地方。

三、历史唯物主义与启蒙理性

如前所述,历史主义是作为反对启蒙的普遍理性和普遍价值而登上历史

---

① 马克思:《1844年经济学哲学手稿》,人民出版社2000年版,第88页。

舞台的。这与马克思的历史唯物主义对启蒙理性的批判有一定的契合之处。二者的区别在于：前者通过拒斥启蒙的普遍价值、一味地强调个体性和特殊价值，从而走向了相对主义甚至虚无主义；马克思则是从存在论的根基揭示了普遍理性和普遍价值的虚幻性，同时又承认了它的历史合理性；通过历史的辩证运动并以最终实现"每个人的自由发展是一切人的自由发展的条件"的目标，从而在更高层次上继承和超越了启蒙理性。

以启蒙哲学为重要特征的 18 世纪也经常被冠之"理性的世纪"。或者说，理性成了 18 世纪的汇聚点和中心，表达了该世纪所追求并为之奋斗的一切，表达了该世纪所取得的一切成就。理性的突出和扩展，通过对宗教的批判和专制制度的批判表现得淋漓尽致。典型的就是法国启蒙运动思想家反对宗教的观念和一切封建专制，宣扬启蒙理性。恩格斯用脍炙人口的一段话做了形象的描述："在法国为行将到来的革命启发过人们头脑的那些伟大人物，本身都是非常革命的。他们不承认任何外界的权威，不管这种权威是什么样的。宗教、自然观、社会、国家制度，一切都受到了最无情的批判；一切都必须在理性的法庭面前为自己的存在作辩护或者放弃存在的权利。……以往的一切社会形式和国家形式、一切传统观念，都被当作不合理性的东西扔到垃圾堆里去了；到现在为止，世界所遵循的只是一些成见；过去的一切只值得怜悯和鄙视。只是现在阳光才照射出来，理性的王国才开始出现。"①可见，启蒙运动高擎理性的火炬，理性成为衡量一切的唯一尺度。

启蒙理性的发展体现了 18 世纪的理论特点：其一，无论是理论科学还是实验科学，揭示了自然在结构上的统一性，人们无法接受关于自然现象超自然的神学解释。其二，人们对理想的社会制度的理解受到自由、平等和进步等观念的约束。自由与平等的观念促成关于人的政治与法律上一致性的理解，而进步的观念始终是以一种公正而适用于所有人的社会制度为核心的。可以说，"18 世纪浸染着一种关于理性的统一性和不变性的信仰。理性在一切思维主体、一切民族、一切时代和一切文化中都是同样的。宗教信条、道德格言和道德信念，理论见解和判断，都是可变的，但是从这种可变中却能够抽象出一种坚实的、持久的因素，这种因素本身是永恒的，它的这种同一性和永恒性

---

① 《马克思恩格斯选集》第 3 卷，人民出版社 1995 年版，第 719—720 页。

表现出理性的真正本质"①。

更为重要的是,通过宣扬启蒙理性,启蒙运动试图掌握普遍真理,提出了具有普适性的理论。在这其中意识形态理论的出现就是一个重要标志。虽然"意识形态"这一词充满歧异与争议,但是,"意识形态"这个概念是在法国启蒙运动时期资产阶级反抗封建主义、传统权威制度的背景下产生则是毋庸置疑的。特拉西作为第一个明确提出此概念的法国思想家,继承了法国唯物主义者的精神尤其是他的老师孔狄亚克的感觉论。这就是说,"意识形态概念的提出,不仅标志着认识论上的彻底的感觉主义性质的转向和革命,而且也意味着实践上的革命,即在拒斥宗教和种种旧的传统观念的同时,也必然拒斥那些正在维护旧的谬误观念的政治制度,特别是国家制度"②。可以说,作为观念学的"意识形态"(ideology)首先是一种科学观念,继承了启蒙理性的使命,以反对旧的体制和权威。这里的意识形态当然是正面的、具有积极意义的,和后来马克思所开创的否定的、具有负面意义的意识形态的传统不同。

按照黑格尔的观点:启蒙分成了两派,即自然神论和唯物主义。自然神论把上帝规定为最高的存在,除了它存在之外我们对它就一无所知。唯物主义则干脆不要上帝,将物质作为它的绝对原则。黑格尔认为自然神论与唯物主义其实并没有什么不同:双方关于绝对本质的原则都只是"纯粹思维本身"。在自然神论那里,上帝是一个主观的设定。而"物质"也只不过是一个主观的抽象,它并不指任何具体的经验规定,而是设定了一事物超感性的内在性质,这种内在性质是完全抽象和空洞的。这个超感性的内在性质是思维的创造而不是世界的直接经验。"这样一来,这种存在就变成了无宾词的简单东西、纯粹意识的本质;它是自在地存在着的纯粹概念,或在自己本身之中的纯粹思维。"③接着黑格尔说这两派启蒙都还没有达到笛卡尔那种形而上学概念,没有理解存在与思维的统一。而黑格尔就是要克服思维与存在、物质与精神的诸多矛盾和分离,诉诸于绝对精神。他把启蒙中的信仰和理性都纳入了绝对精神的否定之否定的发展过程,用一种"更深刻、更复杂的理性主义"对启蒙理性进行了改造和超越。

---

① 卡西尔:《启蒙哲学》,山东人民出版社 2007 年版,第 4 页。
② 俞吾金:《意识形态论》,上海人民出版社 1993 年版,第 26 页。
③ 黑格尔:《精神现象学》下卷,商务印书馆 1979 年版,第 108—109 页。并参见张汝伦:《黑格尔与启蒙——纪念〈精神现象学〉发表 200 周年》,《哲学研究》2007 年第 8 期。

从这个意义上讲,黑格尔是启蒙运动的传人,因为他高举理性的大旗,尤其是黑格尔的哲学经过形而上学富有内容的伟大复辟之后,建立了无所不包的绝对理性和普遍同一性。哈贝马斯对此总结道:"由于黑格尔继承了形而上学思想运动中自我批判主题,并且把它们推向极端,因此,他最终革新了形而上学的同一性思想。在摧毁了柏拉图的唯心论之后,黑格尔为从普罗提诺、奥古斯丁、托马斯·阿奎那、库萨的尼古拉、斯宾诺莎和莱布尼茨而一直延续下来的传统补充了最后一个重要环节;而具体方法非常简单,只是把普遍同一性概念真正付诸实现。"①

可以说,后形而上学最初是对黑格尔的绝对理性和"同一性"思维的批评:"黑格尔的第一代弟子对其恩师著作中所隐含的普遍性、永恒性和必然性必先于特殊性、有限性和偶然性这样一种唯心论的理性观已经作了批判。"②进而言之,马克思对思辨哲学的批判也是对启蒙理性从抽象的"人的本质"出发论证一般思想、观念的做法的批判。马克思指出,由于所谓的一般思想、观念同生产方式的一定阶段所产生的各种关系分割开来,这样就很容易从这些不同的思想中抽象出"一般思想"、观念等,并把它们当成历史上占统治地位的东西,从而把所有这些个别的思想、观念说成是历史上发展着的一般概念的"自我规定"。"在这种情况下,从人的概念、想象中的人、人的本质、一般人中能引申出人们的一切关系,也就很自然了。思辨哲学就是这样做的。"③

而且马克思还通过对当时德意志意识形态的批判性考察得出,思想、观念是社会实际生活过程的反映,体现了某种群体的特殊利益,并指出占统治地位的思想只不过是占统治地位的物质关系在观念上的表现。18世纪以来的历史观往往出现这种现象:"占统治地位的将是越来越抽象的思想,即越来越具有普遍性形式的思想。因为每一个企图取代旧统治阶级的新阶级,为了达到自己的目的不得不把自己的利益说成是社会全体成员的共同利益,就是说,这在观念上的表达就是:赋予自己的思想以普遍性的形式,把它们描绘成唯一合乎理性的、有普遍意义的思想。"④

①　哈贝马斯:《后形而上学思想》,译林出版社2001年版,第151页。
②　哈贝马斯:《后形而上学思想》,译林出版社2001年版,第38页。
③　《马克思恩格斯选集》第1卷,人民出版社1995年版,第101页。
④　《马克思恩格斯选集》第1卷,人民出版社1995年版,第100—101页。

　　基于普遍理性的抽象、绝对的普遍价值是近代启蒙运动所追求和宣扬的。启蒙运动提出的诸如自由、平等、博爱、人权等普遍价值，带有浓厚的西方理性主义色彩，并将这一原本具有"地域性"和"文化特殊性"的价值标准普遍化为人类普遍有效的价值标准，在当时具有划时代的进步作用。一方面是因为其反对封建等级秩序，富有感召力；另一方面契合了现代性（现代社会）的运动机制——个人主义、市场经济和民主政治，这些都具有世界历史的意义。但是随着世界历史的发展，其极力推广的普遍价值隐含着西方文化霸权主义扩张的倾向。马克思针对资产阶级宣扬的自由、平等等普遍价值指出：在阶级社会中不存在绝对的普遍价值，因为统治阶级总是不得不把特殊利益说成是社会全体成员的普遍利益，从而把普遍价值绝对化。虽然在阶级社会中不存在绝对的普遍价值，但却存在相对的"普遍价值"。较之旧阶级，资产阶级所依赖的基础更宽泛，因此资产阶级革命能够吸纳除了自己阶级以外的其他社会成员参与。恩格斯在评价启蒙理性的普世性时，也注意到了其阶级局限性：启蒙运动宣称要建立"理性和永恒正义的王国"，这个理性的王国只不过是资产阶级的理想化的化身罢了。而且更为重要的是，"按照这些启蒙学者的原则建立起来的资产阶级世界也是不合理性的和非正义的，所以也应该像封建制度和一切更早的社会制度一样被抛到垃圾堆里去"①。

　　如果说，马克思从历史唯物主义（存在论）的立场上揭露了普遍理性的虚幻性，那么，历史学派或历史主义则是从认识论（方法论）的角度赋予了介于普遍与特殊之间的个体本身的合理性。在作为一种精神科学（历史科学）认识论的历史主义看来，"如果忽视个体，就无法把特殊纳入到普遍当中。卷入个体历史、生活方式和对话当中的是个体本身，同时也正是他们自己把自己的个性传达给这些主体之间无限之间所共享的无限而又具体的语境。特定的历史、文化或语言的特殊性是一种个别类型，介于普遍与个别之间。当时历史学派所探讨的就是这类具有开创意义的概念"②。历史主义的历史功绩就在于使个体从传统的形而上学的窒息中解放出来，"从 18 世纪以来，这种个体力量一直在努力寻找另外一种表达方式，即自传体生活历史的文学表达方式。

---

① 《马克思恩格斯选集》第 3 卷，人民出版社 1995 年版，第 722 页。
② 哈贝马斯：《后形而上学思想》，译林出版社 2001 年版，第 150 页。

生活历史是始终必须对自我负责的存在的公开文献。"①历史主义的出现,使
不可言喻的个性获得了现实性意义。

　　启蒙理性所宣称的普遍性忽视了不同国家和民族之间的特殊性和差异
性,一开始就遭到德国历史主义的批评。作为对启蒙运动这一思想模式的反
拨的历史主义,否定任何普遍的价值(规范)和抽象的原则,承认所有的价值
都是在某一历史环境的背景下产生的,所有的价值都是独特的和历史性的。
在人类历史中,每一个历史个体都体现了神的意志,都有自己的独特的价值和
意义,历史的个体并不是混沌的宇宙的反映,而是在历史中展开的历史意义的
统一体的丰富的各个方面。可见,历史主义的一大功绩就是赋予了普遍价值
以历史的维度,或者说把历史置于理性之上,但是历史主义背后隐含着的相对
主义倾向清晰可辨,特别是其依赖的历史意义的信仰瓦解之后,相对主义便不
可避免地暴露了。为了克服历史主义本身的相对主义危机,历史主义的理论
家们提出了各种方案,以狄尔泰为代表。他并没有完全服膺于历史主义,为了
克服其相对主义的倾向,他主张相对的东西必须更深刻地同普遍有效的东西
相联系,对整个过去的同情的理解必须成为形成未来的一种力量。如果说,黑
格尔是在概念领域谈论普遍性和特殊性之间的关系,那么,狄尔泰则是在历史
领域谈论现实的东西和可能的东西之间的关系,谈论已经完成的东西与有待
建构的东西之间的关系。就现实而言,存在着不同的文化和价值体系,很难对
它们作出一般的概括;但就可能而言,解释学的努力可以帮助我们破除不同文
化和价值体系之间的壁垒,达到相互理解,趋近一个普遍有效的价值和目标。
可以说,像哈贝马斯、查尔斯·泰勒等当代一些思想家的思路可以看做是对狄
尔泰上述思想的发展,即不是把普遍主义看做一个既成的事实,而是看做一个
有待在交往和理解的实践中加以建构的东西。②

　　换言之,普遍价值不再被看成是一种基于先验的神学观或抽象人性预设
的既定价值体系,也不再依赖于抽象的普遍理性形式的论证方式(近代普遍
理性的论证思路方式,追求形式上的普遍性和单一性而无视各种文化传统和
价值观念的多样性和差异性,往往带有一种普遍理性主义的自负和霸权倾

① 哈贝马斯:《后形而上学思想》,译林出版社 2001 年版,第 150 页。
② 关于详细的论述参见童世骏:《为何种普遍主义辩护——与赵敦华教授商榷》,《学术月
　　刊》2007 年第 5 期。

向);而是越来越建立在一种交往理性基础之上——这种理性是人们在社会实践特别是交往活动中,在世界历史的展开中逐渐形成的。当代世界文化价值的多样性及其相互作用既是不容无视的事实,又是人类社会内部保持生机和活力的重要条件甚至机制,因而人们应当通过现实生活实践中的多元文化及其价值观之间的对话,以及建立在此基础上的作为交往理性之当代形态的公共理性,努力在价值问题上求同存异而又存同求异,不断地敞开人类生活的新的可能性,并不断地实现这种可能性。

第六章　价值的普遍性与特殊性

历史主义以及作为其深思熟虑之形态的"历史性",深刻地揭示了形而上学的虚妄性;但是从另一方面,历史主义与历史性所引发的价值普遍性与特殊性的争论则使得价值相对主义甚至虚无主义蔓延开来。从人类的历史发展来看,在前现代社会,价值的普遍性和价值绝对主义居主导地位;进入现代,价值的特殊性和价值相对主义逐渐流行开来。本来,现代性及其理念本身就具有普世的价值取向,并且已经席卷全球。然而,这一取向不仅要通过各个社群之间、民族之间利益的博弈,各种文化价值观的碰撞乃至冲突才能展开,而且还导致了新的多样化、特殊化的要求。因而,围绕着普遍性与特殊性的争论成了现代社会发展所面临的价值难题。当代哲学思维已清楚地认识到价值绝对主义与价值相对主义各执一端,皆不可取。然而,如何历史地扬弃这两种极端的价值取向,重建新的价值秩序和人的意义世界,仍是摆在世人面前的时代性课题。

第一节　价值哲学的兴起及其内在理路

着眼于西方现代思想史,不难发现,作为哲学概念的"价值"自产生之日起,就意味着现代学者对"普遍有效的价值"的向往与寻求,以及普遍价值的内在矛盾性。

我们知道,价值最初是一个经济学的术语,表达的是商品对于人的一种"效用"、"效率"关系。这种经济学的使用价值概念不仅主导了现代人的日常生活,甚至成为他们的人生观。从效用或功利的角度考虑和筹划自己的行为,包括交友、恋爱和建立家庭,这是许多现代人基本的思维方式和生活态度。因而,经济学的"价值"成了具有思想范式意义的概念,进入到社会生活的各个领域;同时它也颠覆甚至消解了人们原来所看重、所推崇的蕴涵在其历史文化传统中的"意义",形成了一种只有当下感觉的、无深度可言的扁平式的生活模式。社会生活秩序变成了一种单纯靠法律维持的秩序,而人的心灵秩序却是紊乱的,这也正是虚无主义的世俗土壤。

正是针对这种情况,一些学者"因势利导",借助各种学术资源特别是伦理学的资源,突破经济学的狭隘规定,将价值与人的"善的生活"联系起来,赋予其"应然"的含义,使之转化为哲学概念,广泛地运用于道德、宗教、政治、法律等人文社会科学研究的领域。到了 19 世纪,围绕价值现象进行研究并体现着新的研究立场和方式的"价值哲学"在西方兴起。由于价值现象是关涉整个社会世界和人类精神世界的现象,因而,价值哲学的出现被誉为现代西方哲学的"价值学转向"。海德格尔这样论述了价值哲学的来源及其状况:"在 19世纪,关于价值的谈论是很常见的,对于价值的思考也是司空见惯的。然而,只有当尼采著作的传布,关于价值的言论才普及开来。人们谈论着生活价值、永恒价值、价值等级、精神价值(比如人们自认为在希腊、罗马文化中发现了这种精神价值)。在哲学的学术研究中,在新康德主义的改造中,人们获得了价值哲学。人们构造出种种价值系统,并且在伦理学中探究价值的层次。甚至在基督教神学中,人们也把上帝,即作为最高的善的最高存在者,规定为至高的价值。"①连德国法学家施米特也认为:"价值哲学是在一个非常确定的哲学——历史环境中产生,作为对 19 世纪虚无主义危机形式出现的咄咄逼人的问题的回答。"②由此可见,"价值"超越狭隘的经济学的"效用关系",成为一个表征人类活动的应然取向乃至终极目的性的哲学概念,是与人们力求走出价值的相对化和虚无化,确定一种普遍的价值理念和秩序分不开的。新康德主义学派就曾积极地为这个相对主义的时代寻找普遍的价值尺度,论证价值哲学的合法性:"相对论是哲学的解体和死亡。哲学只有作为普遍有效的价值的科学才能继续存在。"③

新康德主义只是诸多价值理论中的一种。由于价值问题的复杂性,西方

---

① 《海德格尔选集》下卷,上海三联书店 1996 年版,第 780 页。
② 施米特:《价值的僭政》,载王晓朝主编:《现代性与末世论》,广西师范大学出版社 2006 年版,第 121 页。
③ 文德尔班:《哲学史教程》,商务印书馆 1993 年版,第 927 页。

学者关于价值的论述多有分歧,概括起来,可以归结为两条对立的进路。①

一是如上所述,为了走出价值相对主义和虚无主义的困境,一些学者诉诸于价值的本体论或形而上学诠释,给出价值的先验的绝对的规定。如洛采就把价值看成是一种以善为最高形式的"绝对目的";哈特曼则从先验现象学的立场阐述以绝对价值为最高点的价值秩序问题。伽达默尔认为,这条脉络基本上是继承了康德严格区分实然与应然的"绝对的或内在的价值概念"的思路,并赋予它以"自在目的特征"。② 然而,对于经历了 20 世纪这个"极端化"时代的人们来说,所有一元的、绝对的观念似乎都意味着"专制"和"独裁",意味着一种侵害个人独立和自由的强制秩序,因而他们很难接受近代西方价值哲学为解决相对主义而诉诸绝对的、抽象的普遍价值的做法。并且,随着世界性交往活动的频繁,各民族在不同的自然地理环境和历史条件下形成的文化传统与价值观念的差异和相通之处,也被他们明确地意识到。在这种情势下,否定人类的共通性固然有悖事实,但是,再从绝对和抽象意义上肯定普遍价值也失去了说服力。

二是"自然主义"和"经验主义"的思想取向,这一取向可以视为经济学的效用观念的扩展,仍然是着眼于人的需要和利益(英文"interest"有"利益"、"好处"和"兴趣"之意)理解价值,这样价值与主体的评价也就内在地统一起来。这方面的代表性著作,有美国哲学家杜威的《评价理论》,R. B. 培里的《一般价值论》。培里依据人的心理事实论述价值,其理论被称为"价值兴趣论"。心理学家马斯洛把价值看做是人的需求的满足或实现,亦属此列。这一从人的需要或心理界说价值的思路,有优点也有问题。它固然有助于打破评价与价值的主客二元区分,让人们清楚地意识到价值因人而异,却难以批判性地对待价值或评价的相对性并给予正确地引导。同时,它的自然主义和经验主义方法,也存在着摩尔所批评的"自然主义谬误",它无法使人充分地意识到价值所体现的人向未来生成的目的性和应然之方向。现代分析哲学家基于其拒斥形而上学的立场,也断定价值仅仅反映人的欲望、情感与偏好,并由此否定价值领域中有客观的或普遍的标准,进一步突出了价值的个体性和主

---

① 冯平教授将西方价值哲学的研究大致分为四种路向,即先验主义、经验主义、心灵主义与语言分析。本书为了行文的方便,做了更为简略的概括。参见冯平主编:《现代西方价值哲学经典》,北京师范大学出版社 2009 年版。

② 参见严平编译:《伽达默尔选集》,上海远东出版社 2003 年版,第 280—282 页。

观性。价值固然与人的情感和评价相关,有个体性与主观性,但正如个体性是相对于社会性、主观性是相对于客观性而言的,价值也不能不关乎社会的客观性。目前国内学界对价值的理解基本上是"属性说",虽然在向"关系说"变化,但由于方法论上没有真正的突破,因而并未从根本上超越经济学意义上的"有用性"。这也是国内的价值理论之所以无力解释和回应价值相对主义、虚无主义,更是难以介入人文价值秩序特别是人的心灵和精神秩序重建的原因之所在。

上述研究价值的两种对立的思路,恰恰反证了这样一种观点:价值既非单纯的形而上的理念,亦不可归结为形而下的效用,因为它关涉到人的整体性存在方式。我们所要论证的,正是价值既不能被看成是先验的观念,也不等于各种效用或功利,而关乎人类的整个生存与发展,体现着人的自成目的的生命对世界和自身的全部关系,并因而包含着内在的差异与矛盾,呈现出不同的层次和形态。所以,我们不可能像定义一个对象性存在物那样给价值下定义。从现象学的角度说,价值就是生成并蕴涵在人的生活世界之中,为每个人的"五官感觉、实践感觉与精神感觉"所关注、所执著的一切。它既源自于人的对象性活动中的可能性,又要在人的生活实践中逐渐地生成和呈现,由此导致了人们从现实生发应然与理想,而又以应然与理想的眼光审视现实的"评价"及其在价值创造中的作用。——当人们针对当下的现实和人的行为进行评价时,它的着眼点是在人的未来,而评价的原则却是过去的经验与教训的凝结。所以,价值与评价本质上都是具有历史性的概念。正是基于此,我们对价值的理解和界说,才不是单凭直觉,同时还借助历史经验的批判性分析与总结。

这样,我们就会发现,价值从根本上说是由人的生命活动作为机制所形成的生活的相互关联性,即在人类社会生活中发挥着"奠基"和"维系"作用的"价值观念"和"价值规则"的统一,这两方面的统一直接构成"价值秩序"。价值秩序是一切人类社会组织秩序和社会生活秩序的内在"结构"或"软件"。正如德国思想家舍勒所言,价值有一种"秩序结构"。这一秩序结构具有多向多维性、层级差异性和有机的统一性。构成价值系统的各种价值要素或单元不能相互替代,但往往互斥互补、相反相成;价值层次和形态也各有相对独立性,而又呈现为梯度式关联。按照舍勒的看法,各种不同的价值处在一个客观的、等级分明的体系之中:从感性价值(舒适—不舒适)到生命价值(高尚—庸俗),再由此上升到精神价值(善—恶、美—丑、真—假)直至神圣之物(以及与之对立的世俗之物的价值)。这个奠基关系体现在价值的等级秩序上便是四个层次的划分:感性价值与有用价值、生命价值、精神价值以及神圣价值。①我们还可以把价值结构大致分为三个层次:处于底层的是人的生活需要的基本效用即物对人的满足,体现的是工具性价值,这种价值也反映了人与生物界的重要关联。处于中间位置的是人的社会生命(人格意识、社会角色与权利)及其相互承认、信任以及表现为构成和调节人际关系、使社会生活可持续进行的普遍规范和规则,如道德、法律和政治制度等,系中介性价值。这种价值给人以包括名誉、尊严、公正在内的社会生活的意义。最根本也最超越的层次是基于人的心灵自由和精神追求的理想、信仰与意义,如真、善、美、圣等,可谓目的性价值,是人类自由自在的精神家园。这三种价值都是在人的对象性的生命活动中生成的,它们既相异又相通,并处于相互的区分与转化之中。"实用价值"观的问题就在于,它不能很好地说明中介性价值和目的性价值,因为后者不能简单地归结为人的"需要"及其满足。特别是人的理想和精神信仰,既形成于人的日常生活世界而又与之构成否定性关系,表现为对人的生理和社会性"需要"乃至"规范"的批判性审视与引导,借用梁漱溟先生的话说,人的理想与信仰往往要"逆人的躯壳起念"。在极端情况下,为了一个更高的价值目标,人们甚至不惜牺牲掉这需要和自己的生命,这就是"杀身成仁"、"舍生取义"。在此,"仁"、"义"表征着高于一己之生命的族类生命及其正常的发展,因而是普遍的价值。

第二节 普遍与特殊:从逻辑到历史

谈起"普遍性"概念,我们似乎并不陌生。人们日常所说的普遍性,往往指的某种现象或事件发生的"概率",概率大的就称为普遍的,概率小的则称为特殊的、个别的。这种来自经验的观察和归纳的普遍性(General),也可称为一般性或广泛性,但即使其覆盖面很高,也必定是有限的。与此相反的是先验的逻辑的普遍性,如凡 A 是 B,凡 B 是 C,则凡 A 是 C。它关涉的是可能世界,并不涉及经验世界的事实,也不可能有反例,所以是纯粹的普遍性

---

① 参见舍勒:《伦理学中的形式主义与质料的价值伦理学》,生活·读书·新知三联书店 2005 年版,第 127—134 页。

（Universal），如数学、几何学或形式逻辑中的公理与推理。① 这种纯粹的普遍性对于我们认识世界和自身虽然有很大帮助，但毕竟只关乎抽象的形式的方面，我们生活于其中的现实世界则是数量与质量、形式与内容的结合。而哲学上对于普遍性和特殊性关系的思考，恰恰经历了一个从感觉经验到思维的抽象，再到理性的具体的过程。人类对价值的理解也与此相似。所以我们的探讨也必须从一般的逻辑走向社会历史。

普遍与特殊、一般与个别的关系问题几乎充斥着整个人类思想史。西方思想史告诉我们，经由巴门尼德的理性思维与感觉的区分，到苏格拉底、柏拉图那里，理性的一般与感性的个别被明确区分开来，一般甚至成为离开个别而独立存在的理念。作为同类事物的本质、共相，这些理念是 Universal 而非 General，那些高级的理念如"善"、"美"更是如此。亚里士多德认为只有个别的事物才是真实的，他反对柏拉图将一般的理念置于个别事物之上，他举例说："当然不能设想：在个别的房屋之外还存在着一般房屋。"但是，当他分析个别的事物的质料与形式的关系时，又不得不承认质料是受动的、个别的，形式则具有能动性和普遍性，而低级事物的形式又是高级事物的质料。以此类推，他最终得出"纯粹的形式"是"第一推动力"的结论，结果不期然地承认了某种离开个别而独立存在的"一般"——这本身就说明个别与一般是不可分割的矛盾统一。个别与一般的关系在中世纪表现为"唯名论"与"唯实论"之争，后来演变为经验主义与理性主义两种对立的认识理论。由此，事实认知与价值评价才开始区分开来，休谟对从"是"中推出"应当"的批评更是起了重要作用。康德从现象与本体、事实与应该的二元区分出发，分别研究了理性的理论运用和实践运用。在这两种运用中，他都诉诸于"普遍"的"先验"。在自然科学的认知中，纯粹普遍的先验形式（直观和理性）发挥着对感性经验的整理和建构作用；在道德实践中，纯粹普遍的道德法则决定人的善良意志，"对每一个理性存在者的意志都有效"，它普遍立法而能够保持一致，因为"实践法则单单关涉意志，而并不顾及通过意志的因果性成就了什么"。康德还据此批评依据人的经验性的需求、情感和幸福的实践原则只能是主观的、偶然的和

---

① 这种逻辑的普遍性大都可以分析命题表达。但早就有学者指出，分析命题与综合命题不能完全分开。像康德所说的"凡物体都有广延"的所谓分析命题，就需要一定的经验作前提，与断定"凡物体都有重量"一样需要经验认识。

相对的,从而严格区分了德性与自爱、自律与他律。① 但也正因为这种普遍主义的义务论无关目的的实现和效果,所以被批评为形式主义或抽象化。然而,必须指出,康德关于只有"可普遍化"的道德准则才能成为客观普遍的"道德法则"的论断,具有重大意义,因为这是一个直接关涉人类正常生活秩序能否建立和持续存在的问题。黑格尔不赞成康德的现象与本体、实然与应然的二分,正是为了更为有效地推进康德关于普遍性问题的思考。基于概念的辩证运动,黑格尔揭示了个别向着一般、特殊向着普遍、主观向着客观的转化和发展,从而提出了"具体的普遍性"概念。具体的普遍性是矛盾各方通过对方扬弃自身的片面性、抽象性所达到的全面性和丰富性。但在黑格尔那里,具体的现实事物的发生与发展归根到底是绝对精神自身的逻辑运动所使然,是遵循正反合的三段论所达到的矛盾消除状态;并且,理性与信仰、事实与价值完全的统一,虽然有助于人们树立对未来的信念并给人的终极关怀以满足,却遮掩了它们在人的现实生活中的"裂隙",使人们不能清楚地意识到自己的有限性或能力的限度。

但是,黑格尔"具体的普遍性"概念却是极其重要的。凡举概念和理论皆有普遍性,哲学概念则有最大的普遍性,如思维、存在、必然、偶然、绝对、相对等。从哲学上考虑普遍性,既要弄清它是何种"普遍性",还要分析这种普遍性"何以可能"即成立的条件,包括对哲学自身的普遍性概念的反思。如果说,普遍性在巴门尼德那里,是形式逻辑的抽象同一性,在康德那里是先验逻辑的形式的普遍一致性,那么,在黑格尔那里,则是基于辩证法的理性的具体的统一性。马克思所肯定的作为多样性的统一或多种规定的综合的"思维的具体",正是对黑格尔这一思想的继承。马克思在早年曾以水果与苹果、梨之间的关系为例,说明世界上真实存在的即人们能够感觉到的东西是个别的事物,而一般或共性寓于个别及其个性之中。② 我们后来也常说普遍性寓于特殊性之中,这导致人们形成一种印象,似乎普遍性、共性只是一种抽象的观念,在现实中并无其对象。现在看来这一理解是有问题的,它属于简单的"实体"观,只不过把柏拉图的观念的实体变成了感觉的实体而已。其实,不仅"水

---

① 参见康德:《实践理性批判》,商务印书馆 1999 年版,第 17—39 页。

② 马克思在《神圣家族》中揭示了思辨唯心主义的秘密是把概念独立化、实体化,把本来是从个别事物中抽象出来的一般当成独立存在的本质,进而把概念当做感性对象的来源和基础。但是,马克思并没有否定一般概念的存在的合理性,如他后来对"一般生产"的肯定。

果”这一大类,即使“苹果”、“梨”也都是对某一物种的指称、概括,而世界上没有在品种、大小、软硬、生熟上完全相同的两个苹果、梨。独一无二的“这一个”,我们是无法表述的,而只能像黑格尔所说诉诸于身体的动作(用手指或干脆将其吃掉);更为重要的,人们能够直接感觉的对象,固然是处于特定时空中的相对稳定的个体,但这些个体的产生、形成的过程,这些个体与其他同类个体既分化又联系的关系,以及个体作为物种的一分子与环境之间相互作用的关系,我们却难以感觉到并因而往往无视其存在。

作为概念的“个别”与“一般”总是相对的,因为它们是人们表述和把握事物个体时所用的符号,是对对象的思维区分和抽象。科学的研究和我们自身的经验都说明,世界上不存在完全孤立自生的个别事物,任何事物都有其种类,因而与同种同类的其他个体相通并相似。特别是生物,任何生物个体无论是单性繁殖还是两性繁殖,都与同类个体有着内在的有机联系和相似性,因而也必定拥有所属物种的共性;即使事物处于分化的过程中,事物或其要素之间的分化与离异,也只是原有关系的破裂,而同时又在形成着新的关系。如任何个人都是男女性结合的产物,其生理特征与发生血缘关系的其他人有着共通性即“家族相似性”。人的社会意义上的“个体性”只能形成于人的社会化过程中,因而与其“社会性”也是相对的;社会化程度越高,人的个体性和社会性也就越丰满。从传统共同体中走出的个人,一方面与原来自然发生的血缘或地缘关系逐渐淡化、疏远,同时他又与更多的个人建立起商品经济关系和相应的法权关系,从而既在社会上获得独立生存的权利,又成为新的社会关系的“纽结”。因而,人的个体性,无论是在生理学意义上,还是在社会学意义上,本身就是差异性的统一和多种规定的综合。反过来,由这些个体所构成的人类的概念,也绝非一般的抽象的共性,人的真正的“类”属性只能是在历史中形成的、包含着差异和多样的具体的普遍性。所以马克思批评“鲁滨逊式一类的故事”不过是虚构,不过是处于资本主义市场关系中的个人“独立”的外观,并批评费尔巴哈“假定有一种抽象的——孤立的——人的个体”,以及将“类”“理解为一种内在的、无声的、把许多个人自然地联系起来的普遍性”;并认定“人的本质不是单个人所固有的抽象物,在其现实性上,它是一切社会关系的总和。”①这恰恰否定了人类社会中抽象的个体性与抽象的普遍性,否定

---

① 《马克思恩格斯选集》第 1 卷,人民出版社 1995 年版,第 56 页。

了关于人性或人的本质的"特殊主义"与"普遍主义"及其外在对立,在人的问题上提出了一种具体的社会普遍性概念和方法。

可见,正如在现实中不存在纯粹的类属性或普遍性,也不存在纯粹的个体性或特殊性,具体的感性的个体本身由于与其他许多个体的内在联系而拥有普遍性;反之,事物的普遍性也不是同类事物抽象的单纯的共性——这充其量只是数学、物理学所处理的同质事物的特点,而是包含着多样性与差异性的丰富性与整体性。只要我们把事物看成一个基于内在矛盾而不断地分化和整合的过程,我们就不难发现事物通过自身的区分和差异性联系所形成的共通性和有机的统一性,虽然这种统一并不意味着矛盾和裂隙的最终消除。

那么,主要基于认识论而形成的具体的普遍性概念,是否适合对价值的普遍性的理解呢? 我们认为原则上是适合的,因为价值和评价、价值观念和价值规则都涉及具体性和多样性的统一问题,并且从属于人类社会历史的辩证发展。我们先来看属于社会职业规范的普遍性,如凡是教师都应该是称职的教师。这里的"应该"基于教师这一社会职业的规范,是这种规范本身的要求,是应然而非实然,所以,它无例外地适用于所有教师。以某教师事实上不称职,认为上述判断不具有普遍性,显然是没有道理的。那么,这种普遍性是否只是一种形式的或单面的要求呢? 并非如此。"应该称职"的要求既包含若干具体的规定,又并无一个可以完全量化的标准,如果说它有一个最低限度的规定的话,那么,谁也给不出"应该"的最高要求。我们知道,包括教师在内的任何社会职业都是社会分工的产物,其要求也必定逐步地建立起来并随着各类职业的发展而变化。

涉及整个人类的行为规范、规则,即人类价值评价和标准的普遍性就更为复杂。人们一直争论的"普世价值"问题就是如此,有人基于普遍人性和现代文明,认为个人自由、社会民主是普世价值;有人不承认普遍人性,认为现代文明也没有同一标准,所以否认普世价值。这既一般性地涉及人性和人的价值的普遍性与特殊性、绝对性与相对性的关系,也特定地相关于全球化时代人类共同生存所必要的价值观念和价值规则问题。如我们是否要完全"认同"西方的一些基本的价值观念,是否要与西方所主导的游戏规则全面"接轨"。这也是我们主要从"价值观念"、"价值规则"和"价值秩序"的角度论述价值和普遍价值的原因之所在。进而言之,只要我们依据人类自身历史地形成的反思能力和向善的努力,而又根据人类走向世界性交往和互依性加强所必须建立的全球性秩序的要求,那么,即使困难重重,我们也能够寻找到普遍有效的价值"法则"。

的确,人类对自身的认识及其共通的价值观念的形成,是伴随着人类内部的各种冲突甚至厮杀而逐步实现的。"人类"这一概念在人类早期要么是抽象的空洞名词,要么仅仅指自己所从属的群体。随着不同群体、不同民族的交往——包括战争在内——的扩大和深入,而且往往是冲突和战争所导致的两败俱伤,才使人们意识到极端的自利性、狭隘的排他性、个人中心主义和族群中心主义及其霸权对自身的有害性——包括有形的生理生命、物质和无形的人性、精神两方面。这些仅仅从自身的需要和利益出发的价值观,既不能"普遍化",又无助于社会生活的"可持续性",而为了形成正常的社会生活秩序和道德秩序,人们不断地把生活的经验教训转化为理性、明智和远见,从而不断地推进着相互理解、尊重和包容,既如实承认各群体各民族利益和价值观的差异甚至对立,也力求发现他们之间利益和价值观的共通性或一致性,在观念和现实两方面都进入到更为宽广的世界。社会的普遍价值——具体表现为人们共通的价值理想和共同的道德规范,正是随着人们交往的扩大和深化及其群体性或公共性生活的形成而形成的。在这个问题上,一个民族内部的普遍价值和整个人类的普遍价值的形成,原则上是一样的。这些理想和规范一旦形成,就会进一步发挥拓展人类生存和发展道路的功能。当我们肯定历史中有某种"超时空"的"永恒"价值时,指的就是人们心目中代表人类前进方向和根本利益的价值,是贯彻在人类历史活动中的一以贯之之"道"。超越各民族特殊利益的普遍价值,指的则是包容了这些民族共同利益或最大利益的价值。用中国古人的话,前者叫"古今之通义",后者叫"天下之至理"。在各民族长期交往中形成的一些国际公约或通则就有这个意义,联合国关于人类权利的普遍宣言的"普遍",都是 Universal。当然,所谓"通义"、"至理"与普遍价值一样,也是相对而言的。由于人类生存的个体性、群体性及其利益上的竞争,他们总会有差异和对立,普遍价值的呈现方式、具体内容以及人们对它的理解也会很不一样,有时甚至完全相反。这里有一个差异性协调以及罗尔斯所说的"重叠共识"问题。但如果像冷战时期敌对双方都以"正义"和"真理"自居,都把对方"妖魔"化,那么正义和真理的普遍性就隐而不彰了。如果只有一方拥有历史合理性,那特殊就将成为普遍性的实现方式;如对立双方都有历史合理性,那就意味着悲剧的发生。而像施米特那样,基于人类的利益差异和对立而认定区分"敌友"是政治哲学的核心问题,固然有其"冷峻"的独到之处,可以帮助我们打破一厢情愿、不切实际的善良幻想;但在现代社会,这种理论已经越来越显示出片面、褊狭和强烈的意识形态煽动性。对此我们不可不察。

显然,现代世界文化价值的多样性及其相互作用既是不容忽视的事实,又是人类社会内部保持生机和活力的重要条件甚至机制。通过多元文化及其价值观之间的对话,以及作为交往理性之当代形态的公共理性的建立,努力在价值问题上求同存异而又存同求异,使各种不无矛盾的价值观念和规范彼此协调并形成更高的统摄性、普遍性原则,就成为人类不断地敞开生活的新的可能性并实现这种可能性的重要途径。然而,在价值问题上走向真正的主体间关系、公共性关系并不容易,这里面临着各种矛盾;在现代世界,最为突出的矛盾就是价值观的民族之争。人们在价值的普遍性和特殊性关系问题上的困惑,也往往由此而生。

第三节 价值信念的民族之争

在人类思想史上,基于普遍理性的绝对价值是近代启蒙运动所追求和宣扬的。西方启蒙运动提出的诸如自由、平等、博爱、人权等观念,是萌生于西方特定历史条件和社会需要,因而原本具有阶级的和时代的特点的。但是,由于这些具有理性主义和自由主义特质的观念,表征着人类生存的新的可能性,其普遍化的取向有力地破除了欧洲中世纪独断的、蒙昧的宗教价值观,起到了伟大的启蒙作用,所以它也就被启蒙学者当做"普遍"的"永恒"的真理。"先进性"本身就意味着"普遍性"。然而,如果"先进"进步被理解为理性的同质化过程,并且结合于特定民族的利益诉求,它就会表现为对"落后"民族及其文化的侵害、整饬和破坏,"先进"也因而大打折扣甚至会走向反面。在 19 世纪40 年代欧洲社会冲突剧烈的时期,马克思特别尖锐地批判了资产阶级所宣扬的"自由"、"平等"等价值观念的"抽象性"和掩盖新的社会不平等的意识形态性,同时还分析了这些价值观念之所以能够采取普遍的形式的客观原因,即"进行革命的阶级的利益在开始时的确同其余一切非统治阶级的共同利益有着更多的联系"。这也表明,"每一个新阶级赖以实现自己统治的基础,总比它以前的统治阶级所依赖的基础要宽广一些;可是后来,非统治阶级和正在进行统治的阶级之间的对立也发展得更尖锐和更深刻"①。恩格斯后来进一步指出,就理论形式来说,现代社会主义起初表现为 18 世纪法国伟大的启蒙学者们所提出的各种原则的进一步的、似乎更彻底的发展;这些启蒙学者并不是想首先解放某一个阶级,而是想立即解放全人类。② 马克思和恩格斯深刻地说明了历史地产生的价值观念所具有的进步意义和内在矛盾。当资产阶级宣扬的普遍价值借助殖民活动和资本扩张向整个世界辐射时,它的矛盾的两重性更加凸显出来,它既是对世界上封建专制秩序的有力冲击和瓦解,对生活在这种秩序下的民众的思想启蒙和解放,从而体现出世界历史意义;又必定由于被帝国主义利用于霸权和殖民活动,而引发一系列复杂的反应和问题。这一问题早在西方世界内部就发生了。

我们知道,兴起于 18 世纪的德国历史主义,早期对法国启蒙运动虽有批评,总体上抱有好感,但是随着法国大革命走向恐怖,尤其是拿破仑的专制以及拿破仑对德国的入侵,大大地刺激和强化了德国知识分子对启蒙运动所宣扬的普遍价值的反感和批判,这在德国历史主义后来的发展中表现得尤为充分。它否定任何普遍的价值(规范)和抽象的原则,认定所有的价值都是在某一历史环境的背景下产生的,所有的价值都是独特的和历史性的。在人类历史中,每一历史个体都体现了神的意志,都有自己的独特的价值和意义,历史的个体并不是混沌的宇宙的反映,而是在历史中展开的历史意义的统一体的各个方面。历史主义的理论合理性就在于赋予了普遍价值以历史的维度。但值得注意的是,德国历史主义者拒斥法国和西欧启蒙运动的普遍价值是与其特殊民族利益结合在一起的,他们推崇的个体历史观和价值的特殊性最终走向了国家和民族利益至上的专制和排外,结果造成了包括本民族在内的"世界性灾难"。可见,任何民族只是依据自己特殊的利益诉求来反对各民族可以共享的普遍价值,并据此推崇狭隘的民族主义价值观,其结果只能适得其反。其实,即使从理论上看,历史主义本身也蕴涵着悖论:如果不超越历史,不把握住某种超超历史变化的恒久的东西,我们就无法看到"一切"思想(包括历史主义本身)的历史性;历史主义实际上也依赖着某种超历史的信仰作为其前提,而这种前提一旦瓦解,历史主义所蕴涵的相对主义甚至虚无主义就会

① 《马克思恩格斯选集》第 1 卷,人民出版社 1995 年版,第 100 页。
② 参见《马克思恩格斯选集》第 3 卷,人民出版社 1995 年版,第 719—721 页。

暴露无遗。

再来看中国的历史经验。历史发展的一般逻辑告诉我们,价值的普遍主义根植于一种具有比较优势的文化传统之中,而中国在这方面恰恰经历了巨大的历史性起伏。众所周知,中国在先秦之前就形成了"华夏中心"和"以夏变夷"的观念,而这是以华夏族高于周边民族的文明程度为依据的。"夏夷之辨"固然体现了当时中原民族的优越感,但这一观念依据的不是种族血缘的优劣而是不同文化的优劣,如同孔子删《春秋》所说:"夷狄入中国,则中国之,中国入夷狄,则夷狄之"。中国可退而为夷狄,夷狄可进而为中国。在古人那里,"中国"首先是一个先进的文明概念,后来拥有众多成员的"汉"民族正是以"中国"(华夏)文化为共同纽带和标识的民族。在广土众民、多样统一的自然和社会条件下,中华民族逐渐形成一种雍容阔大的文化意识乃至"天朝大国"的心态,认定自己的文化价值是"天下通义"。到汉唐时期,中国的器物、制度和价值观念更是对周边国家产生了巨大的影响力,吸引他们学习和效法。但是,南宋以降,传统的中华文明的生机和活力呈下降趋势,以夏变异成为"夷夏之防",越来越走向狭隘和封闭。近代以来,西方的工业文明凭借坚船利炮和廉价商品,轰开了中国的"万里长城";整个中国传统文化在欧风美雨的吹打下,四分五裂、花果飘零。正是在这种"彼强我弱"的情势下,中华民族与西方文明的矛盾关系以"中西古今"之争的形式表现出来,蕴涵其间的一大问题就是思想文化的普遍性与特殊性的关系。这一被冯友兰先生称为"共相"与"殊相"的关系问题,曾经成为中国社会各界思考和争论的中心话题。不难发现,在一个半世纪的中国近代思想史中,文化普遍主义往往是为"向西方寻求真理"乃至"全盘西化"提供理论依据的,它并且通向一种世界主义;文化特殊主义则往往成为保持中国固有的政治制度、文化传统和现实利益的理论支持,它则通向民族主义。除了康有为、谭嗣同等一些人认定中国儒家主张的"仁"道乃"人类公理",普适于世界一切国家之外,大多数文化普遍主义心目中的"普遍"指的就是西方近代文化和制度;文化特殊主义心目中的"特殊"则指的是中国的文化和国情,这其实已经反映了我们的"弱者"心态,只不过前者希望通过无条件地全面拥抱西方文化改变自己的弱者地位,后者则担心受到西方文化的侵害和替代而立足于自我保护。在理论上,两者其实犯的是同一错误,即将普遍与特殊二元分离,并且由于这一分离,东西方文化中都存在的普遍与特殊的二重性就被忽略了,似乎西方等于普遍,中国则等于特殊。

我们知道,特殊原则上总是包含在普遍之中,这样,中国对于西方各方面的"从属"地位无形中就被强化了。我们近代价值观的错位,既在于以一种二元对立的思维框架看待东西方的关系,更在于将东西方之间"强""弱"力量上的差异,等同于"普遍"与"特殊"的差异,乃至于历史的"进步"与"落后"、"文明"与"蒙昧"的价值上的优劣,从而自觉不自觉地陷入实用主义的历史观即势利观。这不仅妨害我们认识中西两种文化"类型"上的差异,也有碍于我们全面地理解历史的发展和文明的进化,特别是中华民族以类相传的民族精神的超越性和普遍性价值。

诚然,凡是现实的价值评价,不仅原则上受制于传统的价值理念,还关联着人们现实的生活境遇,所以不是单纯的理论是非问题。近代以来民族之间的文化碰撞与价值冲突,也是这些民族生存竞争的表现方式。中国的近代历史和社会变迁,不是首先弄清了某种理论并按照其逻辑展开的;各种理论学说在近代中国的确起到了很大的作用,但这种作用的意识形态效应要远大于其学理性,因为它首先发挥的是某种怀疑、批判、激励、鼓动的作用,即精神心灵或思想上的启发和解放作用,这正是"价值观"的作用。一种新的理论正如一种新的思潮,它之所以能够引起人们普遍的关注,恰是因为人们已经厌倦了业已僵硬的旧理论,这种束缚和封闭着人们思想的旧理论,让人们感到麻木和沉闷,已是桎梏着他们的生机和自由的枷锁。所以,当新的理论所蕴涵的新的可能性被人们意识到时,它就好像为人们打开了一扇天窗,蓝天白云连同新鲜空气一起扑面而来。可见,新的思想理论首先诉诸于人们的往往不是其认知理性和逻辑思维,而是他们的生命直觉、情感和对未来的憧憬。事实上,人的直觉、情感和想象及其变化,往往直接体现着他们发展自身的主体性要求,反映并回应着社会的矛盾及其出路。所以黑格尔将"热情"与"理性"一并视为历史发展的经纬线。然而,情感和意志毕竟有着一定的盲目性,不同的集团和阶层,其情感和意志也是不同的。如果理性不能独立地发挥作用或被意识形态所蒙蔽,非理性就会主导人的意识和行动,在某种特定的历史情势下将人们引向狂热和野蛮的冲突。所以,人的情感和意志必须上升为理性。哲学社会科学的研究以一套理性的分析和实证方法,在一定程度上保证了研究活动所需要的"价值中立",如实地面向事情本身即社会世界中的各种矛盾及其因果关系,发现并把握其中的基础性和强制性的力量,以及它与人自身生存和发展的合目的性联系;这样,研究者就能够最大限度地揭示出当前社会运动的最大可能性或基本趋势,并反转来重新思考和检讨各种价值判断、价值选择的合理性问题。事实上,人们的价值判断和选择及其能力的提高,包括从现实的价值选择到根本性的价值原则的确立,是他们对于自己与外部世界的相互作用及其后果不断反思的结果。例如,正是通过中西从器物到制度再到观念的全面的互动及其经验教训,中华民族逐渐摆脱了传统的"华夏中心"主义,走出了"义和团"式的狭隘民族主义和"洋鬼子"式的崇洋媚外这两种极端的价值观念,最终确立了理性地平等地与各民族国家交往的理念。反观西方,也正是通过来自西方自身和非西方民族的理论和实践的持续的批判,最初由资产阶级提出的"民主"、"自由"的价值观念的内在矛盾被不断地暴露和扬弃,其合理性也得到了切实的推进与发展,从原来"动听"然而抽象的话语,逐渐转变为人类越来越能够共享的价值。

的确,任何价值或价值观都是从特定地域的特定群体中产生出来的,并特别适应于其产生的土壤和条件,简单地移植到其他地方就可能行不通,强制推广更会适得其反。但是,这并不意味着任何价值(观)都只在原产地有效。一方面,有些属于陋习或病态的生活方式及其观念,本身就是蒙昧或社会等级压迫的产物,即使在当地也会受到谴责并随着社会文明程度的提高被革除;另一方面,那些符合人性及其发展方向的价值,一开始就有潜在的普遍性,它向着外部世界的扩展只是时间和条件问题。在今天经济全球化的大背景下,结合文化的民族性与人类性、历史性与时代性,深化价值的普遍性与特殊性的关系的探讨,正可以促进东西方价值的世界性交流和应用。

经济全球化是当今时代发展的重要趋势。从社会存在的角度看,经济全球化是世界范围内生产方式的一次大飞跃、大变动和大发展。经济全球化是世界生产力发展特别是资本主义发展和扩张的一个必然趋势,以蒸汽机的发明和应用为标志的第一次工业革命所推动的生产工具的改进和交通工具的便利,促进了资本主义世界市场的不断开辟和扩展。随着生产力的飞速发展,资产阶级生产的产品也在急剧增加,于是为了扩大产品的销路,资产阶级不停地奔走于全球各地,寻找新的消费领地,不断开拓世界市场,就像马克思所说的那样:"资产阶级由于开拓了世界市场,使一切国家的生产和消费都成为世界性的了。"①经济全球化的不断发展,一方面,在世界范围内,各国、各地区的经

———————
① 《马克思恩格斯选集》第 1 卷,人民出版社 1995 年版,第 276 页。

济相互交织、相互影响、相互融合成统一整体,即形成"全球统一市场";另一方面,在世界范围内建立了规范经济行为的全球规则,并以此为基础建立了经济运行的全球机制。在这个过程中,市场经济一统天下,生产要素在全球范围内自由流动和优化配置。

经济全球化不仅仅是生产力发展的结果,更为重要的是,它是资本主义生产关系全球扩张的后果。虽然生产力对于社会的发展具有根本性、决定性的意义,但这是要通过相应的生产关系而发生作用的。生产力和生产关系不过是生产方式"一枚硬币的两面";二者是内容和形式的关系:生产力体现生产方式的内容方面,生产关系体现生产方式的形式方面。内容和形式是不能分离的,它们作为两个概念只是在思维中的一种抽象。因此,仅仅从生产力的角度看问题,并不能揭示全球化的本质。从不同的参照系出发,可以对全球化作出不同的规定:诸如信息技术的全球化,智能网络的全球化,科技全球化,交往活动的全球化,市场经济的全球化,等等。这些不同的规定反映了同一过程的不同侧面。但是,从最本质的意义上讲,全球化只能是经济的全球化,即特定经济关系的全球化,而经济全球化的本质是资本的全球化,资本关系的全球化,是资本主义基本矛盾向全球范围的扩展。① 按照马克思主义的理解,资本的本性是不断地追逐利润,而资本本身却又蕴涵着矛盾——生产资料的资本主义私人占有和生产的社会化之间的矛盾。资本要克服自己对于生产力发展的限制,主要的出路是向外转嫁危机,通过将自身矛盾普遍化的方法来克服矛盾。因此,资本本身的内在矛盾决定了它是天生的扩张主义者、天生的国际派,它注定要跨越国界,占领全球。正如马克思所说:"资本一方面要力求摧毁交往即交换的一切地方限制,征服整个地球作为它的市场,另一方面,它又力求用时间去消灭空间,把商品从一个地方转移到另一个地方所花费的时间缩减到最低限度。"②

经济全球化所带来的社会关系的深刻变化就是世界交往的形成。交往是一个历史的范畴,不同的社会历史条件决定了交往具有不同的特点和水平。在经济全球化条件下,随着市场经济的全球化和信息技术的全球化,世界交往

---

① 参见刘奔:《经济全球化时代的文化问题——论"文化全球化"的观点和价值趋向》,载《刘奔文集》,中国社会科学出版社 2008 年版。

② 《马克思恩格斯全集》第 30 卷,人民出版社 1995 年版,第 538 页。

已经成为一种客观的社会存在。尤其是信息社会的到来,更是加剧了世界交往的广度和深度,互联网技术广泛运用于社会生产和生活的各个方面,人类的交往方式、交往范围、交往程度都发生了重大的变革,为世界交往提供了实质性的基础,加速了经济全球化的深入发展。

在经济全球化条件下,人们的时空观也发生了根本性变革。传统社会那种固定的时空观,一直以来是限制人们交往的主要障碍。信息社会消除了这种具体的时间和空间限制,人们可以凭借网络技术随时随地地进行交往。可以说,经济全球化打破了天然的时空的限制,安东尼·吉登斯所谓的"时空压缩"、马歇尔·麦克卢汉的"地球村"和保罗·维里利欧的"地理终结"等说法形象地揭示出世界交往的实质。世界范围内的不同国家、民族、群体、个人之间的相互依赖以及经济、政治和文化交往的深度和广度,都发生了前所未有的变化。

世界交往的内容涉及社会生活的方方面面。经济全球化由经济交往拓展至政治交往和文化交往,更为重要的是改变了社会意识的面貌,促进了人们的思想观念、价值观念广泛地交流和激烈地碰撞。可以说,经济全球化不仅给世界的经济与发展带来了深刻的变化,而且极大影响着人们的生活方式、思维模式、情感方式、风俗习惯、社会心理和价值观念。一方面,经济全球化使各国各民族的价值观念受到猛烈的碰撞和急剧的变革,经济全球化的载体——市场经济——本身所带来的一些普世性的观念已深入人心,并成为绝大多数人认可的价值观念和行为准则,如经济全球化的发展呼唤着人的自由个性的解放,推动了自由、平等竞争的社会规范的确立。而且它还改变着世界的面貌,尤其是对落后国家和地区人们的生存方式和价值观念具有摧毁性的意义。正如马克思所说的那样:"它迫使一切民族——如果它们不想灭亡的话——采用资产阶级的生产方式;它迫使它们在自己那里推行所谓的文明……一句话,它按照自己的面貌为自己创造出一个世界。"①

经济全球化极大地促进了世界生产力的发展,契合了现代社会的个人主义、市场经济和民主政治等运动机制,相对于封闭保守的传统社会具有历史进步意义。但是由于经济全球化是以西方国家为摹本的,其极力推广的思想文化和价值观念隐含着西方霸权主义政治、文化扩张的倾向。特别是改革开放

---

① 《马克思恩格斯选集》第1卷,人民出版社1995年版,第276页。

以来,西方的各种文化价值观念和政治法律思想通过媒体传播和文化消费等各种途径大量涌入,直接影响、改变着我国社会意识的状况。尤其是一部分人,受西方国家强势文化的熏染,高度认同西方的价值观,甚至把西方国家和社会的价值观鼓吹为全世界所应该推行的普世价值。

经济全球化加强了不同国家、民族之间的经济联系和相互依存的同时,由于其背后代表的主体不同,不同民族和国家在自然环境、经济发展和文化传统上都存在着差别,都有着不同的生存方式、利益追求和价值取向,因此在价值观上会出现很多矛盾与冲突,也会引发各种思想文化观念的碰撞和交锋。民族主义就是其中一个重要社会思潮。1996 年问世的《中国可以说不》一书在国内引起强烈共鸣就充分说明了这个问题。民族主义其实背后隐藏着一种强烈的政治利益诉求,特别是反对大国的霸权主义,因此这种思潮也可以称为政治民族主义。

改革开放以来,随着全球化趋势的不断发展和世界经济交往的日益频繁,中国与西方国家相互交往、相互竞争与合作。但是由于中国与西方在历史文化传统、政治利益诉求和思想价值观念等方面存在着巨大的差异,新的利益博弈规则一时还没有建立和健全。"一旦进入利益博弈与利益冲突过程,双方都夹杂着冷战时期的思维定势,这就更容易触动中国人作为历史上的受伤者的敏感神经,成为激发中国民族主义情绪爆发的重要原因。银河号事件、南斯拉夫炸馆事件、撞机事件、申奥过程中发生的相关事件,均激发了中国民众为维护民族利益与西方对峙。"①其实,经济全球化的开放环境使中国人对外部世界有了更加的了解机会和途径,也改变了中国人原来在封闭环境中形成的固有传统观念。尤其是中国加入 WTO 后,中外经济合作与相互依存的程度日益加深,西方在中国经济发展中获益匪浅,在国际关系上也表现出更为积极友好的态度,这在一定程度上也淡化了中国人对西方国家和世界的不信任与对立情绪。一般而言,内心充满自卑感与压抑感的人,在受到刺激之后,更容易表现得亢奋、悲情与反应过度;相反,经济发展与国力强大培育出来的民族自信心态,与中产阶级理性相结合,更容易养成宽容坦然的处世态度,由于中国国力的强大,中国人对外部的反应也就越来越平和了。2009 年出版的号称《中国可以说不》的姊妹篇《中国不高兴》一书,里面掺杂着一种狭隘的民族主

---

① 萧功秦:《当代中国六大社会思潮的历史演变与未来展望》,《领导者》2009 年第 29 期。

义情绪,遭到许多人的批评和非议,这恰恰说明中国人在对待与西方国家的关系上更为理性和成熟。

在经济全球化浪潮中,与政治民族主义思潮遥相呼应的是文化保守主思潮。特别是20世纪后期全球化过程进一步加速,西方文化特别是消费文化大量涌入中国,形成了法兰克福学派所谓的"文化工业"。人们在接受消费文化所带的刺激和快感之后,更多的感受却是精神的迷茫和意义的无聊。而且由于消费文化背后所折射出来的是西方独有的文化价值观念和生活方式,人们的"西化"可以表现为生活方式的方方面面,但是深层次的却是一种文化心理危机甚至是处于"精神无根"的状态;而改革开放30多年来,中国综合国力大幅度提升、国际形象日益隆兴。可以说,"西方对中国的'文化殖民'与中国的综合国力日益强大之间的反差导致的人们的文化心理危机越严重,传统文化越显出它的价值"①。因此,越来越多的中国人在精神上诉求于我们的传统文化,寻找一种固有的精神家园。

在这种背景下,很多学者扮演了重要的角色,主张在全球化背景下"保守住中国文化",保住中国文化的根,守住中华民族的魂。可以说,他们极力复兴中华传统文化,是对来势迅猛的西方全球化的浪潮冲击与压力的一种文化回应,通过对自身文化的认同,寻求一个民族在精神上的安身立命之源,以此来克服全球化与西方世俗文明冲击波造成的文化焦虑感与文化"无根感"。学者们的理论确实抓住了当前中国社会面临的文化心理危机的关键,而且他们已不仅仅局限在书斋里,而是倡导一系列的活动,在国内掀起了一场所谓"文化保守主义"的社会思潮。进入21世纪以来,学界与民间结合或民间自发组织的读经风起云涌。众多专家学者走到传经、送经的前台,担当了经学的启蒙教师。与此同时,传授儒家经典、普及儒家文化为主的书院、私塾和读经班如雨后春笋般纷纷涌现。有报道称,截至2003年年底,中国已有五百万个家庭、六十多个城市的少年儿童加入读经行列。据统计,北京、上海、天津、南京、武汉、深圳等地至少有120多万儿童先后投身其中,受其影响的成年人超过600万人,武汉、南京等地甚至一度出现青少年读经热。此外,大众传媒和图书市场关于传统文化的书籍畅销不衰,"百家讲坛"中易中天、于丹更是妇孺皆知。

___

① 萧功秦:《当代中国六大社会思潮的历史演变与未来展望》,《领导者》2009年第29期。

21 世纪初中国社会出现了一股前所未有的复兴传统文化热,从历史渊源上看,文化保守主义不仅有五千年悠久的中华传统文化作历史根基,特别是全球化与本土化、普遍性与特殊性的冲突,更加彰显了东方民族传统文化的可贵与独特之处。当今世界呈现出多元化发展态势,社会意识也出现多样化趋势。全球化不是文化生态的一体化和同质化,而应该是和谐共生的关系,不同的国家和民族都可以为世界文明贡献自己的思想理论资源。当代世界面临全球性的资源枯竭、环境恶化等生存困境,中国传统文化中"天人合一"的价值理念,强调人与自然的和谐、人与社会的和谐以及人的身心和谐,都凸显了民族文化具有全球性的普遍性价值。

最后,我们还想强调地指出,历史主义所面临的深层次问题就是价值的普遍性与特殊性的关系问题。最初讨论价值普遍与特殊之争的是在欧洲国家内部,我们重点介绍的德国历史主义的发展和衰败就是一个显著的例子。秉承此传统,德国与欧洲的关系成为一些中国学者研究的主题。当然,这种研究背后是深刻的中国问题意识。我们知道,近代以来随着世界历史的展开、民族国家交往的深入,中国也进入到价值的普遍性与特殊性这一关系中,更多地以中西文化之争的形式表现出来。尤其是全球化进程的加剧,普遍价值在很多人看来,背后隐藏着西方中心论的陷阱。须知,普遍价值并不等于西方中心论。一般而言,价值的普遍主义根植于一种特殊的而又具有比较优势的文化传统,如中国古代的"华夏中心论"强调夏夷之辨,体现了当时中原文化的先进和优越,形成了包容性很强的中国文化。在自给自足的自然经济的条件下,中国传统文化培育出一种独特的普遍价值甚至"天朝大国的"心态。然而,近代以来,西方的工业文明凭借坚船利炮和廉价商品,轰开了中国的"万里长城";整个中国传统文化在欧风美雨的吹打下,不堪一击、花果飘零。"落后就要挨打"的教训,使得中国不得不选择现代化的道路。中国的现代化发展之路首先是外生型的,而同时又是我们自身发展的要求。这其中交织着传统与现代的冲突、中国与西方的矛盾,可以说,中西文化之争贯穿于中国近现代思想史的始终。在西方列强的压迫下,中国的民族国家意识不断觉醒,基于民族国家的利益而强调文化价值的特殊主义,认为西方的价值观念和文化传统不适合中国的土壤。于是,在向西方学习技术的过程,"中体西用"始终是这种特殊主义的底牌。但是,随着现代化发展的逻辑展开,中国现代化过程便呈现出从器物到制度再到文化(思想观念)的层层跃进,中国传统文化历经了五四启蒙的洗礼。争取民族的独立、人民的解放和国家的富强是中国近代社会最根本的任务。十月革命的一声炮响，给我们送来了马克思列宁主义，中国人接受了马克思主义的普遍真理并与中国实际相结合，实现了民族、国家的独立。

马克思主义传入中国并在中国生根、开花结果，是马克思主义普遍真理与中国的实际相结合。马克思主义虽然源于西方文明，但它却是这一文明批判的继承；作为对现代资本主义社会的自我理解和自我批判，它的视野超出了资本的母国而扩展到全世界，其对人类未来的共产主义理想更是如此。但马克思同时指出，他的思想和理论是历史性的，主要针对的是西欧各国，这不止是坦承他的思想理论具有特殊的历史文化属性，更是表明他的思想理论是围绕着西方资本主义这一"中心地带"展开的，因而对整个世界特别是东方世界的解释作用和普遍意义绝非绝对的、无条件的。如果我们同样以历史的眼光理解马克思的唯物史观，那么，可以说，马克思不止是要为人类勾勒一幅类似于达尔文的物种进化一样的"人类进化史"，更在于围绕着正在形成中的资本主义经济体系，通过考察和分析它的矛盾运动，了解并把握人类的现代性命运，当然也包括正在挣扎于资本的殖民活动中的东方民族的命运。在马克思那里并不存在一个从前者演绎出后者的问题，虽然关于人类普遍历史的思想与马克思对时代的直接感受，构成一种相互解释和转换的关系，但事实上，马克思是以现代资本主义作为"窗口"或"高地"来透视整个人类历史的。

这从一个侧面说明，只是认识到马克思唯物史观的"进步主义"维度，进而只是从"先进"与"落后"的历时性框架认识东西方的关系，是不够的，甚至不无片面；这里还有由资本所主导的世界历史的"中心"与"边缘"的框架，这个框架显示的主要是世界基于一个新的主导性文明力量而分化和重组的过程，它虽然讲述的是各民族的文化及其历史命运的升降与荣辱，却是共时态的叙事，即在同一时代各民族相互关系中的相对兴衰。因此由"中心"所产生并辐射开来的文化价值观，对于处于"边缘"的民族而言，就必定既有"示范"、"引导"的作用，又有"强制"、"逼迫"的一面，是"己所欲，施于人"，因而必定造成东西方民族和东西方文明之间复杂的矛盾关系。这样，西方的文化价值也好，东方的文化价值也好，其相互关系就不止是"普遍性"与"特殊性"的问题，而必定涉及中心与边缘、强权与公理的关系了。

展望全球化未来的发展趋势，我们认为新的世界历史很可能不再是遵循着西方文明的"强势"原则即简单进步原则书写而成，而是随着世界的普遍交往而逐渐由单一中心走向多中心,走向各民族的"和而不同"的发展道路。这样,现代多元化时代的价值问题,就可能从普遍与特殊的关系之中,进一步生发出全球与地方即整体与局部的关系。所以,就东西方关系而言,我们也不应再持一种简单二元论的观点,将东方与西方的价值观完全对立起来,而应当既充分考虑它们的历史性差异,更要在世界交往和全球化背景下,发展和开显中国价值的人类意义和普世意义。马克思主义作为一种外来文化,胸怀世界主义和共产主义理想,适应了中国社会的实际形势之需要并与中国的"大同理想"相契合,在中国扎下了根,这本身就体现了普遍价值的普遍性与特殊性的统一。当然,马克思主义作为一种普遍真理和价值并不是抽象的、绝对的,更需要随着实践的发展而不断丰富和创新,以便达到更高层次的辩证统一。改革开放以来,我们否定了对马克思主义的教条化理解、突破了"地域性的共产主义"的困境①,逐渐探索出了一条有中国特色的社会主义道路,取得了令世界瞩目的骄人成绩。历史远未终结,人类还在前行,中国特色社会主义要以面向世界、面向未来的理性平和的心态,从我国的历史条件和现实情况出发,不断汲取人类文明的优秀成果,彰显中华文明"越是民族的就越是世界的"普遍价值,开创具有世界历史意义的发展模式。

---

① 马克思在批评"地域性的共产主义"时一语中的:共产主义的实现必须以生产力的普遍发展和与之相应的世界交往的普遍发展为前提。在世界历史的进程中,每一民族同其他民族的变革都处于相互关系之中,最后地域性的个人必然为世界历史性的、经验上普遍的个人所代替。否则,"共产主义就只能作为某种地域性的东西而存在"、"依然处于地方的、笼罩着迷信气氛的状态"。见《马克思恩格斯选集》第1卷,人民出版社1995年版,第86页。

结　语　走向公共性的价值秩序

以反对启蒙运动的自然法(自然权利)起家的历史主义否定任何普遍、永恒的价值和规范的存在。它承认所有的价值都是在某一历史环境的背景下产生的,具有一定的历史相对性和特殊性。由此可见,历史主义潜藏着相对主义的危险,但由于最初的历史主义对超越历史世界的形而上学世界的坚定信仰避免了相对主义。而19世纪以来世界理性化的发展,使得历史主义所依赖的形而上学基础日益削弱殆尽,最终导致了价值的相对化甚至虚无化,成为历史主义所面临的价值危机。前面已经论述过,从伽达默尔后期学术的努力来看,他开始试图改变这种相对主义的倾向了。质言之,他开始从历史性走向社会公共性了。因为他在晚期始终强调人是生活在共同体(语言共同体或对话共同体)中,共同体的人首先需要达到相互理解和相互认同以致形成共同感,这样才能保证共同价值、共同习俗,甚至共同真理的产生。

可以说,历史主义以及历史性虽然发现了形而上学或绝对价值的虚妄性,但并没有真正解决问题。我们还是从形而上学的实质谈起。形而上学与历史主义之争的核心其实就是普遍性与特殊性的关系问题。简言之,就是"一"与"多"的关系问题。

从哲学上看,"一"与"多"从一开始就是形而上学的内在主题。形而上学在抽象的水平上把万物之"多"追溯并归结为"一",不论这"一"是善的理念还是绝对精神。可以说,同一性是传统形而上学的根本特征,它以绝对的优势占主导地位,"把世界内部的一切解释为一种统一的存在"①。在形而上学的视域中,"一"不仅是原初的起点,而且还是第一原因。或者说,普遍性、永恒性和必然性占主导地位,普遍和特殊的关系只能做如下理解:"基本的解释原

---

① 哈贝马斯:《后形而上学思想》,译林出版社2001年版,第140页。

理在普遍中把握特殊,并且是从最终的基本命题中推导出来的;这种以数学为效仿对象的推理解释模式,与具体主义的世界观没有任何联系。"①换言之,形而上学中的"一"或"普遍性"是以抽象的理论方式来把握世界的。这种理解模式一直贯穿于从柏拉图到黑格尔的整个西方哲学的发展过程之中。

形而上学把一切都就结为"一",把历史的个体或个性都湮灭在同一性的汪洋大海之中,黑格尔的哲学虽然给予历史以足够的重视,但是最终历史成为了绝对精神的运行载体。历史哲学成为了形而上学的替代物,而历史主义恰恰是要把历史从历史哲学的同一性思想的束缚中解放出来,当然这主要是体现在作为方法论的精神科学的层面上。历史主义仍然试图维系于超验的历史彼岸,一旦这种唯心主义的避难所被打破,尤其是韦伯从宗教社会学的角度把世界历史解释为理性化的进程以来,"根据历史主义的自我理解,从一切综合中解放出来的多元性使得精神科学内部不可避免地出现了相对主义"②。后来这种方法论广泛地影响了自然科学,导致了科学哲学理论的历史主义学派的出现。而更为严重的是造成了价值的相对主义和虚无主义的泛滥,这在前面几章中已作过详尽阐述,对此不再赘述。

问题是,如何走出相对主义乃至虚无主义?在后形而上学中,还能否追求一种普遍同一性?众所周知,传统的价值绝对主义和虚无主义的二元对立已经被当代哲学思维所扬弃了,我们必须直面价值虚无主义的困境并重建新的价值秩序。笔者认为,要走出价值绝对主义与虚无主义的二元思维模式,哈贝马斯、阿伦特等西方学者提出的"公共性"的思路不妨是一种出路。我们既不能回到传统形而上学的绝对"同一性"的老路上去,也不能任后现代主义的"怎样都行"横行,只能在"一"与"多"中保持必要的张力和适当的平衡。用哈贝马斯的话说就是"只有在多元性的声音中,理性的同一性才是可以理解的"。③ 而这种新的途径就是基于交往理性或公共理性的"公共性"价值理念的产生。

我们知道,以形而上学的同一性来统摄、整饬价值,就必定抹煞价值的特殊性和差异性,价值的普遍性也就会很容易被抽象化、绝对化。而公共生活及

---

① 哈贝马斯:《后形而上学思想》,译林出版社 2001 年版,第 141 页。
② 哈贝马斯:《后形而上学思想》,译林出版社 2001 年版,第 154 页。
③ 哈贝马斯:《后形而上学思想》,译林出版社 2001 年版,第 139 页。

其"公共性"的出现,恰恰是以承认差异性与特殊性为前提的,如汉娜·阿伦特所说:"公共领域的实在性取决于共同世界借以呈现自身的无数点和方面的同时在场,而对于这些视点和方面,人们是不可能设计出一套共同的测量方法或评判标准的。因为尽管共同世界乃是一切人的共同会聚之地,但那些在场的人却是处在不同位置上的,一个人所处的位置不可能与另一个人所处的位置正好一样,如同两个物体不可能处在同一位置上一样。被他人看见和听见的意义就在于,每个人都是站在一个不同的位置上来看和听的。这就是公共生活的意义。"①但是,公共性也并非只承认差异性和特殊性,完全否定共同的、普遍的东西。公共性之为公共性就在于它的"互为主体性"或"社会交往性",只有每个人都把对方当做"主体",在平等的交往、对话和互动中,公共性的生活才有可能形成,而这一生活本身就既意味着参与其中的所有人的个性与自由的实现,又意味着与之相应的规则、秩序和信念。因而,公共性的价值理念,不同于形上的绝对价值的独断或独白,后者是高高在上、自我中心,前者则是平等的交往与对话,是主体之间的相互承认与尊重。因而,交往理性的形成和公共性的建构,是在承认人们世界观差异性和价值多元的前提下,达至理解和共同生活的主要途径。可以说,公共性的哲学基础是主体间的差异性和共通性。依据这一哲学理念,现代人生活的价值理想才既不会重新倒向绝对主义或抽象的普遍主义,也不至于走向相对主义和虚无主义,而逐渐开辟出一条执两用中、和而不同的生活价值之路。

公共性的价值理想追求是一种基于特殊性与普遍性辩证关系,而辩证法不再是意识哲学或概念的辩证法,而是像伽达默尔所说的那样"辩证法必须在解释学中被恢复"②,即恢复辩证法的"自由对话"的本源性内涵。对话作为交往理性的主要途径,是在承认人们世界观差异性和价值多元的前提下,建立一种能够为对话双方所理解的理想语言交往语境,哈贝马斯直截了当地将此概括为交往行为的三大有效性要求——真实性、正确性和真诚性。可见,无论是伽达默尔还是哈贝马斯,都主张不断加强自由对话和交往,从而增进人们的团结,形成和创造更具有包容性和开放性的共同体。哈贝马斯更是明确地

---

① 汉娜·阿伦特:《公共领域和私人领域》,载汪晖编:《文化与公共性》,生活·读书·新知三联书店 2005 年版,第 88 页。

② 参见伽达默尔:《科学时代的理性》,国际文化出版公司 1988 年版,第 54 页。

指出:"共同体只有通过实现所有人话语的自由权利,铲除一切歧视和苦难,将被边缘化的人纳入相互关爱中才可能建立。这个建设性地筹划出来的话语共同体不是一个封闭的绝对同一的集体,不会强迫成员放弃自身的特殊性而成标准化的人。纳入在这里绝不意味着党同伐异,相反,包容他者要求的是话语共同体的大门向所有人开放——首先而且恰恰向那些彼此是陌生者并将仍是陌生者的人开放。"①可以说,哈贝马斯持有的是一种正如他自己所说"谨慎的普遍主义"②("对差异性十分敏感的普遍主义")立场,是包容他者和特殊性的普遍主义。这跟中国儒家所讲的"和而不同"有相似之处。只有通过自由对话以及在此基础上的求同存异才能产生"和",这样形成的人类共同体才会真正充满活力和生命力。

诉诸于语言交往达成对话的共同体,有人批评是一种乌托邦的幻想。哈贝马斯对此进行辩护:"目前应该做的,正是提出一种较为合理的方案,以消除当今社会所显现出来的缺陷,克服它所带来的负面后果,使世界向较为公正的未来发展。倘若放弃一切努力,将世界看作一片黑暗,将改善目前状况的一切努力统统视为幻想,那么今天的状况将成为'铁的现实'而延续下去,这个世界也许真的没有什么希望了。"③哈贝马斯的交往行为理论的确有理想化的问题,这种理想化反映了他思想中仍保留着一元论的形而上学因素;而基于一元论的理想总会招致反讽。因而,我们应当更明确地承认差异性、多元化和一定范围内的冲突是社会常态,不同声音、不同视角的存在本身就是社会健康运行的必要条件,乃至承认机缘、偶然和我们无法给予理性认知的自在自发之物的重要作用。即使着眼于未来,由于我们理性的有限性和思维的破缺性,我们也必须为陌生的、异己的东西留下地盘。这样,我们才能推动交往和对话不断地走向自由和平等,从而增强个人的自主自律与社会团结,建构出更具有包容性和开放性的共同体。

尽管走向对话共同体的道路充满艰辛与面对指责,但信守"公共性"理念的当代学者还是为我们指出了一种理论上的可能路径并视之为努力的方向。

---

① 参见哈贝马斯:《包容他者》,上海人民出版社 2002 年版,第1—2页。

② Jürgen Habermas, *Autonomy and Solidarity : interview with Jürgen Habermas*, ed. Peter Dews, London: Verso, 1986, p. 169.

③ 哈贝马斯、章国锋:《哈贝马斯访谈录》,《外国文学评论》2000 年第1 期。

正如伯恩斯坦所说的那样:"面对现代性的多方面的批判,没人需要被提醒,这样的共同体是多么脆弱,它们多么容易被束缚和被曲解。一旦当全部灭亡的威胁好像不再是抽象的可能,而成为最为紧迫和真正潜在可能性时,更为紧迫的是要再三努力地培养这些形式的公共生活以使对话、交谈、提出问题和实现目标的智慧和实践言谈及判断正确地体现在我们日常的实践中。这是一个对伽达默尔、哈贝马斯、罗蒂和阿伦特的见解的共同的归宿。"①

　　前面主要是一些理论性的原则,下面我们再来看现实实践层面。要建立一种公共性的价值秩序必须面对价值多元的事实。价值多元首先是价值主体形态的多样化。人的主体形态并不是抽象单一的,而是具体的、多层次的、多样化的。无数个人、团体、民族和国家等共同体,在自然环境、经济发展和文化传统上都存在着差别,都有着不同的生存方式、利益追求和价值取向,而且这种共存的多元化主体自身还处于动态的发展过程之中。既然普遍价值的主体是具体的、历史的、相对的,那么普遍价值的内涵、内容、作用方式等也是具体的、相对的。那种所谓的"适用于所有人适用于所有时间、所有地点,不以任何条件为转移的、必然性的"普遍价值是不存在的。因此,传统的绝对的一元论的普遍价值被拒斥是有其逻辑依据的。

　　绝对的一元论的普遍价值瓦解之后,由于价值多元化、相对化所带来的价值冲突也就不可避免。韦伯形象地称之为"诸神之争"。然而,韦伯对现代理性主导的文明也许太悲观了,他在看到信仰私人化而理性主导着社会的同时,将信仰与理性完全分离开来了;并且,似乎现代理性就是工具理性,就是人们依据工具理性而一味地进行的利益拼搏。这的确是现代社会的重大事实,然而,他们却未能基于这一事实进一步发现,正是通过人类利益冲突所造成的普遍的伤害,正是公共生活中情感和信仰因素的缺失,反转来给予人类自身以教训,并从反面凸显出人们共在性的生存和超功利的社会关系的重要性;于是才会去寻找并实现和谐的共处之道,基于人类共同的利益,人们可以达成基本的普遍价值。有共同的利益,才能有相互合作、共生共荣的可能性,否则的话,只能"老死不相往来"。人们所处的自然环境和社会历史不同,形成了多样性的文化和价值观,但是基于共通的文化属性、共同的利益能够形成一些超越国家、民族和时代的共同性的价值准则,以此来调整世界上不同国家、民族之间

---

① 伯恩斯坦:《超越客观主义与相对主义》,光明日报出版社 1992 年版,第 286 页。

的关系并促进世界的和谐发展。比如在 20 世纪 90 年代世界宗教大会上提出的《走向全球伦理宣言》就是例证。它界定了普遍伦理或全球伦理的内涵："我们所说的全球伦理,并不是指一种全球的意识形态,也不是指超越一切现存宗教的一种单一的统一的宗教,更不是指用一种宗教来支配所有别的宗教。我们所说的全球伦理,指的是对一些有约束性的价值观、一些不可取消的标准和人格态度的一种基本共识。没有这样一种在伦理上的基本共识,社会或迟或早都会受到混乱或独裁的威胁,而个人或迟或早也会感到绝望。"①可见,这就是普遍价值所谓的一种最低限度的共同价值标准和规范,或曰"一种普遍主义的底线伦理学"。

在价值多元和冲突的时代,寻求一种最低限度的普遍价值不仅必要而且也是可能的。目前人类面临着一些共同的生存与发展困境,非此即彼的零和博弈的思维已经逐渐淡出。"和而不同"、寻求发展和共赢已经成为不同国家和民族之间的共识。可见,强调普遍价值内容的具体性和相对性,并不否认人类社会存在着共同的价值观。就像前面所说的人之所为人的一些基本价值准则。《走向全球伦理宣言》从世界各大宗教和文化的道德准则中,提出了全人类都应当遵循的一项基本要求:每个人都应受到符合人性的对待,并以所谓的"金律"——耶稣的"你们愿意人怎样待你,你也要怎样待人"和孔子的"己所不欲,勿施于人"——作为支持。《走向全球伦理宣言》又根据各大宗教都包含的"不可杀人"、"不可偷盗"、"不可撒谎"和"不可奸淫"四条古训,针对当代世界的状况,表述了四项"不可取消的规则":珍重生命、正直公平、言行诚实、相敬互爱。在当代全球化的社会实践中,由于人类拥有的共同利益和面临的共同挑战,最低限度意义上的普遍价值已经得到大多数人的认可。这也是目前多数学者所承认的普遍价值的内涵、表现及实现方式。

我们也必须指出,利益与价值、利益观与价值观,虽然有密切的联系,却并不等同;将利益等同于价值,正是现代社会的一大问题。利益是现实的、具体的社会规定,而价值则有理想的信仰的维度。利益是生活的条件,价值却表征着生活的目的。这也是为什么具有同样价值观的人,会发生利益和利益观的对立;有着不同价值观的人,却可以形成共同的利益和利益观。在传统社会,

---

① 孔汉思、库舍尔编:《全球伦理——世界宗教议会宣言》,四川人民出版社 1997 年版,第 8—9 页。

人们现实的利益往往掩盖在宗教、宗法关系和各种道德规范之下，价值观（“义”）高于并主导着利益观（“利”）。进入现代社会，个人的独立性与他的利益同时得到了凸显，人们之间的交往关系的利害性质也更为人们所关注。来自于商品交换活动的“价值”一词，也就成了“利益”“利害”的代名词；平时人们所说的“价值判断”、“价值选择”就大抵如此。学界提出并研究价值和价值观问题，当然与此相关。但是，学者们通过价值哲学的研究，既要澄清各种价值评价或价值判断与科学认知的区别所在，又在于通过揭示不同的价值观念及其冲突的原因或根源，为这个利益和价值观多元化的社会，寻找到一条和解与超越的道路。我们认为，合理的、具有超越向度的价值观应当以合理的利益（观）为依托，利益（观）则应当反映并提升到价值观的层面上。这样，当人们发生利益的对立和冲突时，一方面固然须要给予理性的认识并加以调解；另一方面还应当通过价值观的对话和交流，使他们发现生活和人性的共通性与新的生存可能性，在一个更高的层面上引导他们寻求共生共荣、和而不同的愿景。

　　康德曾指出，人类的理性是注定要追求至善的。但这就意味着人要把握本来不可及的“无条件者”（即条件总体），并产生“现象”似乎就是“事物本身”的“假象”，导致自相冲突。但这并不是单纯的坏事。“在理性的辩证论里面彰显出来的二律背反，事实上乃是人类理性向来所能陷入的最富裨益的困境；因为它最终驱使我们去寻求走出这个迷宫的线索，而这个线索一经发现，还会揭示出我们并不寻求却仍然需要的东西，也就是对于事物的一种更高而不变化的秩序的展望；我们现在已经处于这个秩序之中，而且我们从现在起能够受确定的规矩之命依照至上的理性决定在这个秩序之中继续我们的此在。”①康德此言说得甚好，这说明他对于理性的二律背反和他的理论的二元论问题有着清楚地认识，并积极地寻找着走出困境的道路。笔者不赞成人有一成不变的本性的看法，也不认为人的社会生活秩序是固定不变的。我们深知人性的矛盾性和复杂性，而特殊的境遇如战争甚至可以把人变成魔鬼，但是我们寄希望于人自身的，恰恰不在于所谓“先天”的“纯粹”的人性，而在于它后天所形成的矛盾的人性及其对这一矛盾的认识和解决的要求。毕竟，不是至善之人在寻求至善，而是有善恶两重性的人在祛恶向善。作为具有自我意

---

　　①　康德：《实践理性批判》，商务印书馆 1999 年版，第 118—119 页。

识的生物,作为从事着社会活动的生物,人注定了自省以及区分是非善恶的能力,因而也才有了人性改善的可能,有了人性总体上变化的方向性和逻辑性。包括马克思在内的许多伟大思想家之所以寄希望于人类自身,正是因为这一点。"人类"这个概念的真实性和丰富性恰恰在于人能够在多大程度上实现普遍的交往并营造多样而又统一的社会生活秩序。所以,人类价值的普遍性与其交往的普遍性和共同生活的具体普遍性是正相关的。这也说明了社会秩序的变化也有其方向性和逻辑性。抽象的绝对的普遍价值之所以被人类自己扬弃,就在于人类重新肯定了他们的历史境遇和文化类型的多样性的价值,肯定了过去、现在和未来这三个维度的相对独立与内在统一的价值。这些价值在过去之所以被轻视甚至否定,是因为人们只有借助一种形上的统一的信仰的力量,才能实现群体的团结并应对自然环境和其他群体的挑战,才能把自己提升到自然万物及其因果链条之上,同时也把本族群置于其他族群之上。而在现代社会,无数的个体及其相互结合的共同体普遍地成为独立的主体,原来那种不是"一家人"就是"敌人"的二元对立、那种"对内"和"对外"各异的双重标准,已越来越不合时宜。在现代社会,一方面,随着个人的独立性和隐私的被尊重,公共性甚至进入家庭;另一方面,随着各民族世界交往的加强,大家庭的观念也正在向世界扩展。的确,人们传统的家园正在消失,它导致了人的所谓"无家可归",但与此同时,人们到处建功立业、安家落户,又正在实现着中国人"四海为家"的古老梦想。凡此种种,都需要我们重新思考现代人类何以共生的价值理念。

对此,我们理解普遍价值时,不能再停留在基于共同利益而建立的底线伦理的层面。我们不仅需要这种普遍价值,而且随着人类交往实践活动的不断推进和深入,更高层次的普遍价值,如人类的共同理想和精神追求越来越凸显出来。质言之,如何从低限度的普遍价值跃升为更高层次上的普遍价值就成了未来人类社会和文化发展的方向。当然这种普遍价值更具有包容性和丰富的具体性,是更高层次上的普遍性与特殊性的统一,就像马克思主义所追求的理想:每个人的自由发展是一切人自由发展的条件。但它也不是先验的预成的,而更多的是有待于处于不同的价值和文化系统中的不同国家和民族的共同建构和发展。

因此,公共性是有层次的,应该从低层次不断跃升到更高层次上。在现代性运动尤其是全球化趋势下,文化价值的"中心"与"边缘"、"全球"与"地方"

已呈现出相互渗透乃至相互过渡的景象。因而我们探究价值的普遍性与特殊性、整体性与局部性的关系，就应当随着人类交往实践活动的不断推进和深入，扩展一种新的公共性理念。① 具体言之，公共性这一理念不再局限于原来社会生活的"公共领域"。随着"个体"、"共同体"、"人类"与"自然界"这四个维度的相互分化与相应的整合，不仅家庭有了公共性，国家具有公共性，各民族国家之间的界面、组织具有公共性，人类与自然领域之间也有了公共性。天下者天下人之天下，公共世界也是所有参与者的世界。有一种观点认为，公共性就是在社会公共领域中参与各方的利益的集合或相互妥协的结果，严格来讲这是不确切的。公共领域有一种基本的东西，就是参与并构成公共空间和公共生活的人们的公共意识和公共精神，也就是对于公共生活起着"奠基"作用的公共价值理念和规则，其中不仅包含了对各方利益的一体观照和相应的包容精神，更有一种随着公共领域的形成而形成的、超越实际利益的情感和信念的发生，一种自主自愿又如朋友般的自由意识和共通感，一种主动参与、当仁不让的道义和责任伦理，这就是公共性的理念或精神。有了这种理念和精神，自然就会"我为人人，人人为我"。显然，真正的公共领域应当既像"俱乐部"又如"大家庭"，这里既有每个人的自由，又有生活的意义感。在不同地域和不同民族之间形成的公共领域，同样应当以所有参与者之间的相互承认、尊重和理解为前提，处理公共事务也必须通过平等的商讨与共同的约定，而不是一方的、单边的制定游戏规则。如果在某一时期某一方能够扮演引导者的角色而其他各方又乐意接受的话，那也只是因为这一方代表了所有各方的利益，表现出对人类与其世界的负责精神，表现出旺盛的文化创造力和良好的文化影响力，还须为各方授权。而只要有公平的竞争、相互的学习，任何一方都有获得文化主动权的机会和能力。文化主动权的机会与能力的实现，将不仅意味着一些人的光荣与梦想，也将意味着所有人都能分享这一光荣与梦想，公共性的文化与价值将不会再是某一方的独裁，不可能只是体现某一种维度或尺度，而将是个体、共同体、全人类和大自然这四方域的交织和不断转化的过程与产物。更为切己的是，这种公共性的文化价值秩序的建构，应当也必定要内化为人的心理和精神世界，即内化为一种心灵内在的秩序，并以符号的、仪式的和意识形态的形式作为人的感性对象世界与人的内心世界之间的桥梁和转

---

　① 参见张曙光：《走向"公共性"的文化价值秩序》，《中国人民大学学报》2007 年第 6 期。

化机制。

　　一言以蔽之,普遍价值不是抽象的超越时空的绝对价值规范,而是在具有特殊性的民族的生产和交往活动中产生的现实而又理想的价值。它在直接表达并服务于某些人的利益和愿望的同时,也将由于其开放性和公益性而通向更为广大的人群,乃至于逐渐为整个人类所认可和接受。因此,不同的国家和民族都可以为普遍价值贡献自己的思想智慧。当代世界面临核武威胁、资源枯竭、环境恶化等人类自己造成的巨大风险和困境,东方社会的"四海为家"、"和而不同"的价值理念正在被我们重新认识并给予新的时代性阐发,其价值的普遍性也将越来越清晰地呈现出来。可见,现代人类的普遍价值既不是西方社会的专利,也不是东方文化的特权,而是超越了各民族国家之特殊利益的僵硬对立,在人类文明的前进历程中发生并发展着的人类共同的宝贵资源和精神财富。换句话说,真正的普遍价值完全承认不同的民族文化传统和价值观念的特殊性与差异性,但并不认为这种特殊性和差异性的区分与界限是固定不变的。各种特殊的、彼此差异的传统与价值不是透明的结晶体,它们之间也不存在不可逾越的"楚河汉界";由于内在矛盾,这些传统和价值都处于变化之中,并且互相构成对方的生存环境,因而也就在相互的竞争和冲突中,相互汲取、相互渗透,共同推动并引导着人类文明发展的大趋势。

参考文献

一、中文部分

1.《马克思恩格斯全集》第 1 卷，人民出版社 1995 年版。

2.《马克思恩格斯全集》第 2 卷，人民出版社 1957 年版。

3.《马克思恩格斯全集》第 3 卷，人民出版社 2002 年版。

4.《马克思恩格斯全集》第 30 卷，人民出版社 1995 年版。

5.《马克思恩格斯全集》第 31 卷，人民出版社 1995 年版。

6.《马克思恩格斯全集》第 44 卷，人民出版社 2001 年版。

7.《马克思恩格斯全集》第 45 卷，人民出版社 2003 年版。

8.《马克思恩格斯全集》第 46 卷，人民出版社 2003 年版。

9.《马克思恩格斯选集》第 1—4 卷，人民出版社 1995 年版。

10. 亚里士多德:《形而上学》，商务印书馆 1997 年版。

11. 康德:《历史理性批判文集》，商务印书馆 1997 年版。

12. 黑格尔:《精神现象学》，商务印书馆 1996 年版。

13. 黑格尔:《历史哲学》，上海书店出版社 2001 年版。

14. 兰克:《历史上的各个时代》，北京大学出版社 2010 年版。

15. 胡塞尔:《哲学作为严格的科学》，商务印书馆 2002 年版。

16. 海德格尔:《存在与时间》，生活·读书·新知三联书店 2006 年版。

17. 海德格尔:《尼采》，商务印书馆 2002 年版。

18. 海德格尔:《形而上学导论》，商务印书馆 2005 年版。

19. 伽达默尔:《真理与方法》，上海译文出版社 2004 年版。

20. 卢卡奇:《历史与阶级意识》，商务印书馆 1996 年版。

21. 卢卡奇:《理性的毁灭》，江苏教育出版社 2005 年版。

22. 霍克海默、阿多诺:《启蒙辩证法》，上海人民出版社 2003 年版。

23. 柯尔施:《马克思主义和哲学》,重庆出版社 1993 年版。

24. 施密特:《历史和结构》,重庆出版社 1993 年版。

25. 施密特:《马克思的自然概念》,商务印书馆 1988 年版。

26. 阿尔都塞:《读〈资本论〉》,中央编译出版社 2001 年版。

27. 哈贝马斯:《后形而上学思想》,译林出版社 2001 年版。

28. 哈贝马斯:《现代性的哲学话语》,译林出版社 2004 年版。

29. 阿佩尔:《哲学的改造》,上海译文出版社 1994 年版。

30. 詹明信:《晚期资本主义的文化逻辑》,生活·读书·新知三联书店 1997 年版。

31. 马克斯·韦伯:《学术与政治》,生活·读书·新知三联书店 1998 年版。

32. 马克斯·韦伯:《新教伦理与资本主义精神》,生活·读书·新知三联书店 1987 年版。

33. 丹尼尔·贝尔:《资本主义文化矛盾》,生活·读书·新知三联书店 1992 年版。

34. 列奥·施特劳斯:《自然权利与历史》,生活·读书·新知三联书店 2003 年版。

35. 列奥·施特劳斯等:《政治哲学史》,河北人民出版社 1998 年版。

36. 卡尔·洛维特:《世界历史与救赎历史》,生活·读书·新知三联书店 2002 年版。

37. 卡尔·洛维特:《从黑格尔到尼采》,生活·读书·新知三联书店 2006 年版。

38. 卡尔·洛维特:《墙上的书写——尼采与基督教》,华夏出版社 2004 年版。

39. 吉尔·德勒兹:《尼采与哲学》,社会科学文献出版社 2001 年版。

40. 理查德·沃林:《海德格尔的弟子》,江苏教育出版社 2005 年版。

41. 理查德·沃林:《文化批评的观念》,商务印书馆 2000 年版。

42. 马丁·杰伊:《法兰克福学派史》,广东人民出版社 1998 年版。

43. 威廉·巴雷特:《非理性的人》,商务印书馆 2004 年版。

44. 阿拉斯戴尔·麦金太尔:《德性之后》,中国社会科学出版社 1995 年版。

45. 尼采:《不合时宜的沉思》,华东师范大学出版社 2007 年版。

46. 尼采:《历史的用途与滥用》,上海人民出版社 2005 年版。

47. 卡西尔:《启蒙哲学》,山东人民出版社 1996 年版。

48. 卡西尔:《人论》,上海译文出版社 2004 年版。

49. 狄尔泰:《历史中的意义》,中国城市出版社 2002 年版。

50. 别尔嘉耶夫:《历史的意义》,学林出版社 2002 年版。

51. 柯林武德:《历史的观念》,商务印书馆 2004 年版。

52. 柯林武德:《自然的观念》,北京大学出版社 2006 年版。

53. 汤因比等:《历史的话语》,广西师范大学出版社 2002 年版。

54. 格鲁内尔:《历史哲学》,广西师范大学出版社 2003 年版。

55. 杰弗里·巴勒克拉夫:《当代史学主要趋势》,北京大学出版社 2006 年版。

56. 乔治·古奇:《十九世纪历史学与历史学家》,商务印书馆 1989 年版。

57. 格奥尔格·伊格尔斯:《德国的历史观》,译林出版社 2006 年版。

58. 格奥尔格·伊格尔斯:《二十世纪的历史学》,山东大学出版社 2006 年版。

59. 唐纳德·凯利:《多面的历史》,生活·读书·新知三联书店 2003 年版。

60. 雷蒙·阿隆:《论治史》,生活·读书·新知三联书店 2003 年版。

61. 马克·布洛赫:《为历史学辩护》,中国人民大学出版社 2006 年版。

62. 海登·怀特:《元史学》,译林出版社 2004 年版。

63. 彼得·奥斯本:《时间的政治》,商务印书馆 2004 年版。

64. 海因里希·罗门:《自然法的观念史和哲学》,上海三联书店 2007 年版。

65. 特洛尔奇:《基督教理论与现代》,华夏出版社 2004 年版。

66. 萨维尼:《论立法与法学的当代使命》,中国法制出版社 2001 年版。

67. 桑希尔:《德国政治哲学:法的形而上学》,人民出版社 2009 年版。

68. 大卫·诺格尔:《世界观的历史》,北京大学出版社 2006 年版。

69. 诺夫乔伊:《存在巨链》,江西教育出版社 2002 年版。

70. 卡尔·波普尔:《历史决定论的贫困》,上海人民出版社 2009 年版。

71. 弗里德里希·梅尼克:《历史主义的兴起》,译林出版社 2009 年版。

72. 卡洛·安东尼:《历史主义》,上海人民出版社 2010 年版。

73. 刘小枫编:《施特劳斯与古典政治哲学》,上海三联书店 2002 年版。

74. 刘小枫编:《尼采在西方》,上海三联书店 2002 年版。

75. 刘小枫选编:《舍勒选集》,上海三联书店 1999 年版。

76. 孙周兴选编:《海德格尔选集》,上海三联书店 1996 年版。

77. 孙周兴主编:《德意志思想评论》第一辑,同济大学出版社 2003 年版。

78. 王晓朝主编:《现代性与末世论》,广西师范大学出版社 2006 年版。

79. 严平选编:《伽达默尔集》,上海远东出版社 1997 年版。

80. 渠敬东编:《现代政治与自然》,上海人民出版社 2003 年版。

81. 萌萌主编:《古今之争背后的诸神之争》,上海三联书店 2006 年版。

82. 贺照田编:《西方现代性的曲折与展开》,吉林人民出版社 2002 年版。

83. 冯平编:《现代西方价值哲学经典》,北京师范大学出版社 2009 年版。

84. 陈先达:《走向历史的深处:马克思历史观研究》,中国人民大学出版社 2010 年版。

85. 孙正聿:《哲学通论》,辽宁人民出版社 1998 年版。

86. 俞吾金:《重新理解马克思》,北京师范大学出版社 2005 年版。

87. 杨耕:《为马克思辩护》,北京师范大学出版社 2004 年版。

88. 吴晓明、王德峰:《马克思的哲学革命及其当代意义》,人民出版社 2005 年版。

89. 赵修义、童世骏:《马克思恩格斯同时代的西方哲学》,华东师范大学出版社 2008 年版。

90. 张一兵:《回到马克思:经济学语境中的哲学话语》,江苏人民出版社 1999 年版。

91. 王南湜:《后主体性哲学的视域》,中国人民大学出版社 2004 年版。

92. 丰子义:《发展的反思与探索》,中国人民大学出版社 2006 年版。

93. 张曙光:《个体生命与现代历史》,山东人民出版社 2007 年版。

94. 韩震:《西方历史哲学导论》,山东人民出版社 1992 年版。

95. 李秋零:《德国哲人视野中的历史》,中国人民大学出版社 1994 年版。

96. 张汝伦:《历史与实践》,上海人民出版社 1995 年版。

97. 倪梁康:《自识与反思》,商务印书馆 2002 年版。

98. 黄进兴:《历史主义与历史理论》,陕西师范大学出版社 2002 年版。

99. 刘小枫:《现代性社会理论绪论》,上海三联书店 1998 年版。

100. 张旭东:《全球化时代的文化认同》,北京大学出版社 2006 年版。

101. 宋祖良:《拯救地球和人类的未来》,中国社会科学出版社 1993 年版。

102. 吴国盛:《自然的退隐》,东北林业大学出版社 1996 年版。

103. 李德顺:《价值论》,中国人民大学出版社 2007 年版。

104. 郭湛:《面向实践的反思》,武汉大学出版社 2010 年版。

105. 马俊峰:《价值论的视野》,武汉大学出版社 2010 年版。

106. 孙伟平:《事实与价值》,中国社会科学出版社 2000 年版。

107. 邹诗鹏:《生存论研究》,上海人民出版社 2005 年版。

108. 刘森林:《辩证法的社会空间》,吉林人民出版社 2005 年版。

109. 贺来:《边界意识和人的解放》,上海人民出版社 2007 年版。

110. 张文喜:《颠覆形而上学——马克思和海德格尔之论》,中国社会科学出版社 2004 年版。

111. 仰海峰:《形而上学批判:马克思哲学的理论前提及当代效应》,江苏人民出版社 2006 年版。

112. 张立波:《阅读、书写和历史意识》,北京大学出版社 2008 年版。

113. 朱红文:《人文科学方法论》,江西教育出版社 2005 年版。

114. 吴向东:《重构现代性——当代社会主义价值观研究》,北京师范大学出版社 2006 年版。

115. 兰久富:《社会转型时期的价值观念》,北京师范大学出版社 1999 年版。

二、外文部分

1. Georg G. Iggers, *the German Conception of History—the national tradition of historical thought from Herder to the present*, Middletown: Wesleyan University Press, 1988.

2. Georg G. Iggers, "Historicism: The History and Meaning of the Term", *Journal of the History of Ideas*, Volume 56, Issue 1, Jan., 1995, pp. 129 – 152.

3. Dwight E. Lee and Robert N. Beck, "The Meaning of 'Historicism'", *The American Historical Review*, Volume 59, Issue 3, Apr., 1954, pp. 568 – 577.

4. Colin T. Loader, "German Historicism and Its Crisis", *The Journal of Modern History*, Volume 48, Issue 3, On Demand Supplement, Sep., 1976, pp. 85 - 119.

5. Allan Megill, "Why was There a Crisis of Historicism—review of*Heidegger*, *Dilthey and the Crisis of Historicism*", *History and Theory*, Volume 36, Issue 3, Oct., 1997, pp. 416 - 429.

6. Calvin G. Rand, "Two Meanings of Historicism in the Writings of Dilthey, Troeltsch, and Meinecke", *Journal of the History of Ideas*, Volume 25, Issue 4, Oct. Dec., 1964, pp. 503 - 518.

7. Charles R. Bambach, *Heidegger*, *Dilthey*, *and the Crisis of Historicism*, New York: Cornell University Press, 1995.

8. Jürgen Habermas, "Karl Löwith: Stoic Retreat from Historical Consciousness", *Philosophical—Political Profiles*, Cambridge, Mass: the MIT Press, 1983.

9. Paul Hamilton, *Historicism*, Taylor & Francis Group Plc, 2003.

10. Fulda Daniel, "Historicism as a Cultural Pattern: Practising a Mode of Thought", *Journal of the Philosophy of History*, Volume 4, Number 2, 2010, pp. 138 - 153.

11. Sheila Greeve Davaney. *Historicism: the once and future challenge for theology*, Minneapolis: Fortress Press, 2006.

12. Carlo Antoni. *From history to sociology: the transition in German historical thinking*, routledge, 1998.

后　记

　　我对历史主义问题及其思想史的关注从 2006 年年初就已开始。从正式动笔到今天定稿，又整整四年过去了。这期间，该研究获得了 2010 年国家社会科学基金青年项目的资助，使我有信心和精力对书稿做进一步的修改和完善。本书的写作是在我博士论文的基础上修改、充实而完成。依然清楚地记得在攻读博士学位的过程中，曾为选题而苦苦思索。特别是对于哲学研究，怎样才能凸显学科的特色和专业的水准呢？经过学习和探索，我越来越深刻地体会到"哲学就是哲学史"的意义之所在。学习哲学总是要不断地去阅读两千多年以来的哲学史和思想史。当然，学习哲学史和思想史不仅仅为了记住某些哲学家和思想流派的某些观点，更重要的是为了探究人类思想史上的一些恒久而重要的问题。我们知道，一些重要哲学问题的提出和回答几乎都可以在哲学史上找到线索。于是，在学习和研究哲学的漫漫跋涉中，遵循"以问题为中心"的思想史与哲学史研究相结合的致思方法来考察社会历史发展的价值问题，逐渐成为我关注思想史的兴趣点。需要指出的是，严格说来，哲学史和思想史是有区别的，其研究侧重点也有所不同。我认为，关键是要把拓展哲学史研究思路和深化思想史研究的问题意识相结合。具体到本书内容的选取和定格，我以价值虚无问题作为切入点来考察人类思想史。价值虚无是当今世界精神状况的主要危机，也是透视西方思想文化现象的重要窗口。随着全球化进程的迅速扩张和中国社会转型时期的急剧变化，一些价值虚无现象越来越引起人们的关注和思考。在这种时代背景下，探寻价值虚无的成因和出路理应成为当前哲学研究的题中之意。本书侧重从哲学思想史的角度考察价值虚无的历史观根源即历史主义，并从价值哲学上对历史主义进行前提性的批判与反思，以此探究和解决现代社会的"价值普遍性与特殊性"二元难题。

以上就是《历史主义与现代价值危机》一书的写作背景和心路历程。它是国内第一部直接以历史主义为论题的哲学专著,也是我的第一部学术著作。历史主义是西方思想史上一次标志性的"事件",其隐含的深层哲学问题还有待进一步探讨,本书实乃抛砖引玉,还请方家批评指正。

在书稿写作过程中,我特别要感谢我的导师张曙光先生,先生的为人、为学,令后学为之敬佩。在日常的问学中,先生每每谆谆教导甚至耳提面命,学生都如沐春风。写作始终得到了先生的精心指导,即使在周末和假期,先生仍打电话叮嘱我要不断思考之、完善之。在拙著即将出版之际,先生欣然作序,更是一种鼓励和鞭策。

我还要感谢以各种形式对本书写作给予鼓励和指导的梁树发教授、杨耕教授、丰子义教授、张文喜教授、邹诗鹏教授、张立波教授、王成兵教授、朱红文教授、吴向东教授、兰久富教授、沈湘平教授等,他们或在课堂教学、或在毕业答辩、或在日常交往中对博士论文的修改都提出了宝贵的意见和建议。

我还要感谢我所在的单位中国人民大学马克思主义学院的领导,他们为青年教师的成长提供了良好的条件和宽松的环境,使我们能够安心教学和科研工作;我还要感谢我的同事们特别是教研室的诸位老师,他们的关心和鼓励让我感受到了大家庭的温暖。

最后,我要感谢人民出版社的领导和编辑,他们提携后学,使本书有幸忝列《青年学术丛书》。特别是责任编辑钟金铃的敬业精神令人感动,他出色的编辑工作为本书增色不少,在此深表谢忱。

宋友文

2012 年 1 月 1 日于中国人民大学人文楼